W9-AFF-204

Aztlán
y
México

Bilingual Press/Editorial Bilingüe

Studies in the Language and Literature of United States Hispanos

Address
Bilingual Press
Box M, Campus Post Office
SUNY-Binghamton
Binghamton, New York 13901
(607) 724-9495

Luis Leal

Aztlán y México

Perfiles literarios e históricos

Bilingual Press/Editorial Bilingüe
BINGHAMTON, NEW YORK

ISBN: 0-916950-46-8

Library of Congress Catalog Card Number: 83-71984

PRINTED IN THE UNITED STATES OF AMERICA

Cover art by Amado Maurilio Peña, Jr., courtesy of El Taller, San Antonio, Texas

Cover design by Christopher J. Bidlack

Back cover photo by Mauricio Parra

Acknowledgments

The author wishes to thank the following persons and publications for permission to reprint material appearing in this volume:

Américo Bugliani, General Editor, for "Mito y realidad en la invención de América," which first appeared in *The Two Hesperias*. Literary Studies in Honor of Joseph G. Fucilla on the Occasion of His 80th Birthday. Ed. Américo Bugliani. Madrid: José Porrúa Turanzas, 1977, 197-207.

The Denver Quarterly, for "En busca de Aztlán" (English title: "In Search of Aztlán") and "Tlatelolco, Tlatelolco," which appeared respectively in Vol. 16, No. 3 (Fall, 1981), 16-22, and Vol. 14, No. 1 (Spring, 1979), 3-14.

Bilingual Review/Press, for "The Problem of Identifying Chicano Literature," in Francisco Jiménez, ed., *The Identification and Analysis of Chicano Literature"* (New York: Bilingual Press, 1979), 2-6, and "El norteamericano en la literatura mexicana," *The Bilingual Review*, VI, 1 (Jan.-April 1979), 31-38.

Xalmán, for "La imagen literaria chicana," "El corrido en Aztlán," and "Radiografía de la muerte," which appeared respectively in Vol. II, No. 1 (Spring, 1978), 3-9, Vol. III, No. 2 (Fall, 1980), 42-71, and Vol. III, No. 1 (Spring, 1980), 47-53.

La Palabra, Justo S. Alarcón, ed., for "Cuatro siglos de prosa aztlanense," in Vol. 2, No. 1 (Primavera 1980), 2-12.

Editorial La Causa, for "Chicano Journals" (original title: "Journals"), in *A Decade of Chicano Literature, 1970-1979, Critical Essay and Bibliography* (Santa Barbara: Editorial La Causa, 1982), 83-93.

New Scholar, for "From Ritual to Game: The Flying-Pole Dance" (Original title: "Los Voladores: From Ritual to Game"), in Vol. 8, No. 1 & 2 (1982).

The California Folklore Society, for "The Legend of Agustín Lorenzo," *Western Folklore*, 24 (1965), 177-83.

América Indígena, for "La licantropía entre los antiguos mexicanos," in Vol. XX, No. 2 (abril, 1960), 111-19.

(Acknowledgments continue on verso of contents page.)

INDICE

Acknowledgments (continued)

PCCLAS Proceedings, for "Arquetipos femeninos en la literatura mexicana," in *Latin American Frontiers*, 7 (1980-1981), 79-82.

The Board of Trustees of the University of Illinois, for "Nacionalismo y cosmopolitismo en la narrativa mexicana" (original title: "Native and Foreign Influences in Contemporary Mexican Fiction: A Search for Identity"), in Merlin H. Forster, ed., *Tradition and Renewal. Essays on Twentieth-Century Latin American Literature and Culture* (Urbana: University of Illinois Press, 1975), 102-28.

The American Association of Teachers of Spanish and Portuguese, for "Recuerdos de Ciudad Juárez en escritores de la Revolución," in *Hispania*, 47 (1964), 231-41.

"Pícaros y léperos en la narrativa mexicana" originally appeared in *La picaresca . . .* (Madrid: Fundación Universitaria Española, 1979), 1033-40.

PREFACIO

En este volumen reunimos estudios que versan sobre dos literaturas, o mejor dicho sobre dos aspectos de una misma cultura. Aztlán y Anáhuac son símbolos míticos que unen al mexicano y al chicano tanto en el tiempo como en el espacio. De Aztlán sale el antiguo mexicano, funda Tenochtitlán en el Valle de Anáhuac, donde conquista, sacrifica y es conquistado.

Siglos más tarde sus descendientes han de volver en busca de Aztlán, en busca del Paraíso perdido, en manos ahora de otros conquistadores. Aquí, en Aztlán, esos descendientes luchan contra los nuevos conquistadores para mantener la autonomía cultural. Para fundamentarla buscan las raíces perdidas en el antiguo Anáhuac. Allí encuentran sus símbolos y sus mitos. Y aunque sea verdad que a veces se da preferencia a formas externas apropiadas de la cultura dominante, en el fondo encontramos una corriente mitológica que nos une a todos, chicanos y mexicanos.

En los estudios que componen este libro hemos tratado de escudriñar en el pasado literario y cultural (sin olvidar lo popular) del mexicano y del chicano con el objeto de descubrir los lazos que unen no sólo a estas dos ramas del mismo árbol, sino a los hombres del continente americano en general.

Algunos de los estudios aquí recogidos han sido publicados en revistas, libros y periódicos; otros ven la luz por vez primera. Quedo muy agradecido a Gary D. Keller por haberme sugerido la idea de recogerlos. A él debe la existencia este libro, cuya lectura espero ilumine, aunque sea en grado mínimo, algunos problemas literarios y culturales relacionados a estos pueblos, cuya presencia se manifiesta y perdura en sus obras.

L.L.

A la memoria
de mi madre
Josefina Martínez de Leal

Primera Parte:
AZTLAN

I. Interpretación

Si la emoción es indispensable y aun anterior al método, ella en el método debe depurarse y educarse como un factor más de la interpretación.

—Alfonso Reyes

— 1 —

MITO Y REALIDAD EN LA INVENCION DE AMERICA

La mente humana, cuando tiene el presagio de la existencia de una cosa, antes de conocerla, la inventa; esto es, crea una imagen con la cual le da cierta realidad.[1] La imagen creada y la realidad casi nunca coinciden, aunque sí a veces se dan aproximaciones entre esa imagen forjada con anticipación y ciertos fenómenos en la realidad. Y eso ocurre en la mentalidad europea anterior al descubrimiento de América. América es intuida antes de ser descubierta, y por lo tanto se inventan imágenes que anticipan su existencia, tanto geográfica como mítica. Alfonso Reyes, en el ensayo *Ultima Tule,* hace esta observación: "Y así, antes de ser esta firme realidad que unas veces nos entusiasma y otras nos desazona, América fue la invención de los poetas".[2] En otras palabras, América existió como mito en la imaginación europea antes de ser realidad: la Atlántida que Platón cita en *Timeo* y *Critas;* las profecías de Isaías; el Nuevo Mundo de Séneca; la Isla de San Balandrán; la isla de los Pájaros, son presagios de la existencia de un continente desconocido. Los cartógrafos son los primeros que dan expresión a esos presagios incluyendo esas misteriosas islas en los mapas y cartas de marear.[3]

La realidad geográfica es a veces muy pobre cuando se le compara con la realidad mítica. Las Siete Ciudades encantadas resultan ser, para decirlo con las palabras del cronista, "un pueblo pequeño y apeñuzcado".[4] A veces, sin embargo, la realidad supera al mito: la Antilia o Ante-Isla es inferior a las Antillas, que Justo Sierra describió como "una larguísima banda de aves acuáticas . . . guiada por la garza real, la espléndida Cuba".[5] Lo mismo ocurre con el Brasil. El mito es pobre cuando se le compara con la realidad amazónica, que sobrepasa con mucho a todo lo imaginado por la mente europea anterior al descubrimiento. En cambio, lo opuesto ocurre con la isla Florida o de las Flores, si la península fue nombrada para que el mito se convirtiera en realidad, si bien en realidad degradada.[6] Brasil y la Florida, como después California, pasan, de ser islas primero, a formar parte del continente.[7] La mente mítica europea concebía esos países como posibles utopías; y las utopías europeas generalmente se encuentran en islas.

A veces, en vez de crear nuevas imágenes para representar lo presagiado, lo intuido, la mente humana echa mano de imágenes míticas ya conocidas, que traspone y ajusta a lo desconocido. Colón, según el decir de Alfonso Reyes, "traía la cabeza llena de monstruos y endriagos, grifos y dragones, basiliscos y unicornios, serpientes policefálicas y quimeras" (p. 42). Colón y los otros exploradores (y más tarde los cronistas e historiadores), confundiendo el mito con la realidad, quieren verificar en el Nuevo Mundo esa realidad preconcebida. La mentalidad medieval europea, que no hacía una fina distinción entre realidad mítica y realidad empírica, poseía una rica flora y fauna fantásticas. Colón quiere que el mito se convierta en realidad. Así, ante sus ojos, los manatíes aparecen como sirenas; y el mito se convierte en realidad verbal: de sirena se deriva *sirenia,* palabra con la que se designa a los mamíferos pisiformes como el manatí. En el *Diario,* en la entrada correspondiente al 9 de enero de 1493, leemos: "El día pasado cuando el Almirante iba al Río de Oro, dijo que vido tres serenas que salieron bien alto de la mar, pero no eran tan hermosas como las pintan, que en alguna manera tenían forma de hombre en la cara". El anotador del *Diario,* el historiador Navarrete, como casi todos los historiadores, que no pueden ver sino la realidad empírica, destruye la ilusión comentando en una nota: "Acaso eran *manatíes* o vacas *marinas* que describe Oviedo en el capítulo 85 de su *Historia Natural de las Indias".*[8]

Lo mismo ocurre con el mito del Paraíso Terrenal. Juan de Mandeville, en la descripción del viaje que hizo a Tierra Santa e Indias en 1322, nos habla de los cuatro ríos que parten del Paraíso—que coloca en el Oriente—y de donde descienden todas las aguas dulces del mundo.[9] Durante el tercer viaje Colón llega a la boca de un gran río americano cuya agua dulce no se mezcla con la salada del mar. El hecho le sugiere que se encuentra cerca del Paraíso Terrenal y escribe:

> La Sacra Escriptura testifica que Nuestro Señor hizo el Paraíso Terrenal, y en él puso el árbol de la vida, y dél sale una fuente de donde salen en este mundo cuatro ríos principales.... Grandes indicios son estos del Paraíso Terrenal... que yo jamás leí ni oí que tanta cantidad de agua dulce fuese así adentro e vecina con la salada; y en ello ayuda asimismo la suavísima temperatura, y si de allí del Paraíso no sale, parece aun mayor maravilla, porque no creo que se sepa en el mundo de un río tan grande y tan hondo.... Yo muy acertado tengo en el ánima que allí donde dije es el Paraíso Terrenal....

El comentario realista lo dejamos al historiador español Manuel Ferrandis Torres, quien hace esta aguda observación: "Si el Almirante hubiese vivido un poco más en la realidad, si no se hubiese aferrado a unos errores que, si bien le ayudaban para el descubrimiento, resultaban pueriles después a sus mismos contemporáneos, no hubiese llegado a conclusiones tan fantásticas como la anterior".[10] Mas es necesario apuntar que en el sistema intelectual de Colón, representativo de su época, era necesario explicar los fenómenos de esta naturaleza citando la Biblia, ya que de otro modo, como dice, tendrían que ser considerados como maravillas, que no tienen explicación.

Mandeville también describe la rica y hermosa ciudad oriental del Cathay, de la corte del Gran Khan, en Cipango, isla ésta también descrita por Marco Polo.[11] El 13 de octubre de 1492, esto es, un día después de haber descubierto tierra, escribe el Almirante: "quiero ir a ver si puedo topar a la isla de Cipango"; y ocho días después (domingo 21 de octubre):

> Si el tiempo me da lugar me partiré a rodear esta isla hasta que haya lengua con este Rey, y ver si puedo haber dél el oro que oigo que trae, y después partir para otra isla grande mucho, que creo que debe ser Cipango, según las señas que me dan estos indios que yo traigo, a lo cual ellos llaman Colba [Cuba]... Mas todavía tengo determinado de ir a la tierra firme y a la ciudad de Guisay [la Quinsay de la China] y dar las cartas de vuestras Altezas al Gran Can.[12]

Y el comentario del catedrático Ferrandis Torres: "La obsesión del mito es bien clara; no entiende a los indios, habla por señas" (p. 62). Cuando Colón dice en el *Diario* el primero de noviembre que la isla es tierra firme y que está ante Zayto y Guinzay, aun el Padre Las Casas apunta: "Esta algarabía no entiendo yo".[13]

No menos interesante es el descubrimiento—verdadera invención—de las minas de oro del rey Salomón en Vergara, durante el cuarto viaje del Almirante. Le citamos:

> Josefo quiere que este oro [de Salomón] se hobiese en el Aurea; si así fuese digo que aquellas minas de la Aurea son unas y se convienen con estas de Vergara... Salomón compró todo aquello, oro, piedras y plata, e allí le pueden mandar a coger si les place. David en su testamento dejó tres mil quintales de oro de las Indias a Salomón para ayudar de edificar el templo, y según Josefo era el de estas mismas tierras.[14]

A Colón lo movía no sólo el deseo de inventar nuevas tierras, sino también el de encontrar oro. El mito del vellocino dorado era tan antiguo en Europa que ya Homero habla de Jasón y los argonautas como si la leyenda fuera universalmente conocida. Durante la Edad Media los alquimistas mantienen vivo el mito, y con el descubrimiento del Nuevo Mundo renace en América con la leyenda del Dorado. Es Colón quien exalta los ánimos con sus noticias acerca de la riqueza aurífera. El 18 de diciembre recibe noticias de que había "una isla que era todo oro, y en las otras que hay tanta cantidad que los cogen y ciernan como con cedazo".[15] En Santo Domingo encuentra un río de oro. El 8 de enero "entró en la barca y fue al río . . . y halló que el arena de la boca . . . era diz que toda llena de oro, y en tanto grado que es maravilla". A este río pone por nombre "Río del Oro". Las Casas se encarga de destruir el mito: "Creo—dice—que mucho de ello debía ser margasita, porque allí hay mucha".[16]

Colón vuelve a España con la ilusión de la riqueza aurífera de América y la noticia cunde por Europa. Se creía que en el Nuevo Mundo el oro se cogía con redes. Las Casas cuenta que

> la gente toda, recién venida, no se descuidaba de preguntar dónde y cómo el oro con redes se pescaba, y, según yo creo [la gente] comenzó a desmayar como no veía las redes y aparejos con que se pescaba; y así fue que, oídos los trabajos que los huéspedes les contaban haber pasado, y como el oro que tenían no era pescado, sino a los indios robado, y puesto que había muchas minas y muy ricas en la tierra, pero que se sacaba con inmenso trabajo, comenzó luego a se desengañar y hallarse del todo burlados.[17]

A pesar de estas tribulaciones, la leyenda del Dorado persiste. Herrera escribe que la ceremonia del Hombre Dorado "ha sido causa de haber muchos emprendido aquel descubrimiento del Dorado que hasta ahora parece encantamiento", y habla de ciertas piedras "que eran como madres de oro, que poco a poco se iban convirtiendo en oro".[18] La leyenda atrajo hasta a Sir Walter Raleigh, quien en 1595 "subió por el Orinoco unas ciento diez leguas y volvió a Inglaterra con escasas muestras de oro".[19] El Dorado, de cacique, se transforma en la imaginación mítica europea en ciudad primero y después en país, en montaña y en lago cuyo fondo está cubierto de oro. Todavía en 1779 Fray Antonio Caulín ve la necesidad de negar el mito del Dorado: "Digo que es apócrifa la gran ciudad del Dorado; imaginados sus palacios, huertas y recreos; falsa su hermosa magnificencia y dilatadísima extensión".[20]

Para los nativos de América el oro no tenía el significado que le daban los europeos. Sólo lo usaban en la joyería y para adornos personales. Si acaso engañaban a los españoles con leyendas acerca de su abundancia era para ganar favores o para suavizar los castigos; y a veces, como venganza, sabiendo que irían al fin del mundo en busca del Dorado, ya que querían convertir el mito en realidad.

Mas no era el oro lo único que atraía a los exploradores. Más importante, sobre todo para aquellos entrados en años, era recobrar la edad de oro de la juventud perdida. Por esa razón había proliferado en Europa el mito de la Fuente de la Juventud. Según la versión clásica, los dioses de la antigua Grecia bebían un néctar que les hacía inmortales. Homero y Ovidio nos hablan de la maga Medea, quien rejuveneció a Esón, el padre del argonauta Jasón. Y durante la Edad media Juan de Mandeville describe la fuente de la eterna juventud con las siguientes palabras:

> Junto a una selva estaba la ciudad de Polombe, y junto a esa ciudad, una montaña... Al pie de la montaña hay una gran fuente, noble y hermosa; el sabor del agua es dulce y oloroso, como si lo formaran diversas maneras de especiería. El agua cambia con las horas del día; es otro su sabor y otro su color. El que bebe de esa agua en cantidad suficiente, sana de sus enfermedades, ya no se enferma y es siempre joven.... Yo, Juan de Mandeville, vi esa fuente y bebí tres veces de esa agua con mis compañeros, y desde que bebí me sentí bien.... Algunos la llaman la fuente de la juventud, porque los que con frecuencia beben de ella siempre se ven jóvenes y viven sin enfermedades. y dicen que las aguas de la fuente vienen del Paraíso y por eso son tan virtuosas.[21]

El mito de la fuente de la eterna juventud—y lo mismo ocurre, como veremos, con el de las Siete Ciudades—se ve reforzado por idéntica creencia de origen americano. Los antiguos cubanos también creían que bebiendo agua de cierto río rejuvenecerían. De Cuba iban a lo que después fue la Florida "en busca de un río cuyas aguas rejuvenecían". Juan Ponce de León, "después de oír las confidencias de los indígenas, también se dedicó a buscar el río de la vida en que, bañándose en él, los hombres viejos se volvían mozos".[22] El primero en divulgar en Europa la noticia de la fuente americana fue el humanista Pedro Mártir de Anglería, quien en la segunda de sus *Décadas* afirma:

> A la distancia de trescientos veinticinco leguas de la Española, cuentan que hay una isla, los que la exploraron en lo interior, que se llama Boyuca, alias Ananeo, la cual tiene una fuente tan notable que, bebiendo de sus aguas, rejuvenecen los viejos. y no piense Vuestra Beatitud que esto lo dicen de broma o con ligereza; tan formalmente se han atrevido a extender esto por toda la corte, que todo el pueblo y no pocos de los que la virtud o la fortuna distingue del pueblo, lo tienen por verdad.[23]

Con esa noticia, el mito de la fuente de la eterna juventud entra a formar parte de la invención de América, si bien el río se ha convertido en fuente, para conservar la imagen mítica medieval.

No todos, como exagera Anglería, tenían por verdad lo dicho

acerca de los poderes mágicos de la fuente boyucana. El mismo cronista se ve obligado, en la *Década VII*, de 1514, a defender la existencia de la mítica fuente apoyándose, esta vez, no sólo en Aristóteles y Plinio, sino también en tres personajes de suma autoridad en el gobierno español en América, esto es, un Deán, el jurisconsulto Ayllón y el licenciado Figueroa, quienes declararon unánimemente haber oído lo de la fuente. Ninguno de los tres, sin embargo, la vio, "porque—dice Anglería—los habitantes de aquella tierra Florida tienen las uñas muy afiladas... y no quieren ver huéspedes" (p. 536). Además, recurre a otra prueba, la presencia del yucano Andrés Barbudo, hijo de un padre muy anciano que a la manera de los que iban a Roma o a Nápoles a los baños de Puteoli, dice, "marchó a tomar la deseada agua de aquella fuente... bañándose y bebiendo el agua muchos días con los remedios establecidos por los bañeros, y se cuenta que se fue a su casa con fuerzas viriles, e hizo todos los oficios de varón, y se casó otra vez y tuvo hijos" (p. 536). Una vez que ha dicho lo anterior, Anglería se ve obligado a defender su posición y más adelante añade:

> Así, pues, entre las afirmaciones de ellos y los argumentos fuertes de los antiguos sabios, vacilando yo sobre si es posible que, aparte de los milagros divinos, tenga la naturaleza tanta virtud, no apoyándome en las medicinas de Medea, con las cuales fingen los griegos que rejuveneció a su suegro Esón, ni en los versos de Circe con que cambió en animales a los compañeros de Ulises y los volvió, sino enseñado con ejemplos de animales brutos, me propongo argumentar sobre este asunto tan insólito e imposible a juicio de muchos, para que no formemos juicio de que hombres tan graves hablaron enteramente sin fundamento. (p. 537)

Y concluye diciendo: "Así, pues, no me maravillaría de que las aguas de la tan ascenderada fuente tuvieran alguna virtud aérea y acuosa, desconocida para nosotros, de templar el entristecimiento aquel restaurando las fuerzas" (p. 538).

La odisea de Ponce de León en busca de esa fuente es bien conocida. Su fracaso fue total. Pero el mito ha perdurado. Todavía en nuestro siglo una revista norteamericana publicó un artículo identificando la fuente de la eterna juventud con un manantial situado sobre supuestos yacimientos de radio. El historiador argentino Enrique de Gandía, en 1929, se vio obligado a decir que la noticia era "absurda y pueril" (p. 56, n. 15).

El otro mito europeo que coincide con un mito original de América es el de las Siete Ciudades. Según la leyenda hispano-portuguesa el arzobispo de Lisboa, y seis de sus obispos, en el año 711, cuando los moros bajo Tarik derrotaron al rey Rodrigo, se embarcaron con un grupo de cristianos con la esperanza de encontrar nuevas tierras allende el Atlántico. Para esa época el mito de la existencia de una isla, la Antilia, era ya generalmente conocido y aceptado. Los peregrinos hispano-portugueses encontraron lo que buscaban, y en la Antilia cada uno de los obispos, y el arzobispo, fundó una ciudad. En 1502 el nombre Antilia fue aplicado al archipiélago hoy conocido con el nombre de Antillas, y según un historiador, De la Ronciere, el objetivo secreto que impulsó a Colón a realizar su primer viaje fue el descubrimiento de las Siete Ciudades, que ya habían sido inventadas por la mente mítica europea.

Después de la conquista de México llegó a conocimiento de los españoles el mito nahua de las siete cuevas de Chicomóztoc, al norte de la Nueva España, origen de las siete tribus que poblaron el Valle de México.[24] La única conclusión a la que la mente mítica de los conquistadores y exploradores podía llegar fue que las siete cuevas de los indígenas eran las buscadas Siete Ciudades de los obispos portugueses. El primero que habla de las riquezas del Norte de México es Alvar Núñez Cabeza de Vaca. En el viaje que hizo desde la Florida hasta Sonora se supone que pasó por Cíbola, en el hoy Estado de Nuevo México, en los Estados Unidos. Estebanico, más tarde guía de Fray Marcos de Niza durante su viaje a Cíbola, fue uno de los cuantos sobrevivientes de la trágica expedición de Alvar Núñez, quien hace esta observación: "Y decían [los indios] que había allí pueblos de mucha gente y casas muy grandes. . . . El negro les hablaba [a los indios] siempre; se informaba de los caminos que queríamos ir y de los pueblos que había".[25]

Esa información le fue útil a Estebanico, pero también le llevó a la muerte. En 1539 sirvió de guía a Fray Marcos de Niza, quien ese año emprendió el viaje en busca de las Siete Ciudades encantadas. En la *Relación* al Virrey Antonio de Mendoza dice el iluso fraile:

> En esta primera provincia hay siete ciudades muy grandes, todas debajo de un señor, y las casas de piedra y cal, grandes; las más pequeñas de un sobrado y una azotea encima, y otras de dos y de tres sobrados, y la del señor de cuatro... y las portadas de las casas principales muchas labores de piedras turquesas... y las gentes de estas ciudades anda muy bien vestida.[26]

Pocos días después las casas ya no son de tres o cuatro sobrados sino de diez. Compara a Cíbola, la primera de las siete ciudades, según las conjeturas de Niza, con la Gran Tenochtitlán y con el Cuzco. "La población—dice—es mayor que la ciudad de México (p. 348).

El mito americano de las Siete Ciudades, alentado por el relato maravilloso de fray Marcos, tiene una temprana muerte. Su relación motivó los viajes de Nuño de Guzmán y de Francisco Vázquez Coronado. El cronista de éste, Pedro Castañeda de Nájera, en su propia relación, acusa a fray Marcos de haber mentido. Cuando Coronado y sus acompañantes llegaron a Cíbola, dice, "entraron por la tierra poblada y como vieron el primer pueblo que fue Cíbola fueron tantas las maldiciones que algunos echaron a Fray Marcos cual Dios no permita le comprendan" (p. 424). Y añade:

> de lejos hay estancias de la Nueva España que tienen mejor apariencia.... Fray Marcos no se tuvo por seguro por quedar en Cíbola viendo que había salido su relación falsa en todo porque no se hallaron los reyes que decía ni ciudades ni riquezas de oro ni pedrería rica que se publicó en los púlpitos. (p. 426)

Si los mitos europeos que nutren la imaginación de los nuevos argonautas del siglo dieciséis se esfuman al chocar contra la realidad del Nuevo Mundo, sin duda tuvieron importante función en la invención de América. Al mito debemos el interés en la exploración de regiones desconocidas desde Alaska hasta la Patagonia. Al mito de la existencia de Catay y el Gran Can se debe el descubrimiento del propio Nuevo Mundo por Colón; al del Dorado la exploración de la cuenca del Amazonas por Orellana; al de la Fuente de la Eterna Juventud, los recorridos de Ponce de León por la Florida, y al de las Siete Ciudades la expansión territorial de la Nueva España hacia lo que después será el suroeste de los Estados Unidos, el Aztlán del nuevo mito chicano. Aunque los historiadores desdeñen los mitos, su poderosa influencia en las exploraciones de América no puede ser negada, y menos en su invención. Al mismo tiempo, las proezas realizadas por los navegantes y exploradores del dieciséis son en sí dignas de esos relatos míticos, como lo será el mundo por ellos inventado, el continente del futuro. De la visión mítica que de América tenían los europeos que la inventaron antes de descubrirla en la realidad hemos heredado la idea del Nuevo Mundo como utopía: el "American Dream" de los norteamericanos; la América como pueblo de ideales desinteresados que Rodó simboliza con su Ariel; la América que produce la armonía racial, la raza cósmica de Vasconcelos; y en fin, América como continente del futuro, la Ultima Tule de Alfonso Reyes. Mitos modernos todos ellos, pero tan poderosos como los del Dorado, la Fuente de la Eterna Juventud, las Siete Ciudades y el Paraíso Terrenal.

Notas

[1] Durante el Renacimiento era común el uso de la palabra "invención" en su sentido original de "hallazgo" o "descubrimiento". Ver Hernán Pérez de Hita, *Historia de la invención de las Indias,* obra terminada en 1528 y publicada por José Juan Arrom en 1965. En nuestros días es Edmundo O'Gorman quien ha utilizado la palabra con el mismo sentido en su libro *La invención de América* (1958).

[2] Alfonso Reyes, "Ultima Tule", en sus *Obras completas,* XI (México: Fondo de Cultura Económica, 1960), pp. 13-14.

[3] Ver Ernest and Johanna Lehner, *How They Saw The New World* (New York: Tudor Publishing Co., 1966).

[4] Pedro Castañeda de Nájera, *Relación de la jornada a Cíbola compuesta por...* Año de 1540, en George Parker Winship, *The Coronado Expedition, 1540-1542,* con trad. al inglés, *Fourteenth Annual Report of the Bureau of Ethnology...* (Washington, D.C., 1896), pp. 414-469; trad. pp. 470-546. La cita en la p. 426.

[5] Justo Sierra, "La fiebre amarilla", en Luis Leal, *Antología del cuento mexicano* (México: Ediciones de Andrea, 1957), p. 38.

[6] La Florida, por supuesto, fue así nombrada por Ponce de León por haberla descubierto el domingo de Pascua Florida de 1513. Pero sin duda el explorador tenía noticias de la Isla de las Flores.

[7] Para la historia de Brasil como isla ver Harvey L. Sharrer, "The Passing of King Arthur to the Island of Brasil in a Fifteenth-Century Spanish Version of the Post-Vulgate *Roman du Graal", Romania,* 92 (1971), 65-74.

[8] Cristóbal Colón, *El descubrimiento de América (Diario de navegación)* (Santiago: Editorial Ercilla, 1942), p. 162.

[9] *The Travels of Sir John Mandeville* (New York: Dover Publications, 1964), cap. 33, pp. 200-202.

[10] Manuel Ferrandis Torres, *El mito del oro en la conquista de América* ([Madrid]: Talleres Tipográficos "Cuesta", 1933), p. 78.

[11] Véase la nota de Navarrete en la p. 43 de *El descubrimiento....* La descripción de Mandeville se encuentra en el cap. 23 de la obra citada.

[12] *El descubrimiento,* pp. 43 y 57-58.

[13] *El descubrimiento,* p. 69, nota (1).

[14] Citado por Ferrandis Torres, p. 81.

[15] *El descubrimiento,* p. 127.

[16] Citado por Ferrandis Torres, p. 65.

[17] Citado por Enrique de Gandía, *Historia crítica de los mitos de la conquista americana* (Madrid: Sociedad General Española de Librería, 1929), p. 108, nota 12.

[18] Citado por Gandía, p. 111, n. 18, y p. 109, n. 13.

[19] Gandía, p. 113.

[20] Gandía, p. 138.

[21] Ed. citada, pp. 113-114; nuestra traducción.

[22] Gandía, p. 55.

[23] Pedro Mártir de Anglería, *Décadas del Nuevo Mundo* (Buenos Aires: Editorial Bajel, 1944), Dec. II, lib. C, cap. ii, pp. 191-192. La citas siguientes remiten a esta edición.

[24] Según Cecilio A. Robelo, *Diccionario de aztequismos,* "Chicomóztoc" significa "en las siete cuevas" (3a. ed., p. 70). La naturaleza mítica de Chicomóztoc es generalmente aceptada. El *Diccionario Porrúa,* por ejemplo, dice: "Es un nombre simbólico. En el 'siete' se comprende la totalidad de los lugares, incógnitos, de donde procedieron las tribus".

[25] Alvar Núñez Cabeza de Vaca, *Naufragios y comentarios* (Madrid: Calpe, 1922), p. 121.

[26] Fray Marcos de Niza, *Descubrimiento de las siete ciudades, por el P. Fr. ...* En el Tomo III (1a. serie), pp. 325-351 de la *Colección de documentos inéditos relativos al descubrimiento, conquista y colonización de las posesiones españolas en América ...* (Madrid: Imp. de Manuel B. de Quirós, 1865). La cita en la p. 333.

— 2 —

EN BUSCA DE AZTLAN

Una de las funciones del crítico es descubrir y analizar los símbolos literarios, con el objeto de ampliar la cosmovisión que se tiene de determinado group social o nacional, o en general de la humanidad. En el caso de la literatura chicana, literatura que ha surgido como consecuencia de la lucha por los derechos sociales y humanos, la mayor parte de esos símbolos han sido tomados de la realidad circundante. No hay en ella, hasta hoy, unicornios, hipogrifos o pegasos; pero sí barrios, saguaros, quintos soles, coyotes y batos locos.

El símbolo literario chicano no puede ser separado del trasfondo cultural. Para estudiarlo es necesario verlo en contexto a las ideas sociales que predominan en el pensamiento chicano contemporáneo. Por lo tanto es necesario consultar la amplia bibliografía que ya existe en torno a los problemas sociales, raciales, lingüísticos y educacionales con los que el chicano ha venido luchando desde 1848. Los símbolos sociales y literarios, como veremos, son los mismos. Su origen se encuentra en la lucha política y social, de donde pasan a la literatura.

Varios son los símbolos que han servido para dar unidad al movimiento chicano y que aparecen en la literatura: Aztlán, el águila negra campesina, la Virgen de Guadalupe, la huelga, la expresión ¡Viva la Raza! y el saludo característico, el último ya fuera del medio literario. La mayor parte de estos símbolos, que dan forma al concepto *chicanismo,* son de origen muy reciente; nacen con el movimiento político-social que se inicia con la huelga de Delano en 1965. Pero tienen sus raíces en el pasado histórico mexicano. La Virgen de Guadalupe fue el símbolo creador de la nacionalidad mexicana, de la independencia política, ya enarbolado por el Padre Miguel Hidalgo. El águila campesina tiene un origen más antiguo, la fundación de Tenochtitlán por los aztecas en 1325, donde los peregrinos de Aztlán encuentran, en una isla, una águila sobre un nopal devorando una serpiente. Sobre la creación de este símbolo chicano, César Chavez, su creador, ha dicho:

> I wanted desperately to get some color into the movement, to give the people something they could identify with, like a flag. I was reading some books about how various leaders discovered what colors contrasted and stood out best. The Egyptians had found that a red field with a white circle and a black emblem in the center crashed into your eyes like nothing else. I wanted to use the Aztec eagle in the center, as on the Mexican flag. So I told my cousin Manuel, 'Draw an Aztec Eagle.' Manuel had a little trouble with it, so we modified the eagle to make it easier for people to draw.[1]

Según las más aceptadas definiciones, el símbolo es una imagen sensorial que representa un concepto que no puede ser expresado en su totalidad de ningún otro modo.[2] El símbolo expresa, con esa imagen sensorial, el significado de lo espiritual. La imagen sensible nos revela o nos hace presentir algo insensible, algo que no es material. En otras palabras, a la imagen sensorial (o símbolo) se asocia un concepto o una emoción (lo simbolizado). Por eso es necesario interpretar el símbolo (lo expresado) en términos de lo no expresado. Como el símbolo puede ser social y no necesariamente arquetípico o mítico, a veces sólo tiene significado para el grupo que lo produce; y también, con frecuencia, para el artista que lo crea.

Como símbolo visual, no literario, el águila negra en el círculo blanco sobre rojo simboliza, para el chicano, el triunfo sobre la injusticia económica a través de la unión campesina; el propósito es obtener un mayor bienestar y, también, identidad cultural. Para quien no sea chicano, ese símbolo carece de significado. Sin embargo, como los colores—rojo, negro y blanco—tienen valor simbólico universal, la imagen tiene un significado emocional, pero no necesariamente el que tiene para el chicano. A la vez, el uso del águila de la bandera mexicana y los colores rojo y blanco tiene valor simbólico para el mexicano, ya que le recuerda la bandera nacional. El águila, Aztlán, el Quinto Sol y otros símbolos chicanos de origen mexicano forman parte de un sistema mítico, característica frecuente atribuida al símbolo.

Aztlán, que nos proponemos examinar en este estudio, es tanto símbolo como mito. Como símbolo, se apoya en la imagen de la cueva (a veces cerro), representativa de los orígenes del hombre; y como mito, en la existencia de una región paradisíaca donde la injusticia, el mal, las enfermedades, la vejez, la pobreza, la miseria no existen. Como símbolo chicano, Aztlán tiene dos significados; primero, representa la región geográfica conocida como el Suroeste de los Estados Unidos, compuesta por el territorio que México cedió en 1848 según el Tratado de Guadalupe Hidalgo; en segundo lugar, y más importante, Aztlán simboliza la unión espiritual de los chicanos, algo que se lleva en el corazón, no importa donde se viva o se encuentre.

Como región en la geografía mítica Aztlán tiene una larga historia. De acuerdo con el mito náhuatl, la azteca fue la última de las siete tribus que, aconsejada por su dios Huitzilopochtli, salió de Aztlán en busca de la tierra prometida, cuyo símbolo sería un águila sobre un nopal devorando una serpiente. Para los aztecas (cuyo nombre se deriva de Aztlán), en el recuerdo, la región de origen aparecía como un paraíso terrenal. Ya en el siglo quince Moctezuma Ilhuicamina (gobernó de 1440 a 1469) envía a sus sacerdotes en busca de Aztlán. Cuenta el historiador Fray Diego Durán, en su *Historia de las Indias de Nueva España e Islas de Tierra Firme,* obra terminada en 1581, que Moctezuma I, deseando saber en qué lugar habían habitado sus antepasados, y qué forma tenían aquellas siete cuevas, de que la relación de sus historias hacía memoria, mandó llamar a Cuauhcóatl,[3] el historiador real, quien le dijo:

> Nuestros padres moraron en aquel feliz y dichoso lugar que llaman Aztlán, que quiere decir blancura; en ese lugar hay un gran cerro, en medio del agua, que llaman Culhuacan, porque tiene la punta algo retuerta hacia abajo... y se llama 'cerro tuerto'. En ese cerro había unas bocas o cuevas y concavidades donde habitaban nuestros padres y abuelos por muchos años; allí tuvieron mucho descanso, debajo de este nombre *mexitin* y *aztecas;* allí gozaban de mucha cantidad de patos de todo género, de garzas... y de gallaretas; gozaban del canto y melodía de los pajaritos... gozaban de gran frescura y arboledas... pero después que salieron de allí a la tierra firme y dejaron aquel delicioso lugar, todo se volvió contra ellos: las yerbas mordían, las piedras picaban... todo lo hallaron lleno de víboras y culebras y sabandijas ponzonosas.[4]

Moctezuma Ilhuicamina mandó llamar a todos los encantadores y hechiceros y los envió en busca de Aztlán y de Coatlicue, la madre de Huitzilopochtli. Los encantadores, en Coatepec, provincia de Tula, se transformaron por arte de magia en aves, tigres, leones, adives, gatos monteses, y así llegan a aquella laguna en medio de la cual está el cerro de Culhuacan. Toman la forma humana y preguntan por Coatlicue, "y el lugar de donde salieron sus antepasados, que se llamaba Chicomostoc" [siete cuevas].[5]

Los emisarios son pasados en canoas a la isla de Aztlán, donde está el cerro, "el cual de la mitad arriba—relata Durán—dicen que es de una arena muy menuda"; allí encuentran a Coatlicue, quien les demuestra que en Aztlán nunca envejecen los hombres. Les dice:

> ¿Veis a este mi ayo viejo? pues dejadlo descender y veréis cuando llegue a donde vosotros estáis, qué mozo llega. El viejo, muy viejo,

> empezó a descender, y mientras más bajaba, más mozo se iba volviendo, y cuando llegó a ellos, llegó mancebo de veinte años, y díjoles:... Sabéis, hijos, que este cerro tiene esta virtud, que el que ya viejo se quiere remozar, sube hasta donde le parece y vuelve de la edad que quiera.[6]

Los emisarios vuelven a transformarse en animales para el viaje de regreso, que muchos no logran hacer por haber sido devorados en el camino por bestias fieras.

Ese es el Aztlán del mito azteca, el Aztlán que, como la mítica Atlántida, nunca ha sido localizado en la geografía. Su búsqueda, como la de la fuente de la juventud, nunca ha cesado. Cecilio Robelo, el historiador mexicano de la mitología náhuatl, nos dice: "Se cree generalmente que [Aztlán] estaba al norte del golfo de California". Pero ni esa conjetura acepta, ya que más adelante agrega: "Queda, pues, en pie la inexorable cuestión del lugar donde iniciaron los mexica su peregrinación".[7] La inexorable cuestión sigue en pie, a pesar de los esfuerzos de eruditos historiadores, tanto mexicanos, europeos y angloamericanos, como Clavijero, Humboldt, Prescott, Orozco y Berra, Eustaquio Buelna, Chavero, Fernando Ramírez, Lapham, Wickersham y Seler.[8] Hasta se publicó un libro en 1933, titulado *Aztalán,* tratando de probar que Aztlán se encuentra en los lagos de Wisconsin.[9] Otros han dicho que estaba en la Florida, otros creen que en Nuevo México y todavía otros que en California. Y hasta se ha dicho que Aztlán se encontraba en la China. El historiador de Santa Bárbara, Russell A. Ruiz, en un folleto publicado durante el verano de 1969 y que trata del paso de la expedición de Portalá por la región, nos dice que cuando el gobernador llegó el 20 de agosto de 1769 a lo que hoy es Goleta, bautizó la tierra con el nombre de Pueblos de la Isla; que el Padre Crespí, que le acompañaba, en cambio, la llamó Santa Margarita de Cortona, y que los soldados le dieron el nombre de Mescaltitlan, creyendo que se encontraban en el legendario lugar de origen de los aztecas. En una nota, Ruiz dice: "Mescaltitlan era otro de los nombres de Aztlán, el legendario lugar de origen del pueblo azteca o mexicano. Los aztecas lo describían como un paraíso terrenal".[10]

Lo que a nosotros nos interesa no es determinar dónde se encontraba Aztlán, sino documentar el renacimiento del mito en el pensamiento chicano. Hay que hacer hincapié en el hecho de que antes de marzo de 1969, fecha del Congreso de Denver, no se hablaba de Aztlán. En verdad, la primera vez que se menciona en un documento chicano es en el "Plan Espiritual de Aztlán", expedido en Denver en esa fecha, y su creación se debe, según parece, al poeta

Alurista, quien ya, durante el otoño de 1968, había hablado de Aztlán en una clase para chicanos dictada en San Diego State University.[11]

Es de importancia el "Plan Espiritual de Aztlán" porque en él el chicano reconoce sus orígenes aztecas ("We, the Chicano inhabitants and civilizers of the Northern land of Aztlán, from where came our forefathers"); porque establece que Aztlán es el territorio mexicano cedido a los Estados Unidos en 1848 y porque, siguiendo una de las ideas básicas de la Revolución Mexicana, reconoce que la tierra pertenece a quien la trabaja: "Aztlán belongs to those that plant the seeds, water the fields, and gather the crops"; en fin, indentifica al chicano con Aztlán: "We are a nation, we are a union of free pueblos, we are AZTLAN".[12]

Esas palabras fueron publicadas en marzo de 1969. A partir de esa fecha Aztlán se ha convertido en el símbolo más usado por los autores chicanos que escriben sobre la historia, la cultura o el destino de su pueblo; y lo mismo ocurre con los que escriben poesía, novelas o cuentos. Durante la primavera del año siguiente, 1970, aparece el primer número de la revista *Aztlán,* en la cual se reproduce el Plan, en inglés y español. Y el prólogo lo constituye una poesía de Alurista, "Poem in Lieu of a Preface," que une el pasado mítico azteca al presente:

it is said
that Moctecuhzoma Ilhuicamina
sent
an expedition
looking for the northern
mythical land
wherefrom the Aztecs came
la tierra
de
Aztlán
mythical land for those
who dream of roses and
swallow thorns
or for those who swallow thorns
in powdered milk
feeling guilty about smelling flowers
about looking for Aztlán.[13]

Al año siguiente, Alurista publica la antología *El ombligo de Aztlán;* un año más tarde aparece *Nationchild Plumaroja,* publicado en San Diego por "Toltecas de Aztlán". El "Nationchild" del título se refiere, por supuesto, a los chicanos de Aztlán. De aquí en adelante los libros en cuyo título aparece la palabra Aztlán se multiplican.[14]

También en la ficción, y sobre todo en la novela, el símbolo ha sido utilizado con ventaja para la creación artística. Las novelas de Méndez, *Peregrinos de Aztlán* (1974), y de Anaya, *Heart of Aztlán* (1976), son obras representativas de esa tendencia. Y cabe señalar que ambas obras tienen antecedentes en la narrativa mexicana. En 1944 Gregorio López y Fuentes publica la novela *Los peregrinos inmóviles,* y en 1949 María de Lourdes Hernández imprime la suya, *En el nuevo Aztlán.* No hay influencia directa entre las novelas mexicanas y las chicanas. Sin embargo, los elementos que tienen en común son significativos y nos permiten hacer una comparación. El tema de *Los peregrinos inmóviles* es el de la peregrinación en busca de una tierra prometida; en esa novela López y Fuentes recrea la mítica peregrinación de los aztecas. En *Peregrinos de Aztlán* el tema es idéntico, sólo que la peregrinación es a la inversa: "Me ganó la imaginación y vi en peregrinaje a muchos pueblos de indios hollados, recorriendo a la inversa antiguos caminos en busca del origen remoto".[15] Y ya López y Fuentes había escrito: "Caminamos toda la tarde y parte de la noche... Ibamos para la tierra de la abundancia: así lo había augurado el águila, y llevábamos el camino de la seguridad".[16] Otra importante coincidencia: en ambas obras el narrador es un viejo indígena que recuerda la historia de su pueblo; al anciano yaqui, Loreto Maldonado, en Tijuana, lo atormentan los recuerdos de su pueblo caído y vilipendiado; y al anciano Marcos, el recuerdo de la peregrinación original le da aliento para guiar a los suyos. La primera parte de *Los peregrinos inmóviles* se titula "El corazón del mundo". Y años más tarde, Rudy Anaya publicaría la novela titulada *Heart of Aztlán,* en la cual también hay una peregrinación, del campo a la ciudad, si bien no es esa la principal, sino la que el protagonista hace en busca de Aztlán en una visión y con la ayuda de una piedra mágica.

Mayor semejanza existe entre *Heart of Aztlán* y *En el nuevo Aztlán.*[17] En ambas novelas el tema es la búsqueda de Aztlán, del paraíso perdido. En la obra de Hernández un grupo de aztecas, inmediatamente después de la caída de Cuauhtémoc, se refugia en un valle secreto, al cual sólo se puede llegar por un misterioso río que corre dentro de las grutas de Cacahuamilpa. En ese valle fundan una especie de Shangri-La, una sociedad perfecta. En la novela de Anaya, que se desarrolla en el barrio, en Albuquerque, el protagonista, Clemente Chávez—no anciano pero sí hombre de edad—va a las montañas, guiado por el cantor ciego Crispín, en busca de Aztlán, en verdadera peregrinación imaginaria: "They moved north, and there Aztlán was a woman fringed with snow and ice; they moved west, and there she was a mermaid singing by the sea... They walked to the land where the sun rises... and they found new signs, and the signs pointed them back to the center, back to Aztlán."[18]

He allí donde se encuentra Aztlán: en el centro. Aztlán es el centro: "Time stood still, and in that enduring moment he felt the rhythm of the heart of Aztlán beat to the measure of his own heart. Dreams and visions became reality, and that reality was but the thin substance of myth and legends. A joyful power coursed from the dark womb-heart of the earth into his soul and he cried out I AM AZTLAN" (131). La búsqueda, para Clemente, ha terminado. Y así tiene que ser para todo chicano: quien quiera encontrar a Aztlán, que lo busque, no en la geografía, sino en lo más íntimo de su ser.

Notas

[1] César Chávez, "The Organizer's Tale", *Rampants Magazine,* V, 2 (July, 1966). Reproducida en Livie Isauro Durán y H. Russell Bernard, *Introduction to Chicano Studies* (New York: Macmillan, 1973), pp. 545-52. La cita en las páginas 548-49.

[2] Muy amplia es la bibliografía sobre el simbolismo. Entre los últimos libros dedicados al tema se encuentran los de Joseph Strelka (ed.), *Perspective in Literary Symbolism* (University Park: Pennsylvania State University Press, 1968) y de Dan Sperber, *Rethinking Symbolism* (Cambridge: Cambridge University Press, 1975).

[3] Cuauhcóatl (serpiente-águila) es nombre genérico dado a varios personajes. En la mitología se ve asociado a la fundación de Tenochtitlán.

[4] Fray Diego Durán, *Historia de las Indias de Nueva España* (México: Imp. de J.M. Andrade y F. Escalante, 1867-80), I, Cap. XXVII.

[5] Chicomóstoc, que significa "en las siete cuevas", es también nombre simbólico, ya que el número siete incluye la totalidad de los lugares incógnitos.

[6] Durán, obra y lugar citado.

[7] Cecilio A. Robelo, *Diccionario de mitología náhuatl* (México, 1911; 2a. ed., 1951), bajo la palabra "Aztlán".

[8] Ver Francisco Javier Clavijero, *Historia antigua de México* (México: Editorial Porrúa, 1945), Lib. II, cap. xvii; Alejandro de Humboldt, *Ensayo político sobre el reino de la Nueva España,* ed. de Vito Alessio Robles (México: Editorial Pedro Robredo, 1941), II, 69, 87, 184, 185, 335; William H. Prescott, *History of the Conquest of Mexico,* ed. by John Foster Kirk (Philadelphia: J.B. Lippincott, 1873), Book I, chap. i; Manuel Orozco y Berra, *Ojeada sobre cronología mexicana* (México, 1878), cap. IV (Con la *Crónica mexicana* de Tezozómoc); Eustaquio Buelna, *Peregrinación de los aztecas,* 2a. ed. (México, 1892); Alfredo Chavero, *Los aztecas o mexica; fundación de México Tenochtitlán* (México: Biblioteca Mínima Mexicana, No. 3 (sin año de publicación); Eduard Seler, "Wo lag Aztlan, die Hiemath der Azteken?", *Gesammelte Abhandlungen zur Amerikanischen Sprach- und Altertumskunde,* 3 vols. (Berlin, 1902-1908), II, 31-47.

[9] S.A. Barrett, *Ancient Aztalan* (Westport, Conn.: Greenwood Press, 1970; la primera ed. es de 1933).

[10] Russell A. Ruiz, "The Portalá Expedition Through Santa Barbara County, 1769", *Noticias,* Santa Barbara Historical Society, California Bi-Centennial Edition, 1769-1969, XV, 3 (Summer, 1969), p. 11 (nuestra traducción).

[11] Noticia que debo al Profesor Francisco Lomelí, de la Universidad de California en Santa Bárbara.

[12] "Plan Espiritual de Aztlán", *Aztlán,* I, 1 (Spring, 1970), pp. iv-v.

[13] *Aztlán,* I, 1, p. ix. Recogido en *Nationchild Plumaroja* (San Diego: Toltecas de Aztlán, 1972).

[14] Entre otros: Alurista, *El ombligo de Aztlán* (San Diego: Centro de Estudios Chicanos, 1971); Alurista, *Flor y canto en Aztlán* (Los Angeles: Chicano Studies Center, 1971); Luis Valdez and Stan Steiner, *Aztlán, An Anthology of Mexican American Literature* (New York: Alfred A. Knopf, 1972); Jack D. Forbes, *Aztecas del Norte, The Chicanos of Aztlán* (Greenwich, Conn.: Fawcett Publications, 1973); Dorothy E. Harth and Lewis M. Baldwin, *Voices of Aztlán, Chicano Literature of Today* (New York: New American Library, 1974); David Maciel y Patricia Bueno, *Aztlán, historia del pueblo chicano* (1848-1910) (México: Sep-Setentas, 1975); Luis F. Hernández, *Aztlán, The Southwest and its People* (Rochelle Park, N.J.: Hayden Book Co., 1975); Arturo Roche-Alvarado, *Crónicas de Aztlán, A Migrant's Tale* (Berkeley, Cal.: Quinto Sol Publications, 1977).

[15] Miguel Méndez M., *Peregrinos de Aztlán* (Tucson, Arizona: Editorial Peregrinos, 1974), p. 102.

[16] Gregorio López y Fuentes, *Los peregrinos inmóviles* (México: Ediciones Botas, 1944), pp. 96-97.

[17] María de Lourdes Hernández, *En el nuevo Aztlán* (Sahuayo, Mich.: Editorial "San José", 1949).

[18] Rudolfo A. Anaya, *Heart of Aztlán* (Berkeley, Cal.: Editorial Justa, 1976), pp. 129-30.

— 3 —

THE PROBLEM OF IDENTIFYING CHICANO LITERATURE

The simplest, but also the narrowest way of defining Chicano literature is to say that it is the literature written by Chicanos. This definition, although neat and precise, presents us with at least two problems. It is difficult to identify a particular author as being Chicano, and it focuses the attention of the critic upon the origin of the writer, rather than on the work itself. The reader must be familiar with the author's life, especially if he has a non-Spanish name as in the case of John Rechy. There may be such Chicano writers publishing literary works whose origins we are not aware of. It may be equally difficult to identify as Chicanos those writers with Spanish names, as, for instance, Amado Muro and Silvio Villavicencio. Muro was an American named Chester Seltzer married to a Mexican lady and using her maiden name, Amada Muro, as a pseudonym.[1] Villavicencio, on the other hand, is a young writer from Central America now living in Guadalajara, Mexico, who, as far as we know, has never been to the United States. Two of his stories appeared in the anthology *El Espejo/The Mirror,* considered as representative of Chicano writing.

No less important is the fact that there is no consensus of opinion as to who is Chicano. To show how rapidly the meaning of Chicano has changed, I shall quote the two definitions given by Edward Simmen and published a year apart. In 1971 he defined the Chicano as "a dissatisfied American of Mexican descent whose ideas regarding his position in the social and economic order are, in general, considered to be liberal or radical and whose statements and actions are often extreme and sometimes violent."[2] One year later he defined as Chicano "an American of Mexican descent who attempts through peaceful, reasonable, and responsible means to correct the image of the Mexican-American and to improve the position of this minority in the American social structure."[3] Other definitions of the Chicano are extremely limited, both as to time and social philosophy.[4]

If we define the Chicano as this socially-oriented person, then only that literature written by him, but especially that in support of the social movement called *la causa,* initiated during the early sixties, is Chicano literature. The best example of this would be the plays of Luis Valdez, performed by the Teatro Campesino. Are we to say then that such works as Rudolfo Anaya's novel *Bless Me, Ultima,* Estela Portillo's drama, *The Day of the Swallows,* and others not dealing with social protest do not belong to Chicano literature? A broader definition is definitely in order, so that we may be able to include all aspects of that literature. The definition should be broad enough to cover not only the plays of Luis Valdez but also other works not dealing with social themes.

Those critics who are aware of the difficulty of reaching agreement as to who is a Chicano have turned to a different approach, the identification of Chicano literature by its intrinsic characteristics. This approach is more satisfying to the humanist, since he feels that defining the Chicano is a task for the social scientist, and not for the literary critic. As we said before, this approach has the advantage of focusing the critic's attention upon the work itself. But, here again, the characteristics of Chicano literature most often mentioned by critics give us an extremely narrow concept of that literature. Most of them apply to what is considered to be realistic literature. For instance, subject matter, it is said, must reflect the Chicano experience and deal with Chicano themes. It is for this reason that some critics exclude Floyd Salas' novel, *Tattoo the Wicked Cross,* from being classified purely as a Chicano novel.[5] Why should the Chicano experience be limited to the *campesino* struggle, the description of life in the barrio, or the social confrontation with the majority culture? Why can it not go beyond to include the universal nature of man?

Another often mentioned characteristic of Chicano literature is its sympathetic attitude towards *chicanismo.* One of the accomplishments of Chicano literature has indeed been the creation of a new image for the Mexican American. The Chicano, as revealed by that literature, is not the stereotyped creature portrayed by the mass media. The danger here is that, in order to avoid a negative presentation of the Chicano, the writer often falls into the trap of Manicheism and the lack of ambiguity. What Carlos Fuentes said about the Spanish American novel written before 1940 can very well be applied to Chicano literature. For him that novel was "caught in the net of the reality close at hand and can only reflect it. That surrounding reality demands a struggle in order to be changed, and that struggle demands an epic simplification: the exploited man, because he is exploited, is good; the exploiter, also intrinsically, is evil. This primitive gallery of heroes and villains, what literature has not had it?"[6] Manicheism, of course, can be avoided. Corky Gonzales does it by identifying the hero of his poem not only with Cuauhtémoc, Juárez, and Madero, but also with Cortés, Maximiliano, and Huerta. "Writing *I Am Joaquín,"* he says in the Introduction to the poem,

> was a journey back through history, a painful self-evaluation, a wandering search for my peoples and, most of all, for my own identity. The totalilty of all social inequities and injustices had to come to the surface. All the while, the truth about our own flaws—the villains and the heroes had to ride together—in order to draw an honest, clear conclusion of who we were, who we are, and where we are going. *I am Joaquín* became a historical essay, a social statement, a conclusion of our mestizaje, a welding of the oppressor (Spaniard) and the oppressed (Indian).[7]

Chicano literature, like all other literatures, can give expression to the universal through the regional. Over and above the social problems with which he is at present preoccupied, the Chicano is a human being facing the concerns of all humanity. And he is giving expression to this in an original style. By writing in a combination of English and Spanish he is creating new images. And the creation of a new image is precisely the problem that confronts the Chicano writer, for it is not easy to give universality to the regional or particular if the writer does not go beyond his immediate circumstance. The Chicano has to create a new synthesis out of history, tradition, and his everyday confrontation with the ever-changing culture in which he lives. But he cannot do so unless he creates mythical images. And that is just what the Chicano writer has been doing, as we can see in Rivera's *". . . y no se lo tragó la tierra,"* Méndez' *Peregrinos de Aztlán,* Anaya's *Bless Me, Ultima,* and other representative Chicano creations. Méndez' pilgrims inhabit a mythical Aztlán. With Aztlán, Alurista, Méndez and others have created a mythical place as important as the descriptions of the barrios that we find in Mario Suárez' short stories. The Chicano can identify as easily with Aztlán as he can with Señor Garza's barber shop, or Hinojosa's Klail City. This can be so because the myth of Aztlán was born out of history, having been the place where the Aztecs originated. And since the Chicano identifies readily with the prehispanic cultures of Mexico, the myth took hold of the people's imagination.

For these reasons, the new definitions of Chicano literature, which are not restricted only to social, realistic works, are much more satisfying, and can account not only for Chicano literature as it exists today, but for what is to be written in the future. A broad definition is necessary even to account for socially oriented Chicano literature where mythical and legendary elements are frequent. Otherwise, how can we analyze, in their totality, such poems as Alurista's *La Llorona* and Omar Salinas' *Aztec Angel,* or even poems of the barrio, such as Raúl Salinas' *A Trip Through the Mind Jail,* where we find this stanza:

> Neighborhood of Zaragoza Park
> where scary stories interspersed with
> inherited superstitions were exchanged
> waiting for midnight and the haunting
> lament of La Llorona—the weeping lady
> of our myth and folklore—who wept nightly,
> along the banks of Boggy Creek . . . [8]

In a very brief article published in *Mester* in 1973, Gustavo Segade says, "Chicano literature, then, refers to the historical, cultural, and mythical dialectic of the Chicano people. In its historical and cultural sense, Chicano literature is specific and unique; in its mythical sense, it is general and universal."[9] And Bruce-Novoa, with his original and challenging theory about the spatial nature of Chicano literature, has presented us with a significant definition worthy of consideration.

We can see then that in a relatively short time, Chicano literature has not only established itself as a significant part of minority literatures in the United States, and, at the same time, of literature in general, but has produced a criticism that has kept up with the rapid change taking place. In a few years, the identification of Chicano literature has progressed from the narrow, sociological definition to the broad, humanistic, and universal approach. Chicano literature by lifting the regional to a universal level has emerged from the barrio to take its place alongside the literatures of the world.

Notes

[1] See Gerald Haslam, "The Enigma of Amado Jesús Muro," *Western American Literature,* X (1975), pp. 3-9.

[2] Edward Simmen, ed., *The Chicano: From Caricature to Self-Portrait* (New York: New American Library, 1971), p. xiii.

[3] Edward Simmen, ed., *Pain and Promise: The Chicano Today* (New York: New American Library, 1972), pp. 55-56.

[4] For Luis Valdez, "being Chicano means the utilization of one's total potentialities in the liberation of our people." But he adds: "In another sense, it means that Indio mysticism is merging with modern technology to create un hombre nuevo. A new man." Luis Valdez and Stan Steiner, eds. *Aztlán, An Anthology of Mexican American Literature* (New York: Alfred A. Knopf, 1972), p. xxx.

[5] See Teresa McKenna, "Three Novels: An Analysis," *Aztlán,* I, 2 (Fall, 1970), p. 55. ("Regrettably, *Tattoo the Wicked Cross* cannot be classified purely as a Chicano novel. The protagonist of the novel is not a Chicano but apparently someone who happens to have a possibly Spanish name [Aaron D'Aragon]. This ambiguity deserves exploration. Undeniably, the experience is one that many Chicanos have endured but the portrayal of this experience is not uniquely from the perspective of a Chicano.")

[6] Carlos Fuentes, *La nueva novela hispanoamericana* (México: Joaquín Mortiz, 1969), p. 14.

[7] Rodolfo Gonzales, *I Am Joaquín / Yo soy Joaquín* (Toronto, New York, London: Bantam Pathfinder Editions, 1972), p. 1.

[8] Valdez and Steiner, *Aztlán*... pp. 341-42.

[9] Gustavo Segade, "Towards a Dialectic of Chicano Literature," *Mester,* IV, 1 (Nov. 1973), 4.

— 4 —

LA IMAGEN LITERARIA CHICANA

Para poder estudiar la literatura chicana como entidad autónoma es necesario postular la existencia de las literaturas nacionales, regionales y de minorías.[1]

En la teoría literaria existen dos posiciones extremas: (1) la que niega la existencia de las literaturas nacionales. Dice Octavio Paz: "El nacionalismo no sólo es una aberración moral; también es una estética falaz. Nada distingue a la literatura argentina de la uruguaya; nada a la mexicana de la guatemalteca. La literatura es más amplia que las fronteras. . . . No hay escuelas ni estilos nacionales."[2] Estos ejemplos de Paz, valga la pena apuntar, están mal escogidos, ya que entre esos países hay unidad geográfica. En un tiempo el Uruguay fue parte de la Argentina, como Guatemala lo fue de México; (2) la que afirma que toda literatura es nacional, que sólo se llega a lo universal a través de lo nacional, y a lo nacional a través de lo regional. Ejemplos: Homero, Dante, Shakespeare, Calderón, Fuentes. El crítico que trató de probar que Shakespeare era francés se convirtió en el hazmerreír del mundo de las letras.

Si aceptamos la primera teoría no podemos estudiar, como monumentos independientes, las literaturas de Irlanda, Argentina, México o Aztlán. Tendríamos que estudiar las obras como pertenecientes a una corriente, a un género, a una escuela, independientemente del pueblo que las produce. Dice Paz: "Hay familias, estirpes, tradiciones espirituales o estéticas. La novela argentina o la poesía chilena son rótulos geográficos; no lo son la literatura fantástica, el realismo, el creacionismo, el criollismo y tantas otras tendencias estéticas e intelectuales" (p. 12).

Si aceptamos la segunda teoría el problema entonces consiste en probar que una literatura presenta rasgos diferenciales que la distinguen de otras literaturas. Aun el mismo Paz afirma que "la literatura moderna es un sistema mundial y dentro de ese sistema hay otros sistemas y subsistemas. Uno de ellos es el de la lengua española, compuesto de dos literaturas, la española y la hispanoamericana".[3]

El significado de una obra lo encontramos entonces no sólo en sus relaciones estéticas con otras obras, sino también con las obras producidas por el mismo grupo social y escritas en la misma lengua. Como ejemplos citaremos *El Periquillo Sarniento* (1816) de José Joaquín Fernández de Lizardi y *La vida inútil de Pito Pérez* (1938) de José Rubén Romero, ambas novelas picarescas, pero que nadie diría que son obras pertenecientes a la literatura española o la de algún otro país de habla hispana que no sea México. Al mismo tiempo, sería inútil analizarlas sin tener en cuenta la historia y la crítica de la novela picaresca española, subgénero al cual pertenecen las dos obras mexicanas. En la literatura chicana tenemos el caso de Miguel Méndez, algunos de cuyos cuentos son recreaciones de relatos que se encuentran en el *Calila y Dimna,* obra española de origen oriental publicada durante el siglo trece.[4]

Para estudiar la literatura chicana es por lo tanto necesario establecer qué diferencias o semejanzas existen entre esa literatura y otras literaturas, sobre todo la mexicana, que pertenece al sistema de la lengua española, y la norteamericana, que forma parte del sistema de lengua inglesa, que comprende a Inglaterra, los Estados Unidos, Canadá, Australia y otros países.

En primer lugar es necesario ver la literatura chicana en su contexto de literatura minoritaria, esto es, como producto de escritores que, aunque mantienen la cultura mexicana de sus antepasados—en su totalidad o en parte—, viven y escriben dentro de un ambiente angloamericano. Es una literatura que se escribe ya en inglés (Rudolfo Anaya, José Antonio Villarreal, Ron Arias, Gary Soto), ya en español (Tomás Rivera, Miguel Méndez, Rolando Hinojosa, Sergio Elizondo).

El problema que se presenta, por lo tanto, es éste: ¿a cuál de los dos sistemas, el que utiliza la lengua española o el que utiliza la lengua inglesa, pertenece la literatura chicana?

Con el propósito de discutir esa problemática sostendremos que la literatura chicana es una literatura afín a la literatura angloamericana, y por lo tanto a la anglosajona, en cuanto utiliza la lengua inglesa. Pero como también se vale del español y participa de la influencia de la cultura y tradición literaria mexicana es necesario decir que parte de ella gira en torno al sistema hispano-mexicano. Ese sincretismo, sin embargo, es precisamente lo que la distingue de otras literaturas y le da originalidad.

La literatura chicana obtiene su identidad por ser una literatura minoritaria que comparte dos tradiciones literarias, la anglo-americana y la mexicana, esto es, pertenece a los dos sistemas mencionados; o mejor dicho, de allí nace y cobra independencia.

El chicano es chicano precisamente porque es un ser de origen mexicano cuya existencia se desarrolla dentro de una cultura antitética. El resultado es el conflicto cultural que se manifiesta tanto en la vida social como en la literatura; en ésta a través de la presencia de imágenes representativas de ambas culturas. En algunos escritores predominan las imágenes angloamericanas; en otros las mexicanas; y en una minoría, la síntesis de ambas.

Aunque el chicano ha vivido en Aztlán desde 1848 la cultura mayoritaria no ha logrado integrarlo. El precio que el chicano ha pagado por ese deseo de mantener su cultura ha sido exorbitante. Pero a pesar de ello ha luchado para mantener su identidad. Uno de los medios de que se ha valido para hacerlo ha sido la literatura, creadora de imágenes.

Octavio Paz cree que el chicano ha logrado mantener su identidad porque ha sabido conservar la estructura familiar. Dice Paz:

> El español no se ha perdido del todo entre los chicanos. No se ha perdido del todo porque hay una cosa que está viva, intacta en la sociedad chicana. Eso es la familia. Y dentro de la familia tradicional... la madre. La madre chicana ha sido, digamos, el centro de la vida familiar. Y es la que ha conservado por una parte el lenguaje y por la otra parte los valores tradicionales... la moral tradicional.[5]

Y también:

> La familia [chicana] es valiosa en la medida en que es depositaria y transmisora de ciertos valores... o de ciertas actitudes ante la vida... conceptos del bien, del mal, del gusto, lo feo y lo bonito, de lo que es correcto y de lo que es incorrecto, de la actitud entre los viejos y los jóvenes, ante el sexo, ante la muerte, ante el más allá, el valor del tiempo, el valor del placer, la comunidad.... Creo que los valores comunales son más importantes entre los chicanos que en la sociedad angloamericana. (pp. 13, 14)

Ejemplos de la familia en la literatura mexicana son abundantes. Entre los nuevos novelistas, los novelistas de la onda, por ejemplo, vemos que la familia mexicana ha sufrido una transformación, como la ha sufrido la familia chicana, cuya vida no es tan apacible como la pinta Octavio Paz.[6] En la literatura mexicana los conflictos no son, por supuesto, culturales (a no ser que se trate de novelas indigenistas) sino más bien generacionales, de clase, o económicos. En la literatura chicana a los anteriores hay que agregar el conflicto cultural. En *Pocho* (1959) de José Antonio Villarreal, *Chicano* (1970) de Richard Vásquez y *Heart of Aztlán* (1976) de Rudolfo Anaya vemos cómo se desintegran las familias. En el cuento "Amor y libertad" de Rosa M.

Carrillo vemos el conflicto entre el padre autoritario y la hija que ambiciona ir a la universidad y obtener la libertad.[7]

Pero a pesar de esos conflictos, no hay duda de que el chicano se siente fuertemente unido a su tradición mexicana. Como dice el escritor José Armas: "The fact that political boundaries changed our political alliance did not change our history nor our beginnings.... We are part of the same [mexicano] people. We are the northern region of a nation of 40 million mestizos: the bronze nation. We are hermanos in blood, culture and in language".[8]

Para mantener esa herencia cultural, sin embargo, el chicano ha tenido que luchar. La literatura es uno de los medios que le ayudan a mantener su identidad, que ha buscado en sus raíces mexicanas. Del conflicto cultural nace la literatura chicana, que se caracteriza por la presencia de imágenes procedentes de ambas culturas, la mexicana y la angloamericana.

Es nuestro parecer que el mejor método para estudiar lo que da originalidad a una literatura es a través de sus imágenes. En el caso de la literatura chicana—lo que no ocurre ni en la literatura hispanoamericana ni en la angloamericana, a no ser que sean producto de otras minorías—, las imágenes son mexicanas, angloamericanas, o biculturales. Su juxtaposición es lo que da originalidad a la literatura chicana.

El problema del crítico consiste en estudiar esas imágenes y ver qué tratamiento les dan los autores. Espigamos unos cuantos ejemplos, dada la naturaleza de este ensayo. Un estudio detallado está por hacerse.

Hemos notado que la mayor parte de las imágenes de procedencia cultural mexicana se deriva de dos épocas distantes en el tiempo: la prehispánica y la de la Revolución. La imagen de la flor y el canto, que se encuentra en la poesía prehispánica azteca, reaparece y se convierte en imagen clave en el libro de Alurista, *Floricanto en Aztlán* (1971). Leemos en los *Cantares mexicanos,* códice prehispánico:

> Brotan las flores, están frescas, medran
> abren su corola,
> de tu interior salen las flores del canto
> tú, oh poeta, las derramas sobre los demás.[9]

Y en la poesía "flowers in the lake" de Alurista:

> flowers in the lake
>   and swans
> las aves y sus trinos
>   the woods and the jungle[10]

Los pensamientos, hechos palabras, para Alurista son flores:

thoughts in words
speak flowers
on the lips of men[11]

La imagen de la flor que canta evoluciona y se convierte en imagen mestiza. Ahora es la guitarra, de origen español, la que canta flores, en la poesía "tuning flower tones", de la misma colección, donde leemos: "tuning flower tones / guitarra sings in serenata." Como ha demostrado Alfonso Reyes en su ensayo *Visión de Anáhuac,* la flor es una imagen arquetípica en la cultura azteca.[12]

Imagen también azteca, que se ha conservado en el escudo nacional, es la del águila y la serpiente. Dice Rodolfo Gonzales en *Yo soy Joaquín* (1967):

Yo soy el águila y la serpiente
de la civilización azteca.[13]

Y Alurista:

proud guerrero plumaje
free like the eagle
y la serpiente[14]

El origen de esa imagen es, por supuesto, la poesía prehispánica. En la *Crónica Mexicayotl,* reconstruida con antiguos documentos por Fernando Alvarado Tezozómoc hacia 1600, encontramos ya una composición sobre "El águila en el nopal", que era el signo de los dioses a los aztecas para que allí fundaran su centro religioso:

¡El sitio donde el Aguila grazna, en donde abre las alas;
el sitio donde ella come y en donde vuelan los peces,
donde las serpientes van haciendo ruedos y silban!
¡Ese será México Tenochtitlan y muchas cosas han de suceder![15]

Los héroes mexicanos que aparecen en la literatura chicana son Cuauhtémoc, Juárez y los caudillos revolucionarios, sobre todo Villa y Zapata. Dice Joaquín: "Yo soy Cuauhtémoc, / majestuoso y noble" (p. 16), versos que nos hacen pensar en la *Suave patria* de López Velarde:

Cuauhtémoc
joven abuelo: escúchame loarte,
único héroe a la altura del arte.[16]

En las novelas *Pocho* de José Antonio Villarreal y *Macho* (1973) de Edmund Villaseñor aparecen, en los primeros capítulos, los héroes revolucionarios.[17] Juan Rubio, el padre del protagonista Richard en la novela de Villarreal es un jefe revolucionario muy parecido a Demetrio Macías, el héroe de Mariano Azuela en la novela *Los de abajo* (1915). En la poesía de Alurista encontramos a Hidalgo, Juárez, Villa, Zapata y Madero; y entre los héroes chicanos, a Corky Gonzales y César Chávez:

> . . . mi padre era
> zapata, juárez y madero mis
> hermanos, corky el león, chávez
> el palomo[18]
>
> zapata rode in white
> campesino white
> and villa in brown
> ranchero brown[19]

Y entre los héroes aztecas a Cuauhtémoc, Tízoc y Moctezuma:

> las burbujas del sol
> el de Cuauhtémoc, Tízoc
> o el plumado Moctezuma
> el sol de la tierra[20]

La imagen del tecolote, ave ya famosa en la literatura prehispánica, aparece como motivo central en dos novelas, una chicana y la otra mexicana. En *Bless Me, Ultima* (1972) de Rudolfo Anaya, el tecolote se le identifica con el pesonaje protagonista. Y en la novela *El tamaño del infierno* (1973) de Arturo Azuela, el tecolote en la casa paterna sirve para dar unidad a la historia de la familia. Y en el poema "El buho sabio de mi aldea" de Alurista encontramos estos versos:

> "ya basta" he's said
> and our chicano youth
> clamors the oral tradition
> of the tecolote chicano
> with wisdom
> y firmeza[21]

Los conflictos entre las dos culturas, que se manifiestan a través de imágenes arquetípicas, predominan en varias novelas: entre campesinos y patrones en *The Plum Plum Pickers* (1969) de Raymond Barrio. He aquí un ejemplo, la imagen de la máquina contrapuesta a la del trabajador:

> Next project on the board's agenda: why not turn the ant people into automatic pickers and save the cost of an internal machine? Every plant would by then be absolutely perfect. Every picker perfect too. No complainers. In marked contrast, in their own board meetings in the fields, all that the miserable migrants had to worry

> about was their everlasting hunger... and their miserable worthless existence...[22]

En Alurista el conflicto cultural es captado por medio de dos arquetipos, el charro y el cowboy:

> and we've played cowboys
> —as opposed to indians
> when ancestors of mis charros abuelos
> indians fueron[23]

El mundo de los adolescentes lo vemos mejor en la novela *Caras viejas y vinos nuevos* (1975) de Alejandro Morales, novela muy parecida a *Gazapo* (1965) del mexicano Gustavo Sainz. Julián, el adolescente de Morales, es muy semejante al Menelao de Sainz. Y también encontramos un paralelismo entre un cuento de Tomás Rivera, "Los niños no se aguantaron", y otro de Juan Rulfo, "Es que somos muy pobres".[24] En ambos la pobreza, la tragedia como resultado de la pobreza, y la lucha por una vida mejor dan forma a las narraciones. En Rulfo, las imágenes del río y la vaca; en Rivera, la llave de agua y la escopeta.

La imagen angloamericana, en cambio, predomina en las obras de John Rechy, Floyd Salas, Ron Arias y Gary Soto. En los treinta y ocho poemas que forman el libro *The Elements of San Joaquin* (1976) de Gary Soto, por ejemplo, sólo hemos encontrado tres imágenes mexicanas, la de la Virgen de Guadalupe, la del chile y la de la mano del molcajete, si bien a esta última ni el nombre mexicano se le da:

> She sliced papas,
> Pounded chiles
> With a stone
> Brought from Guadalajara.[25]
>
> Let her hang
> The Virgin of Guadalupe
> Above your bed (p. 42)

En cambio, predominan las imágenes angloamericanas. Ejemplos:

> Left of the neon glowing *Eat,*
> Right of the traffic returning home,
> This cold slowly deepens (p. 7)
>
> Drunk in the kitchen, I ring God
> and get Wichita (p. 10)
>
> Today we are bloated on beer,
> Glowing before a snowy TV.
> Outside, snow slants into the street. (p. 43)

The Japanese families
Are gone, the Okies gone (p. 55)

Se podrían comparar otros elementos de la obra literaria, como la temática o la estructura. Pero son elementos formales característicos de la literatura en general, que no nos ayudan a distinguir una de otra. En cambio, el estudio de las imágenes es fructífero para analizar las obras en su contexto nacional, regional o minoritario, como producto de un pueblo que desea expresar sus problemas, conflictos, preocupaciones, esperanzas y anhelos, pero sin perder su identidad. "Creo que ustedes—observa Octavio Paz—tienen que conservar su identidad. Y claro, eso no significa que se cierren al mundo. Es muy difícil estar en ese equilibrio, pero tienen que hacerlo. Tienen que ser por una parte chicanos y por la otra parte miembros del mundo norteamericano. Porque viven aquí. Son de aquí. ¿No le parece? Lo han hecho. Lo pueden seguir haciendo. Y además tienen que pensar en un modo internacional" (p. 19). La literatura bicultural ha ayudado al chicano, en gran parte, a mantener ese equilibrio y lo ha hecho a través de la creación de imágenes que hieren profundamente su sensibilidad.

Notas

[1] Con el término "literatura nacional" nos referiremos a los tres tipos de literatura.

[2] Octavio Paz, *Puertas al campo* (México: UNAM, 1966), p. 12.

[3] Mercedes Valdivieso, "Entre el tlatoani y el caudillo, Octavio Paz: postdata a *Postdata*", *¡Siempre!* 876 (abril 8, 1970), "La cultura en México", p. vi.

[4] Ver Miguel Méndez, *Cuentos para niños traviesos. Stories for Mischievous Children*. Trad. de Eva Price (Berkeley, California: Editorial Justa Publications, 1979), y nuestro estudio "Méndez y el *Calila y Dimna*," *La Palabra*, 3, Nos. 1-2 (primavera-otoño 1981), 67-76.

[5] José Armas, "Entrevista con Octavio Paz", *De Colores*, 2, No. 2 (1975), p. 12.

[6] Ver Francisco Lomelí, "The Family Crisis in Three Chicano Novels: Disintegration vs. Continuity", in Mario Barrera *et al.*, eds., *Work Family Roles Language* (Berkeley, California: Tonatiuh-Quinto Sol International, 1980), pp. 141-55.

[7] Cuento inédito. Copia en nuestros archivos.

[8] José Armas, "Octavio Paz", *De Colores*, 2, No. 2 (1975), p. 6.

[9] En Angel María Garibay K., *La literatura de los aztecas* (México: Editorial Joaquín Mortiz, 1964), p. 56. Ver, sobre el tema de la flor y el canto, Miguel León-Portilla, *Las literaturas precolombinas de México* (México: Editorial Pormaca, 1964), pp. 87-90.

[10] Alurista, *Floricanto en Aztlán* (Los Angeles, California: Chicano Studies Center, University of California Los Angeles, 1971; Second Printing 1976), thirty-nine.

[11] Alurista, "flores pensamientos" *Nationchild plumaroja* (San Diego, California: Toltecas en Aztlán, Centro Cultural de la Raza, 1972), Conejo, 8.

[12] Alfonso Reyes, *Visión de Anáhuac (1519)* (San José de Costa Rica: Imprenta Alsina, 1917), pp. 35-46.

[13] Rodolfo Gonzales, *I am Joaquín/Yo soy Joaquín. An Epic Poem* (Toronto: Bantam Pathfinder Editions, 1972), p. 16.

[14] Alurista, "libertad sin lágrimas", *Floricanto,* cinco.

[15] Garibay, p. 45.

[16] Ramón López Velarde, *Poesías completas y El minutero* (México: Editorial Porrúa, 1963), p. 267.

[17] Ver Juan Bruce-Novoa, "México en la literatura chicana", *Revista de la Universidad de México,* 29, No. 5 (enero, 1975), 13-18; Guillermo Rojas, "La prosa chicana: tres epígonos de la novela mexicana de la Revolución, *De Colores,* 1, No. 4 (1975), 43-57.

[18] Alurista, "when you have the earth in mouthful", *Plumaroja.*

[19] Alurista, "we've played cowboys", *Floricanto,* twenty-three.

[20] Alurista, "tuning flower tones", *Plumaroja.*

[21] Alurista, "el buho sabio de mi aldea", *Floricanto,* veintiuno.

[22] Raymond Barrio, *The Plum Plum Pickers* (Sunnyvale, California: Ventura Press, 1969), p. 113.

[23] Alurista, "we've played cowboys", *Floricanto,* twenty-three.

[24] Tomás Rivera, "Los niños no se aguantaron", *"...y no se lo tragó la tierra"* (Berkeley, California: Quinto Sol, 1971); Juan Rulfo, "Es que somos muy pobres", *El llano en llamas* (México: Fondo de Cultura Económica, 1953).

[25] Gary Soto, *The Elements of San Joaquin* (Pittsburgh, Pa.: University of Pittsburgh Press, 1977), p. 40.

II. Perspectiva histórica

> The culture of the past is not only the memory of mankind, but our own buried life, and the study of it leads to a recognition scene, a discovery in which we see, not our past lives, but the total cultural form of our present life.
>
> —Northrop Frye

— 5 —

PERIODIZACION DE LA LITERATURA CHICANA

Si consideramos que la literatura es el producto de la cultura de un pueblo, nos es necesario decir que su desarrollo sigue la misma trayectoria histórica del pueblo que la produce. No podemos concebir una literatura independiente de la cultura, ya que es la lengua el medio de que la literatura se vale para recrear sus mundos, y la lengua refleja la cultura del pueblo que la habla. Al mismo tiempo, los autores vuelcan su trasfondo cultural en sus obras, ya sea consciente o inconscientemente. En el caso de la literatura chicana, sobre todo, es casi imposible estudiar su evolución sin considerarla como manifestación social del pueblo que la produce. Es por esa razón que para mejor captar su desarrollo es necesario recurrir a la historia del pueblo chicano.

Aquí nos concentraremos solamente en deslindar un problema, la periodización de la literatura chicana, para lo cual nos valemos de lo que los historiadores chicanos han aportado a su disciplina, ya que el método se puede aplicar a la literatura. Jesús Chavarría, en su artículo "A Précis and a Tentative Bibliography on Chicano History," ha hecho esta observación: "Chicano history not only provides continuity between past and present; it can also, if approached imaginatively, offer a basic analytical structure for the totality of the Chicano experience."[1] Chavarría divide la historia chicana en tres periodos: (1) hasta 1821, que llama "Mesoamerican Origins to the Independence of Mexico"; (2) "The Emergence of the Chicano, 1821-1900"; y (3) "The 20th Century and the Dawning of Consciousness." En el mismo número de la revista *Aztlán* en que Chavarría publicó su artículo en 1970, se encuentra otro de Juan Gómez Quiñones sobre el mismo tema, titulado "Notes on Periodization, 1900-1965", en el cual divide la historia chicana del siglo veinte en cinco periodos, como sigue: (1) 1900-1920 "The First Steps"; (2) 1920-1940 "Assimilation and Struggle"; (3) 1941-1945 "The Period of the War"; (4) 1945-1965 "The Post-War Surgence: Illusion and Disillusion", y (5) 1965-1970 "La Reconquista—The

Movement".[2] Un año después, esto es, en 1971, el mismo autor publica una más elaborada clasificación bajo el título "Toward a Perspective on Chicano History"[3] en la cual divide la historia chicana en dos grandes partes, antes y después de 1848. La primera parte, que va de 1598 a 1848, consta de tres periodos: (1) 1600-1800 "Settlement"; (2) 1800-1830 "Florescence", y (3) 1830-1848 "Conflict". La segunda parte, que va de 1848 al año que se publicó el artículo (1971), consta de seis periodos: (1) 1848-1875 "Resistance"; (2) 1875-1900 "Subordination"; (3) 1900-1920 "Emigration and Urbanization"; (4) 1920-1941 "Repression"; (5) 1945-1965 "Participation"; y (6) 1965-1971 "La Reconquista—The Movement".

En 1972 Ray Padilla publica en *El Grito* su estudio sobre las bibliografías chicanas.[4] Divide los estudios bibliográficos en tres periodos: (1) 1848-1919; (2) 1920-1959, y (3) 1960 al presente. Sin embargo, en el primer periodo incluye bibliografías que se refieren a materiales para el estudio de épocas anteriores a 1848. Dice:

> The historical beginning of the Chicano Aztlanense has yet to be agreed upon, but for discussion purposes one could propose 1836 (secession of Texas) or 1848 (Treaty of Guadalupe-Hidalgo) as the birth of the Chicano Aztlanense. For this study, 1848 is arbitrarily chosen to mark the beginning of the Chicano Aztlanense period. Thus all works prior to 1848 can be treated as pre-Chicano Aztlanense materials. (p. 4)

En nuestro artículo "Mexican-American Literature, a Historical Perspective"[5] de 1973, dividimos la evolución de la literatura chicana en cinco periodos, como sigue:

(1) The Hispanic Period (to 1821)
(2) The Mexican Period (1821-1848)
(3) Transition Period (1848-1910)
(4) Interaction Period (1910-1942)
(5) Chicano Period (1942 to the Present)

Creemos que esa fue la primera vez que se habló de una periodización de la literatura chicana. Hoy dividiríamos el último periodo en dos partes, la primera de 1942 a 1965, y la segunda de 1965 al presente. Trataremos de justificar nuestra división.

(1) The Hispanic Period (to 1821)

Hasta 1821 lo que hoy llamamos Aztlán fue parte de la Nueva España, nombre que se le daba a México antes de que obtuviera su independencia. El problema consiste en descubrir si existía, entre los escritores que publicaron libros acerca de Aztlán, una nueva sensibilidad, resultado de la influencia del paisaje, el clima y el trasfondo racial. En otras palabras, ¿se sentían los habitantes de Aztlán diferentes de sus hermanos, los habitantes de otras provincias de la Nueva España? Si se puede establecer que sí existía una sensibilidad distinta, entonces no podemos negar que esa literatura pertenece ya a la literatura aztlanense pre-chicana. El periodo hispano es de importancia en la evolución de la literatura chicana porque durante esa época se establece firmemente en Aztlán la cultura hispano-mexicana (no precisamente española); durante esos años se hablaba el español, pero también el náhuatl, el yaqui y otras lenguas autóctonas. No menos importante es que se establece el sistema político social; se divulga la religión católica a través de las misiones, y se introducen las artes y las letras, tanto eruditas como populares. Esas instituciones y esos elementos culturales son los que hoy el chicano todavía lucha por mantener, ya que son ellos los que definen su cultura.

(2) The Mexican Period (1821-1848)

El periodo mexicano (1821-1848) es una época histórica bien definida, puesto que esos años marcan lo que va de la independencia de México al Tratado de Guadalupe Hidalgo. Es una época de inestabilidad política durante la cual el gobierno mexicano se desentiende de las provincias del norte. Es durante esa época cuando nace en Aztlán el deseo de obtener la independencia. Tan pronto como el Padre Miguel Hidalgo dio el Grito en 1810, en San Antonio, Texas, Juan Bautista de las Casas se unió al movimiento insurgente. En 1812 Bernardo Gutiérrez de Lara tomó los pueblos de Nacogdoches, La Bahía y San Antonio, y el 6 de abril de 1813 declaró a Texas independiente, independencia que duró poco, pues las tropas españolas lograron derrotar a Gutiérrez en la batalla del río Medina el 16 de agosto de 1813 y reestablecer la soberanía española. Y ya antes de 1836 varios mexicanos, entre ellos Plácido Benavides y Ramón Múzquiz, favorecían la idea de hacer a Texas independiente. Y es bien sabido que tres mexicanos—José Antonio Navarro, José Francisco Ruiz y Lorenzo de Zavala—asistieron a la convención en Washington donde se firmó la independencia de Texas el 2 de marzo de 1836. Los aztlanenses ya para esos años se sentían diferentes de los mexicanos y se designaban a sí mismos como texanos, californios o nuevomexicanos. Los mexicanos se convierten en "los de la otra banda". Y no sólo los criollos se rebelan, sino también los indígenas. Anselmo Arellano, en su libro *Los pobladores nuevo mexicanos y su poesía,* al hablar del poeta Jesús María Alarid, nos dice del padre de éste: "En 1837 Jesús María fue uno de los oficiales mexicanos que fueron asesinados, junto con el gobernador del departamento de Nuevo México, Albino Pérez, por los indios chimayoses y mestizos que [se] rebelaron contra la administración opresiva de México."[6] Pero también, hay que añadir, las aspiraciones de los aztlanenses chocan con las de los angloamericanos, que deseaban apoderarse de la región, lo que hacen en 1848, cuando termina el periodo mexicano.

(3) Transition Period (1848-1910)

Dos fechas históricas marcan el periodo de transición. Una, 1848, pertenece a la historia aztlanense; la otra, 1910, a la mexicana. Los aztlanenses, en 1848, dejan de ser mexicanos (los que se quedan) para convertirse en una minoría hispano-hablante dentro del territorio angloamericano. Según el tratado de Guadalupe Hidalgo, los habitantes nativos de la región conquistada podían conservar su cultura—lengua, religión, tradiciones—y sus tierras. Fue, por supuesto, más fácil mantener lo primero que lo segundo. Y aun la cultura, sobre todo la lengua, comenzó a olvidarse con los años, ya que los niños tenían que aprender el inglés en las escuelas. Surgió, por supuesto, un conflicto entre las dos culturas. El conflicto lingüístico se refleja en unos versos que el escritor nuevomexicano Jesús María Alarid escribió en 1889 y en los cuales, entre otras cosas, dice:

Hermoso idioma español
¿qué te quieren proscribir?
yo creo que no hay razón
que tú dejes de existir.

La ambivalencia del poeta la encontramos en el hecho de que aconseja que se aprenda también el inglés. Continúa diciendo:

Rogamos al eterno
que nos dé sabiduría
y que se nos llegue el día
de poder hablar inglés
pues señores justo es
que lo aprendamos a hablar.

Pero se resiste al cambio:

¿Cómo es posible señores
que un nativo mejicano
aprenda un idioma extraño
en las escuelas mayores . . . ?

Lo más interesante de los versos de Alarid es que ya en ese año, 1889, proponía el bilingüismo. Dice:

> Hoy los maestros mexicanos
> estamos muy atrasados,
> pocos de nuestros paisanos
> obtienen certificados,
> pues hemos sido educados
> en el idioma español.
> Yo creo fuera mejor,
> si se trata de igualdad,
> que al tiempo de examinar
> fuera en español e inglés,
> pues es de gran interés
> que el inglés y el castellano
> ambos reinen a la vez
> en el suelo americano. (Arellano, pp. 37-38)

Hacia 1910, el español en Aztlán se hablaba menos y menos. Sin embargo, ese año se inician las grandes inmigraciones, cuyo resultado fue dar vigor a la cultura mexicana, que tendía a desaparecer.

(4) Interaction Period (1910-1942)

La cuarta etapa, la que va de 1910 a 1942, esto es, de la Revolución mexicana al pachuquismo, se caracteriza precisamente por el influjo de nueva sangre procedente de México. Dice Jesús Chavarría en el estudio mencionado: "[The] first major characteristic of [the] 20th century [is the] massive immigration waves which started after 1910" (p. 137). Como resultado de la llegada de miles de mexicanos a los barrios y campos de Aztlán, los lazos entre los aztlanenses y los mexicanos, que se habían debilitado durante el periodo anterior, fueron reanudados con intensidad; los héroes revolucionarios—Villa, Zapata—pasaron a formar parte de la tradición cultural aztlanense; al mismo tiempo, la influencia de pensadores mexicanos como José Vasconcelos y sus ideas acerca de la raza cósmica tuvieron gran influencia sobre la formación del pensamiento chicano. Y de mayor importancia, los hijos de los mexicanos que llegaron durante esos años fueron quienes formaron la nueva sociedad, la sociedad que se caracteriza por la presencia de los pochos y los pachucos. Ray Padilla, al referirse a la *Bibliografía de la revolución mexicana* del mexicano Roberto Ramos, hizo esta observación: "The Mexican Revolution had a profound impact on the Chicano Aztlanense and should be the object of careful study by Chicano historians" (p. 15). Escogimos el año 1942 para terminar este periodo porque en ese año el aztlanense rechazó violentamente la cultura angloamericana. Así se abre una nueva etapa de protesta y lucha que se inicia con los llamados *zoot suit riots* en Los Angeles. El resultado fue el establecimiento de una nueva relación entre la cultura mayoritaria y la cultura minoritaria.

(5) Chicano Period (1942 to the Present)

La primera parte de la quinta época, la del pachuquismo hasta la huelga, se extiende de 1942 a 1965. Durante los primeros años de ese periodo la principal influencia fue la de los veteranos de la Segunda Guerra Mundial, la llamada "G. I. Generation." Y es como resultado de la guerra que los chicanos tienen la oportunidad, por primera vez, de asistir a las universidades y participar en el proceso intelectual. No menos importante es el desplazamiento que ocurre del campo a la ciudad. Por primera vez, también, más chicanos viven en la ciudad que en el campo. También significativo es el hecho de que los escritores chicanos que se dan a conocer durante este periodo escriben en inglés. Allí tenemos a Fray Angélico Chávez, quien floreció durante la década de los cuarenta y escribió solamente en inglés, aunque sobre temas culturales nuevomexicanos, como en la novela *La conquistadora* (1957), obra escrita en inglés, a pesar del título en español. Lo mismo ocurre con novelas como *Pocho* (1959) de José Antonio Villarreal, escritas en inglés para el público en general y no para el lector chicano.

La última etapa en la evolución de la literatura chicana es la que se inicia en 1965 (La Huelga) y que todavía no termina. Uno de los logros del Movimiento—La Causa—fue la creación de una literatura escrita para el lector chicano. Esa literatura fue el resultado del éxito obtenido por Luis Valdez y su Teatro Campesino, nacido éste en 1965 a la sombra de la confrontación entre la unión campesina y los patrones.

El cambio de dirección en la trayectoria literaria chicana sufrido en los años sesenta se debe a un hecho bastante complejo que no ha sido todavía satisfactoriamente explicado. En la época anterior, y sobre todo durante los años inmediatamente después de la Segunda Guerra Mundial, prevalecía entre los méxico-americanos el deseo de integrarse a la cultura angloamericana. Es por eso que los mejores autores de esa época escriben en inglés y no en español. Las primeras novelas importantes son *Pocho* (1959) por José Antonio Villarreal, *City of Night* (1963) por John Rechy, *Tattoo the Wicked Cross* (1967) por Floyd Salas y *Chicano* (1970) por Richard Vásquez, todas ellas publicadas por las grandes editoriales de Nueva York y por lo tanto escritas en inglés para un público de mayorías. Y aun novelas de protesta como *The Plum Plum Pickers* (1969) por Raymond Barrio están en inglés. En 1967, sin embargo, ocurre un hecho que ha de dar gran impulso al desarrollo de la literatura chicana escrita para chicanos y publicada por chicanos. Ese año se funda tanto la revista *El Grito* como la casa editorial Quinto Sol. En 1969, el año del Plan Espiritual de Aztlán, aparece la primera antología de la literatura chicana que la da a conocer al gran público. En 1970 se organiza el Premio Quinto Sol, que da gran impulso a la literatura, sobre todo la narrativa. De las tres primeras obras premiadas, dos están escritas en español: *. . . y no se lo tragó la tierra* de Tomás Rivera gana en 1971, y *Estampas del Valle* de Rolando Hinojosa en 1973. La obra premiada en 1972, *Bless Me, Ultima* de Rudolfo Anaya, continúa la tradición narrativa escrita en inglés y bajo la influencia de los novelistas angloamericanos. La tradición de la novela escrita en español, que se remonta al tercer periodo, la renuevan Miguel Méndez con *Peregrinos de Aztlán* (1974), Alejandro Morales con *Caras viejas y vino nuevo* (1975) y Aristeo Brito con *El diablo en Texas* (1976). Las dos tendencias se mantienen vivas. En 1979 aparecieron *Tortuga* de Anaya, en inglés, y *La verdad sin voz* de Morales, en español. Y las mismas tendencias se manifiestan en el teatro, la poesía y el cuento.

Notas

[1] Jesús Chavarría, "A Précis and a Tentative Bibliography on Chicano History", *Aztlán,* 1, No. 1 (Spring, 1970), p. 133.

[2] Juan Gómez Quiñones, "Notes on Periodization: 1900-1965", *Aztlán,* 1, No. 1 (Spring, 1970), 115-18.

[3] Juan Gómez Quiñones, "Toward a Perspective on Chicano History", *Aztlán,* 2, No. 2 (Fall, 1971), 1-49.

[4] Ray Padilla, "Apuntes para la documentación de la cultura chicana", *El Grito,* 5, No. 2 (Winter, 1971-1972), 3-46.

[5] Luis Leal, "Mexican-American Literature: A Historical Perspective", *Revista Chicano-Riqueña,* I, No. 1 (1973), 32-44. Reproducido en Joseph Sommers and Tomás Ybarra-Frausto, eds., *Modern Chicano Writers* (Englewood Cliffs, N.J.: Prentice-Hall, 1979), pp. 18-30.

[6] Anselmo Arellano, *Los pobladores nuevo mexicanos y su poesía,* 1889-1950 (Albuquerque, Nuevo México: Pajarito Publications, 1976), p. 36.

— 6 —

CUATRO SIGLOS DE PROSA AZTLANENSE

El 13 de agosto de 1521 marca el fin del imperio azteca. Ese día Cuauhtémoc es hecho prisionero y con su caída, simbolizada en su nombre, termina la hegemonía mexica en Mesoamérica. Los españoles imponen su cultura—religión, lengua, sistema jurídico, artes y letras. Sin embargo, con frecuencia el español se vio obligado a modificar su modo de vivir para mejor adaptarse al ambiente del Nuevo Mundo. Al mismo tiempo, como venían pocas mujeres, el conquistador, y más tarde el colono, se mezcló con las mujeres indígenas, creando así una nueva raza, la mestiza, y una nueva cultura, heredada más tarde por los chicanos. El mestizo, como lo fue don Martín, hijo de Cortés y doña Marina, llegó con el tiempo a predominar e imponer su propia cultura en todos los territorios conquistados por España, incluyendo Aztlán.

Desde los primeros años del descubrimiento del Nuevo Mundo se hizo costumbre entre los exploradores, conquistadores, colonos, viajeros y frailes escribir crónicas, relaciones, diarios, cartas, noticias, anales, historias, memorias y todo tipo de prosa narrativa. Las primeras manifestaciones literarias en Aztlán son precisamente prosas didácticas, prosas escritas por los mismos exploradores y frailes. Muchos fueron los que sintieron la urgencia de describir la maravillosa región descubierta al norte de la Nueva España; muchos los que deseaban dar a conocer las penalidades sufridas durante las exploraciones de Nuevo México, Texas, Arizona o California. Con frecuencia, por supuesto, tenían otro propósito: el de formular una petición al rey con el objeto de recibir una compensación por los servicios prestados a la Corona. Pero sea cual sea la finalidad de lo que escribían, lo importante es que esos prosistas nos dejaron la historia del descubrimiento, exploración y colonización de Aztlán, lo mismo que las primeras descripciones y por consiguiente las primeras imágenes aztlanenses.

Una de las formas en prosa más cultivadas es la *relación,* en la cual el autor nos cuenta los acontecimientos importantes que le han ocurrido durante una expedición, viaje o estancia en algún lugar desconocido. Su propósito es dar a conocer algo nunca visto. En la relación se da importancia al hecho de narrar lo acontecido, ya sea en el presente o en el pasado. A veces la forma se combina con otra, como en el caso de las *Cartas de relación* de Hernán Cortés. Entre las relaciones aztlanenses, la primera y más famosa es la de Alvar Núñez Cabeza de Vaca, titulada *Narración de los naufragios* y publicada en Zamora, España, en 1542. El autor tenía miedo, al escribirla, que nunca llegara a publicarse. Nos dice: "Si Dios nuestro Señor fuese servido de sacar a alguno de nosotros, y traerlo a tierra de cristianos, pudiese dar nuevas y relación de ella."[1] Es de importancia esta obra porque en ella ya encontramos una descripción de la naturaleza (flora y fauna) de Aztlán, noticias acerca de la vida y costumbres de sus habitantes y la idea de que el europeo y el indígena pueden comprenderse y convivir en paz y cordialidad. Cabeza de Vaca nos habla de las grandes praderas, los grandes ríos, los pueblos indígenas, los nopales, los búfalos, las inclemencias del tiempo. Su problema es la creación de imágenes para describir ese mundo antes no visto por ojos europeos. Así describe la tuna: "era tiempo en que aquellos indios iban a otra tierra a comer tunas. Esta es una fruta que es del tamaño de huevos, y son bermejas y negras y de muy buen gusto. Cómenlas tres meses del año, en los cuales no comen otra cosa alguna" (pág. 70). Y los bisontes, o búfalos:

> Alcanzan aquí vacas, y yo las he visto tres veces y comido de ellas, y paréceme que serán del tamaño de las de España; tienen los cuernos pequeños, como moriscas, y el pelo muy largo, merino, como una bernia; unas son pardillas, y otras negras, y a mi parecer tienen mejor y más gruesa carne que las de acá. (págs. 77-78)

También nos habla del tlacuache, en estas palabras:

> Los animales que en ellas vimos son: venados de tres maneras, conejos y liebres, osos y leones, y otras salvajinas, entre los cuales vimos un animal que trae los hijos en una bolsa que en la barriga tiene; y todo el tiempo que son pequeños los trae allí, hasta que saben buscar de comer; y si acaso están fuera buscando de comer, y acude gente, la madre no huye hasta que los ha recogido en su bolsa. (pág. 37)

Pero lo más importante de esta *Relación,* que se lee como si fuera una novela, es el interés que despertó en el norte. A partir de 1536, año que Cabeza de Vaca volvió a la Nueva España, los exploradores en busca de Aztlán se multiplican, sin duda atraídos por la riqueza de la tierra, que así describe el narrador:

> Es la mejor de cuantas en estas Indias hay, y más fértil y abundosa de mantenimientos y siembran tres veces en el año. Tienen muchas frutas y muy hermosos ríos, y otras muchas aguas muy buenas. Hay muestras grandes y señales de oro y plata: la gente de ella es muy bien acondicionada.... Son muy dispuestos, mucho más que los de México, y, finalmente, es tierra que ninguna cosa le falta para ser muy buena. (pág. 125)

Como consecuencia de las noticias acerca de Aztlán que Cabeza de Vaca difundiera en la Nueva España, se iniciaron varias expediciones en busca de las siete ciudades, de Cíbola y de Quivira. Uno de los tres compañeros de Cabeza de Vaca, el negro Estebanico, sirvió de guía a Fray Marcos de Niza, quien en 1539 emprendió un viaje hacia el norte. En su relación al virrey Antonio de Mendoza, Fray Marcos dice: "En esta primera provincia hay siete ciudades muy grandes, todas debajo de un señor, y las casas de piedra y cal, grandes... y las portadas de las casas principales muchas labradas de piedras turquesas."[2] Ese relato maravilloso de Fray Marcos motivó el viaje de Francisco Vásquez de Coronado, cuyo cronista, Pedro Castañeda de Nájera, escribió una *Relación de la jornada a Cíbola* (1540). En sus relatos, tanto Fray Marcos como Castañeda de Nájera nos han dejado testimonios de la vida en el norte. Ya Fray Marcos documenta, en 1539, la costumbre de los campesinos de lo que hoy es norte de México de ir a Cíbola a cultivar las tierras para ganarse la vida. Dice:

> Las cuales [gentes] me dijeron que de allí iban en treinta jornadas a la ciudad de Cíbola, que es la primera de las siete;... quise saber a qué iban tan lejos de sus casas y dijéronme que iban por turquesas y por cueros de vacas y otras cosas... asimismo quise saber el rescate con que lo habían, y dijéronme que con el sudor y servicio de sus personas, que iban a la primera ciudad, que se dice Cíbola, y que sirven allí en cavar las tierras y en otros servicios, y que les dan cueros de vacas... y turquesas, por sus servicios. (págs. 335-36)

Y también dice: "Y en cada pueblo de estos hallaba muy larga relación de Cíbola, y tan particularmente me contaban de ella, como gente que cada año van a ganar su vida."

Entre otras relaciones de interés se encuentra la de Antonio Espejo, quien hizo una entrada en Nuevo México entre 1582 y 1583. Es curioso notar que Espejo quiso dar a la región el nombre de su patria, Andalucía. El título de su relación reza: "Relación del viaje que yo, Antonio Espejo, ciudadano de la ciudad de México, nativo de Córdoba, hizo con catorce soldados y un religioso de la orden de San Francisco a la provincia de Nuevo México, a quien puse el nombre Nueva Andalucía, a contemplación de mi patria, en fin del año de mil y quinientos y ochenta y dos." Sin embargo, en 1586 se publica en Madrid "El viaje que hizo Antonio Espejo en el año de ochenta y tres; el cual con sus compañeros descubrieron una tierra en que hallaron quince provincias, todas llenas de pueblos, y de casas de cuatro y cinco altos, a quien pusieron por nombre Nuevo México, por parecerse en muchas cosas al viejo." En su relación Espejo habla de una "laguna de oro" y de las minas de Arizona, lo que despertó el interés de Juan de Oñate, cuya expedición tuvo lugar veinte años más tarde. Con él iba Gaspar Pérez de Villagrá, cuya *Historia de la Nueva México* (1610), en verso, termina con la destrucción de Acoma.[3]

Formas en prosa afines a la relación que perduran hasta el siglo dieciocho son la crónica, la descripción, el memorial y las noticias. La crónica es una forma de origen medieval (*Crónica general, Crónica del Rey don Rodrigo,* etc.) que fluctúa entre la relación y la historia. No fueron muchos los autores aztlanenses que dieran ese título a sus obras. Entre los pocos que conocemos destaca la *Crónica* (1584) de Baltasar de Obregón, por las interesantes noticias que contiene acerca de Arizona y Nuevo México, ya que su autor fue miembro de la expedición de Francisco de Ibarra a esas regiones en 1565. Parece que Obregón había leído la *Relación* de Cabeza de Vaca, pues la menciona varias veces. En Casa Grande, sobre el río Gila, se encontraron, nos dice, con un grupo de indígenas al cual le dieron el nombre de "los vaqueros," de interés por ser la primera vez que se utiliza esa designación para nombrar a ese personaje, que con el tiempo se convertiría en uno de los prototipos de Aztlán. Para la historia de Texas son de interés las crónicas de Fray Isidro Félix de Espinosa y de Fray Juan Domingo Arricivita (*Crónica seráfica,* 1792). La *Crónica apostólica y seráphica* (1746) de Espinosa contiene la historia de las misiones franciscanas sobre el Río Grande y en Texas, donde el autor vivió de 1716 a 1721. Espinosa fue también biógrafo del gran predicador Fray Antonio Margil de Jesús.

En la "descripción," como el título indica, el autor se ciñe a darnos un inventario de lo que ha visto. No siempre, sin embargo, se era objetivo y con frecuencia se intercalan opiniones y juicios personales, como lo hace Fray Francisco de Ajofrín en su *Breve descripción de las Californias, 1764-1795,* en donde nos habla del carácter de los indígenas. Nos dice el reverendo padre:

> Todos los indios (excepto los habitantes de los dos famosos imperios de México y el Perú)... son perezosos, estúpidos, inconstantes, pusilánimes, en extremo cobardes, sin ánimo ni valor, aunque todos obran sin objeto, sin reflexión, ni conocimiento, de suerte que con fundamento se dudó en los principios si eran o no racionales.[4]

No era Ajofrín el único que creía que los indios eran seres inferiores. Con pocas excepciones, esa era la opinión de la época.

El "memorial," que no hay que confundir con la memoria, es un escrito en que se exponen motivos para una petición o una propuesta, o se defiende alguna idea. Como ejemplo de esta forma didáctica citaremos el *Memorial de Fray Alonso de Benavides* (1630), en el cual propone la comunicación de Nuevo México con las provincias al este, hasta el golfo, por la Gran Quivira, y de las Indias Aijado, a lo cual añade el reino de Texas. De gran interés en esta obra es lo que se cuenta acerca de la conversión milagrosa de la nación xumana. Dice Fray Alonso:

> Preguntando a los indios que nos dijesen la causa por qué con tanto afecto nos pedían el bautismo y religiosos que los fuesen a doctrinar, respondieron que una mujer como aquella que allí teníamos pintada (que era un retrato de la Madre Luisa de Carrión) les predicaba a cada uno de ellos en su lengua . . . y que la mujer que les predicaba estaba vestida, ni más ni menos, como la que allí estaba pintada, pero que el rostro no era como aquel, sino que era moza y hermosa.[5]

El retrato que llevaba el fraile es, según parece, el de la famosa "conquistadora," que llegó a Nuevo México con Fray Alonso en 1625 y más tarde había de inspirar a Fray Angélico Chávez, quien le ha dedicado un estudio y una novela.[6]

El "viaje" es una forma semejante a la relación, pero generalmente implica que el autor ha vuelto al lugar donde se inició la excursión, y allí escribe utilizando sus apuntes. Esta forma ha sido muy usada en la ficción y a veces se mezcla lo real y lo ficticio, como en los casos de Marco Polo y Mandeville. Como estructura literaria el viaje es una de las formas más antiguas, comenzando con la *Odisea* de Homero y pasando por Herodoto, Chaucer, Dante, Lewis Carroll y otras. En México son famosos los libros de viaje de Guillermo Prieto, quien describe la ciudad de San Francisco en su *Viaje a los Estados Unidos* (1877-1878); y Justo Sierra, quien en sus *Viajes* incluye un capítulo titulado "En tierra yankee." Entre los escritores que han dado el título de "viaje" a los relatos en los que describen a Aztlán se encuentran Hernando Alarcón, quien en 1540 por orden del Virrey Mendoza exploró las costas del Pacífico para ayudar por mar a Coronado; desembarcó en las costas de California y exploró el río Colorado; su piloto, Domingo de Castillo, trazó un mapa de la región, famoso porque en él se encuentra ya el nombre California. Tres años más tarde, Juan Rodríguez Cabrillo también navega hasta el Canal de Santa Bárbara, donde encuentra la muerte (enero, 1543). Su *Viaje y descubrimiento* fue utilizado por los historiadores españoles Francisco López de Gómara (en 1552) y Antonio de Herrera (en 1601).[7] Como otras prosas didácticas, el "viaje" con frecuencia se combina con otras formas, como en el caso del libro de Fray Agustín Morfi, que lleva el título *Viaje de Indios y Diario del Nuevo México.*[8]

El lugar que le corresponde en la historia de la literatura aztlanense a un prosista y periodista mexicano autor de un *Viaje a los Estados Unidos del Norte de América* (1834), Lorenzo de Zavala (1788-1836), es de interés por tratarse de un escritor que se radicó en Texas y se identificó con su destino. Zavala, nacido en Yucatán, estudió teología y filosofía. Sin embargo, en un acto público de filosofía, "en medio del espanto de los circunstantes," dice un crítico, presentó una tesis negando la autoridad de Santo Tomás. Zavala contribuyó a la lucha por la independencia de México y, por sus ideas radicales (propagaba la revolución entre los indígenas yucatecos), estuvo preso en San Juan de Ulúa de 1814 a 1817. Allí aprendió el inglés y la medicina. Después de que se declaró la independencia en 1821, luchó contra Iturbide, sirvió como diputado y senador de la República, fue Ministro de Hacienda, y trabajó para establecer las logias masónicas yorkinas. Al caer el gobierno de Vicente Guerrero (16 de diciembre de 1829) Zavala es perseguido y se refugia primero en los Estados Unidos y luego en Europa, donde escribe, en 1831, su *Ensayo histórico de las revoluciones de México,* obra que le crea nuevos enemigos en México, a donde había vuelto en 1832. Al año siguiente, para evitar su influencia en la política, se le nombra Ministro de México en Francia. En París escribe y publica su *Viaje,* libro que ya había prometido en el *Ensayo.* En 1835 Zavala renuncia a su puesto y, en vez de volver a México, se radica en Texas, donde tenía propiedades. Allí, acusando al gobierno mexicano de despotismo y de perseguir a los liberales, toma el partido de los texanos; al firmar la declaración de independencia de Texas en 1836, Zavala pierde su ciudadanía mexicana. Como vice-presidente de la nueva república participó brevemente, ya que murió ese mismo año.[9]

Zavala y su obra han sido juzgados por Carlos González Peña con estas palabras: "Hombre de superior talento y cultura, todo en él la pasión lo avasalla. Escribe luchando; lucha escribiendo. Es, antes que un historiador, un memorialista vivaz y apasionado de su época. Su estilo es claro, preciso, hiriente, rotundo; a ratos diríase que flamea."[10] De su *Viaje* el mismo crítico dice: "En este libro—donde tal vez pueda encontrarse la génesis moral de su traición—Zavala se nos revela, tanto o más que narrador pintoresco de viajes, espíritu dotado de una sutil capacidad de observación acerca de gentes y pueblos" (pág. 175). Tal vez el crítico pensaba en lo que Zavala dice en su "Prólogo" al *Viaje,* en donde compara el carácter de los mexicanos al de los angloamericanos en términos que nos hacen pensar en lo que diría Octavio Paz cien años después. Dice Zavala:

> El norteamericano trabaja, el mexicano se divierte; el primero gasta lo menos que puede, el segundo hasta lo que no tiene; aquél lleva a efecto las empresas más arduas hasta su conclusión, éste las abandona a los primeros pasos; el uno vive en su casa, la adorna, la amuebla, la preserva de las inclemencias; el otro pasa su tiempo en la calle, huye la habitación.... Al hablar así debe entenderse que hay honorables excepciones.... También hay en los Estados Unidos personas pródigas, perezosas y despreciables. Pero no es esta la regla general.... Parece que oigo a algunos de mis paisanos gritar: ¡Qué horror! ved cómo nos desacredita este indigno mexicano. Tranquilizaos, señores, que ya otros han dicho eso y mucho más de nosotros y de nuestros padres los españoles. ¿Queréis que no se diga? Enmendaos. Quitad esos ochenta y siete días de fiesta del año que dedicáis al juego, a la embriaguez, a los placeres... tolerad las opiniones de los demás; sed indulgentes con los que no creen lo que vosotros creéis.[11]

Son las experiencias de Zavala en los Estados Unidos, y su conocimiento de su vida y su cultura, lo que le califican para que se le dé un puesto en la literatura aztlanense.

"Memorias," forma en prosa afín a las anteriores, es uno de los múltiples nombres que se da a la autobiografía, también llamada "vida," "recuerdos" o "reminiscencias."[12] En México hizo famosa la forma un contemporáneo de Zavala, Fray Servando Teresa de Mier, cuyas *Memorias* (nombre bajo el cual se conoce su "Apología" y su "Relación de lo que sucedió en Europa") han sido consideradas como la mejor autobiografía escrita por un mexicano.[13] Fray Servando, como Zavala, también estuvo en San Juan de Ulúa, de donde escapó y pasó a vivir en los Estados Unidos. Poco se sabe, desgraciadamente, de esa época de su azarosa vida. Igualmente famosas son las *Memorias de mis tiempos* (1828 a 1853) de Guillermo Prieto, autor también de un *Viaje a los Estados Unidos* (1877), y de varios capítulos de la obra *Apuntes para la historia de la guerra entre México y los Estados Unidos* (1848), obra traducida al inglés y publicada en Nueva York en 1850 con el título, *The Other Side: Notes for the History of the War Between Mexico and the United States.* Prieto, cuya casa fue saqueada, se opuso violentamente al Tratado de Guadalupe Hidalgo. Otro escritor mexicano que también vivió en los Estados Unidos, Victoriano Salado Alvarez, escribió unas *Memorias* (publicadas en 1946) y un estudio sobre los mexicanismos supervivientes en el inglés de Norte-América.

Las memorias y la historia a veces se compaginan. Ya Ortega y Gasset había escrito que las memorias son "el reverso del tapiz histórico, con la diferencia de que en ellas el reverso presenta también un dibujo, bien que distinto del que se ve en el anverso."[14] Esa relación entre la historia y las memorias la encontramos en las obras de los escritores californianos José María Amador (*Memorias sobre la historia de California, 1877*); Francisco Serrano (*Recuerdos históricos,*1875), y José de Jesús Vallejo (*Reminiscencias históricas de California, ms.*). Mariano Guadalupe Vallejo, en cambio, prefirió combinar lo histórico y lo personal en sus *Recuerdos históricos y personales tocantes a la Alta California, 1769-1849.*

A partir de 1910 el cultivo de las memorias decae. Sin embargo, es durante la primera década del siglo cuando aparecen las más interesantes memorias escritas en español que se hayan publicado en Aztlán. Las *Memorias inéditas de don Sebastián Lerdo de Tejada,* atribuidas a Adolfo R. Carrillo (1865-1926), fueron escritas en San Francisco, donde el supuesto autor tenía una imprenta. De allí envió el manuscrito a Laredo, y el periódico *El Mundo* lo publicó en el folletín. Por los duros ataques a Porfirio Díaz las *Memorias* causaron un gran escándalo. Su popularidad la atestiguan las ediciones que se hicieron en Brownsville (Imprenta de "El Porvenir," 1910-1912) y en San Antonio, Texas (Editorial Lozano, 1911, Primera Parte). Que estas *Memorias* no fueron escritas por Lerdo de Tejada, ex-presidente de México residente en Nueva York de 1877 a 1889, lo vemos en lo que de ellas dice el biógrafo de Lerdo, Frank A. Knight, Jr., quien cada vez que las menciona las califica de apócrifas.[15] Carrillo, a quien se le atribuyen, fue perseguido por el gobierno de Díaz por las críticas que publicaba en los periódicos que dirigía. Fue reducido a prisión y, como en los casos de Fray Servando y de Zavala, fue enviado a San Juan de Ulúa, de donde pasó al exilio, primero a la Habana y después a Nueva York. En esa ciudad frecuentó las tertulias de Lerdo y allí recogió la información que después utilizaría para escribir las *Memorias.* En San Francisco, California, en 1897, se publicaron otras memorias anónimas también atribuidas a Carrillo. Se trata de una novela picaresca, las *Memorias del Marqués de San Basilisco* (o *San Basilio,* según la portada), en las que el protagonista, Jorge Carmona (Carmonina), nacido en Sinaloa en 1830, lleva una vida de pícaro como buhonero, jugador, soldado y político. En 1860 desembarca en San Francisco donde, dice, los hombres trabajan como burros y las mujeres gastan el dinero como reinas. Por fin logra conquistar a una mujer de fortuna y con el dinero, en París, compra un título de nobleza.

Después del triunfo de la Revolución mexicana Carrillo es nombrado (en 1914) agente comercial en el Consulado de Los Angeles. Allí también publica el periódico *México Libre,* y es uno de los primeros en atacar a los revolucionarios que no cumplen con los principios de la Revolución, por lo cual pierde el puesto en el Consulado. En Los Angeles, hacia 1922, publica los *Cuentos californios,* colección de 19 prosas en torno a la historia y la leyenda en California. A veces aflora la nota personal. En el primer cuento, "El Budha de Chun-Sin" dice en la introducción: "Bueno, puesto que yo presencié la Catástrofe de San Francisco voy a escribir sobre esa inolvidable hecatombe que me quitó a la única hijita que tenía."[16]

Formas en prosa más antiguas que las memorias, pero que también se prestan para expresar tanto la historia como lo personal y, mejor, lo íntimo, son el diario y la carta. En verdad la historia de la literatura hispanoamericana en español se inicia con un diario, el de Colón, donde se describe por primera vez el nuevo mundo; y la de la literatura mexicana en español con las cartas de Cortés a Carlos V. Comparando las memorias al diario, Ramos hace estas observaciones:

> Memorias son diario en perspectiva. El escritor recuerda, es decir, reinventa su propia vida. El tiempo le ayuda a perfeccionar, a retocar la idea. El diario es fotografía sin retoque, cuaderno de bitácora, manual de improvisaciones. De ahí la mayor eficacia literaria de las memorias y el mayor significado sicológico del diario. (pág. viii)

Pero el diario, se podría añadir, también sirve para recoger noticias importantes no personales, como lo hicieron en México José Gómez, Gregorio Martín Guijo y Antonio Robles en sus diarios de sucesos notables, hoy muy consultados por los historiadores. La carta, más personal que esos diarios, puede tener la misma utilidad, como vemos en el caso de Fray Servando, cuyas *Cartas de un Americano* (1811) son ricas en noticias de la época.

Entre los escritores de diarios y cartas en Aztlán encontramos los nombres de Juan Bautista de Anza, autor de un *Diario de la ruta . . . a la California septentrional;* Miguel Costansó, quien en el *Diario histórico de los viajes . . . al norte de la California . . .* nos cuenta lo acontecido durante la expedición de Gaspar de Portalá; y Fray Juan Crespí lo ocurrido durante la expedición que hiciera de San Diego a Monterrey en su *Diario de la caminata. . . .* Fray Tomás de la Peña, en cambio, nos habla en su *Diario* del viaje que hizo por mar de Monterrey a San Francisco en agosto de 1774. Pero fue Fray Junípero Serra quien más diarios y cartas escribió. Y también, el más afortunado, ya que todos ellos han sido conservados y publicados en español e inglés.[17]

En conclusion se puede decir que los prosistas que en Aztlán escriben en español antes de 1900 dan preferencia, por lo general, a las formas didácticas (memorias, diarios, viajes, crónicas, relaciones, cartas) y no a las formas características de la ficción (novela, novela corta, cuento, leyenda), si bien hay algunos ejemplos de las últimas, como lo son la novela anónima *Deudas pagadas* (1875), publicada en la *Revista Católica* en Las Vegas, Nuevo México; las dos novelas cortas de Eusebio Chacón—*El hijo de la tempestad y Tras la tormenta la calma*—ambas de 1892; los fragmentos de la novela *La historia de un caminante o sea Gervasio y Aurora* (1881) de Manuel M. Salazar, lo mismo que cuentos y leyendas hasta hoy no recogidos.[18]

Lo que distingue a la prosa didáctica aztlanense de aquella escrita en México u otros países hispanoamericanos, lo mismo que en España, es el contenido y no la forma; contenido que refleja el ambiente, la vida y las costumbres de Aztlán. Para describir el ambiente los primeros prosistas se ven obligados a crear imágenes, ya que se encuentran frente a un mundo hasta entonces desconocido. La mayor parte de sus obras están escritas en un estilo arcaico, pero que tiene vigencia en el habla de los que en Aztlán han conservado la lengua de sus mayores. La importancia del contenido de esas obras, como fuente de información, no puede ser soslayada. El mundo de esos prosistas es el mundo de nuestros antepasados, de quienes hemos heredado lengua y otros factores culturales, lo mismo que una visión de la realidad circundante, de donde se deriva nuestra actitud ante el mundo y la vida.

No menos importante es el hecho de que esas obras atestiguan una tradición literaria aztlanense, tradición que hasta hoy ha sido ignorada, tanto por los críticos angloamericanos como por los de México. Sólo unos cuantos historiadores, y algunos gambusinos en busca de la nota pintoresca y de estereotipos sociales y culturales, se han ocupado de ellas, frecuentemente con fines no literarios, a veces espurios. Creemos que ha llegado la hora de revalorar esa literatura, con el fin de establecer bases más firmes para la historia general de la literatura chicana.[19]

Notas

[1] Alvar Núñez Cabeza de Vaca, *Naufragios y comentarios* (Madrid: Tauris, 1969), pág. 103.

[2] Fray Marcos de Niza, *Descubrimiento de las siete ciudades por el P. Fr....* En el Tomo III (1a. serie), págs. 325-351 de la *Colección de documentos inéditos relativos al descubrimiento, conquista y colonización de las posesiones españolas en América....* (Madrid: Imp. de Manuel B. de Quirós, 1865); la cita en la pág. 333. La *Relación* original del P. Niza se ha perdido. Sin embargo, Ramusio conservó una traducción al italiano (*Relatione del Reverendo Fra Marco Da Nizza*) en *Delle navigationi et viaggi,* III (1556), folios 366-73.

[3] Otros autores de *relaciones* son: Pedro Menéndez Avilés, *Relación de las cosas de la Florida, escrito desde el fuerte de S. Agustín a 15 de octubre de 1566;* Hernando Gallegos, *Relación y concudio de el viaje y subseso que Francisco Sánchez Chamuscado con ocho soldados hizo en el descubrimiento del Nuevo México* (Roma, 1602); *Relación de los empleos, méritos y servicios del sargento mayor don Martín de Alarcón* (enero 18, 1721); Fray Junípero Serra, *Relación de la segunda expedición marítima a Monterrey* (1770); Francisco Palou, *Relación histórica de la vida y apostólicas tareas del venerable padre Fray Junípero Serra* (México, 1787). De gran interés para el estudio de la geografía fantástica es la *Relación breve*... de Fray Antonio de la Ascensión, cronista de la expedición de Sebastián Vizcaíno a las Californias en 1602. Ver "Descubrimiento y demarcación de California" en Joaquín F. Pacheco, Francisco Cárdenas y Luis Torres de Mendoza (eds.), *Colección de documentos inéditos relativos al descubrimiento, conquista y colonización de las provincias españolas en América y Oceánida* (Madrid: Imprenta de Manuel Quirós, 1864-), VIII, 537-74.

[4] Fray Francisco de Ajofrín, "Breve descripción de las Californias" en *Noticias y documentos acerca de las Californias, 1764-1795* (Madrid: José Porrúa Turanzas, 1959), pág. 13.

[5] *Memorial que Fr. Juan de Santander presenta a la Majestad Católica del Rey Don Felipe Cuarto... hecho por el Padre Fray Alonso de Benavides* (Madrid: Imprenta Real, 1630). Reimpreso por el Museo Nacional de México, 1899, e incluido en el tomo III de la *Historia de la Nueva México* de Villagrá (México: Imprenta del Museo Nacional, 1900). La cita en la pág. 47 de esta edición.

[6] Fray Angélico Chávez, *Our Lady of the Conquest* (Santa Fe: Historical Society of New Mexico, 1948). *Idem, La Conquistadora. The Autobiography of an Ancient Statue* (Paterson, N.J.: St. Anthony Guild Press, 1954).

[7] Existe otro documento relativo a este viaje, la *Relación... hecha por Juan Páez* (En Pacheco, obra citada, XIV, 165-191).

[8] Libro traducido al inglés y anotado por Carlos E. Castañeda con el título *History of Texas, 1673-1779,* 2 vols. (Albuquerque: The Quivira Society, 1935).

[9] Véase el "Prólogo" de Manuel González Ramírez a Lorenzo de Zavala, *Obras. El periodista y el traductor* (México: Editorial Porrúa, 1966).

[10] Carlos González Peña, *Historia de la literatura mexicana* (México: Editorial Porrúa, 1966), pág. 174.

[11] Lorenzo de Zavala, *Viage* [*sic*] *a los Estados-Unidos del Norte de América* (París: Imprenta de Decourchant, 1834), "Prólogo."

[12] José Arnaz dejó unos "Recuerdos" (ms. en la Biblioteca Bancroft); José del Carmen Lugo una "Vida de un ranchero" (ms. Bancroft Library); Dorotea Valdés unas 'Reminiscencias" (ms. Bancroft Library); y Agustín Janssen una "Vida y aventuras,"

traducida al inglés por Francis Price con el título, *Life and Adventures of Don Agustín Janssen, 1834-1856* (San Marino, California: Huntington Library, 1953).

[13] Ver Vito Alessio Robles, "La mejor autobiografía mexicana," en *Bosquejos históricos* (México: Editorial Polis, 1938).

[14] José Ortega y Gasset, "Sobre unas memorias" en *Espíritu de la letra* (Madrid: Revista de Occidente, 1948), pág. 121; citado por Raymundo Ramos, *Memorias y autobiografías de escritores mexicanos* (México: UNAM, 1967), "Biblioteca del Estudiante Universitario," 85, pág. ix.

[15] Ver Frank Averill Knapp, Jr., *The Life of Sebastián Lerdo de Tejada, 1823-1889. A Study of Influence and Obscurity* (Austin: The University of Texas Press, 1951), págs. 3, nota 13, 260, 261, 278, 288.

[16] Adolfo Carrillo, *Cuentos californios* (Sin fecha ni pie de imprenta). 96 páginas. Prólogo de E.V. Escalante. Parece que este libro fue publicado en Los Angeles hacia 1922.

[17] Antonine Tibesar (ed.), *Writings of Junípero Serra.* 4 vols. (Washington, D.C.: Academy of American Franciscan History, 1955).

[18] El esfuerzo por recoger documentos para la investigación de la historia literaria chicana ha sido iniciado por Juan Rodríguez, editor de las *Crónicas diabólicas,* colección de cuadros de costumbres (1916-1926) de Jorge Ulica.

[19] Aunque existen excelentes estudios, en español e inglés, de las obras de los exploradores y colonizadores de Aztlán, todos ellos son históricos y no literarios. Huelga decir que nuestro estudio no es exhaustivo y que queda mucho por investigar.

— 7 —

LITERATURA DE FRONTERA

La palabra *frontera* casi siempre se ve asociada a una situación histórica o cultural concreta. En España antes de la conquista de América, frontera significó la lucha física y cultural entre moros y cristianos. Ese concepto de frontera se extendió a México y otros países de América, donde los conquistadores aplicaron la misma actitud contra los indígenas que habían tenido contra los árabes.[1] América se convirtió en la nueva frontera. Aun después de la conquista del altiplano mexicano los españoles siguieron teniendo una frontera en el norte del país, en lucha constante contra las incursiones de los llamados "bárbaros", los chichimecas, yaquis, apaches y todas las otras tribus belicosas que no aceptaron la dominación española.

La frontera mexicana del norte es el resultado de la expansión de la Nueva España, primero en busca de oro y plata y luego para proteger lo ya descubierto y conquistado, contra los indígenas, los angloamericanos, los franceses y hasta los rusos. Los exploradores y misioneros—Oñate, De Anza, Serra, entre otros—extendierion la frontera novohispana hasta Colorado, la Alta California y el norte de Texas. Sus descendientes, y los nuevos inmigrantes desde que se estableció la nueva frontera política, han mantenido viva la cultura mexicana en los Estados Unidos, y especialmente en el llamado *Southwest.*

En la Argentina la lucha entre el europeo y sus descendientes y el indígena fue ampliamente estudiada por Sarmiento, quien la vio como una lucha a muerte entre la civilización y la barbarie, la civilización, por supuesto, representada por lo europeo, por la ciudad, y la barbarie por el indígena, por lo americano, por el campo, la pampa. Y como dijo Martínez Estrada, la pampa invadió la ciudad.[2]

No ocurrió lo mismo en México, donde se crearon presidios para detener a las hordas chichimecas que amenazaban destruir la civilización del centro, como lo habían hecho en el pasado con Teotihuacán y Tula. Con la creación de la raza cósmica esa pugna se atenuó, tanto en el centro como en el norte, pero no desapareció por completo. La lucha armada entre metrópoli y frontera se convirtió en antagonismo psicológico. Todavía existe en el centro cierto desdén por el norteño y su cultura, desdén que se extiende al chicano y que se manifiesta en condescendiente burla de su agringamiento. Ya Carlos Monsiváis ha explorado las manifestaciones de esa pugna y no es necesario repetirlas.[3]

Y lo mismo ha ocurrido en los Estados Unidos. El *Southwest* siempre ha sido visto por los habitantes del Este como la frontera donde priva una vida en torno a la cultura del *cowboy,* cuya única ley es la pistola y único auxilio el caballo. Alimentada por el cine, la cultura pastoril del *Southwest* ha invadido las urbes y se ha impuesto en cuanto a indumentaria, alimentos, deportes, lenguaje y hasta moral. La lucha entre *"cowboys and indians"* es tema recurrente en la literatura, el cine y otras artes.[4]

Así, vemos que el Norte de México y el Suroeste de los Estados Unidos presentan culturas que, aunque muy diferentes en las formas, el desarrollo histórico, la lengua y la religión, coinciden en que ambas son culturas de frontera. En el libro que está por publicarse titulado "The Nine Nations of North America" (Houghton Mifflin), Joel Garreau, famoso periodista, divide nuestro continente en nueve regiones, una de ellas compuesta por el Norte de México y el Suroeste de los Estados Unidos, región que, según él, tiene unidad geográfica y cultural y a la cual da el nombre de Mexamérica. Nosotros preferimos el nombre Aztlán, ya aceptado por los chicanos con el mismo sentido. Históricamente, una de las características de Aztlán ha sido el conflicto entre dos culturas, la europea y la nativa americana.

La literatura que dejaron los novohispanos que incursionaron en Aztlán, y los colonos que poblaron estas regiones, es el resultado de la confrontación, no con el angloamericano, sino con el indígena. Así es el poema *Historia de la Nueva México* de Gaspar Pérez de Villagrá, de quien dice Beristáin:

> Floreció en la América Setentrional, tanto por la espada, como por la pluma. Sirvió de capitán de infantería en la conquista del Nuevo México, y en todas las expediciones que dirigieron los ilustres generales Oñate y Zaldívar, y entregado después al ocio de las musas, escribió en verso castellano *La historia del Nuevo México,* impresa en Alcalá en 1610.[5]

Su poema, como la *Araucana* de Ercilla, es típico de la literatura de frontera; escrito por un autor que participó en el conflicto contra el indígena—como lo había hecho Ercilla en Chile—se distingue por ser el producto de un hecho histórico concreto observado por el autor, que es también actor y cronista. El poema termina con la descripción de la destrucción de Acoma y la matanza de los indígenas. Años más tarde otro escritor de frontera, Heriberto Frías, también, como Villagrá y Ercilla, actor y cronista, había de describir en famosa novela la destrucción de otra comunidad fronteriza, Tomóchic, por el ejército del general y presidente Porfirio Díaz.[6]

El conflicto entre el mexicano y el indígena todavía existía en 1848 cuando parte de la frontera dejó de ser mexicana. El artículo XI del Tratado de Guadalupe Hidalgo estipula que los llamados "salvajes" que incursionen en el territorio mexicano serán castigados por el gobierno de los Estados Unidos, y que es contra la ley que cualquier angloamericano compre a mexicanos capturados por los indios, o caballos y otras propiedades robadas a los mexicanos.[7]

Antes de esa traumática guerra del 48, la frontera norte, para el mexicano, no tenía influencia en su vida cotidiana. De pronto, sin embargo, se convirtió en realidad con la invasión del país por otras hordas que venían del norte, como en el pasado, pero esta vez bien armadas y disciplinadas. El Artículo V del Tratado de Guadalupe Hidalgo formó, de una plumada, una frontera física; frontera que, en la realidad, nunca ha llegado a existir. Sí había existido y existe, sin embargo, una frontera cultural sin límites precisos. Las dos culturas, al ponerse en contacto a lo largo de la frontera política, chocaron con estruendo. Pero ese choque era debido a que los invasores angloamericanos consideraban a los mexicanos como indígenas y no como europeos.

Robert J. Rosenbaum, en su reciente libro *Mexicano Resistance in the Southwest,* dice que los mexicanos conquistados, aunque poseedores de una cultura de tradición europea, tenían una marcada infusión de cultura y sangre indígena, lo que les hacía parecer, a los ojos de los angloamericanos, inferiores, como lo eran para ellos los africanos y los pieles rojas. Los mexicanos, sin embargo, usaban una lengua europea, eran cristianos, tenían un sistema político y legal "civilizado" y se ocupaban en actividades mercantiles conocidas. Pero las formas de esas manifestaciones culturales eran muy distintas de las angloamericanas. La lengua era el español y no el inglés, la religión era la católica y no la protestante, el sistema político era oligárquico y no democrático y la economía era de monopolio y no capitalista.[8] Así, el conflicto contra el indígena se transforma, en el *Southwest,* en conflicto contra el mexicano, así como la lucha contra el moro se había extendido a ser una lucha contra el azteca.

Todavía en el siglo veinte José Vasconcelos, en la primera parte del *Ulises criollo,* obra representativa de la literatura de frontera, describe el conflicto entre los mexicanos de Piedras Negras y los anglos de Eagle Pass. "El odio de raza, los recuerdos del cuarenta y siete—dice—mantenían el rencor. Sin motivo, y sólo por el grito de 'greasers' o de 'gringo', solían producirse choques sangrientos".[9] Al hablar Vasconcelos de las disputas que el estudio de la historia de Texas ocasionaban en las clases de la escuela de Eagle Pass a la cual asistía, menciona que los mexicanos del curso no eran muchos, pero sí resueltos. "La independencia de Texas y la guerra del cuarenta y siete—dice—dividían la clase en campos rivales". Y añade una nota significativa para el chicano:

> Al hablar de mexicanos incluyo a muchos que aun viviendo en Texas y estando sus padres ciudadanizados, hacían causa común conmigo por razones de sangre. Y si no hubiesen querido era lo mismo, porque los yankees los mantienen clasificados. Mexicanos completos no íbamos allí sino por excepción. (p. 35)

Con el tiempo, sin embargo, la frontera ha logrado desarrollar cierto *modus operandi* que ha dado estabilidad y equilibrio a la vida de acá y de allá.

El contacto pacífico entre las dos culturas ha dado origen a una mutua modificación cuyo resultado ha sido la presencia de una original subcultura fronteriza distinta tanto de la cultura angloamericana media como de la cultura nacional mexicana. En la frontera se han modificado no sólo la lengua, sino también las costumbres, las instituciones sociales, la música, las artes y la literatura. La literatura fronteriza, como resultado de ese contacto con la literatura adyacente, ha dado frutos desconocidos en el interior de ambos países. Porque la literatura de la frontera se caracteriza, precisamente, por ser el producto de dos culturas, cuya presencia se manifiesta en el estilo (uso del inglés y/o el español), en los temas, en los conflictos y sobre todo a través de la imagen literaria bicultural. La poesía de Alurista es sin duda el mejor ejemplo de esas características.

El conflicto racial-cultural entre angloamericanos y mexicanos/chicanos lo documenta Aristeo Brito en su novela *El diablo en Texas,* cuya acción se desarrolla precisamente en una ciudad texana llamada Presidio, reminiscente de las luchas contra los indígenas, ahora transformado en vana atracción para turistas bobos.[10] Las novelas de Rolando Hinojosa, en cambio, describen la sociedad, bien integrada, que los chicanos han formado en los barrios de las ciudades del Valle, también en Texas.[11] Miguel Méndez se desplaza hacia el otro lado para describir, desde esa perspectiva, ese sector de la sociedad angloamericana que frecuenta las ciudades fronterizas mexicanas en busca de placeres sensuales. La corrupción que presenta, y que no es, por supuesto, lo que caracteriza a la cultura fronteriza, como algunos han dicho, se ha convertido en materia novelable en la obra de Méndez. Pero también, en su obra, introduce una novedad en la literatura de frontera: Méndez es, al mismo tiempo, el defensor del yaqui y su cultura, presentando los hechos desde el punto de vista del indígena y viéndolo con su psicología, como lo habían hecho durante los años treinta los novelistas mexicanos que practicaban el indigenismo, primera manifestación de una nueva literatura americana.[12] En la poesía chicana, es Alurista quien también ha continuado esa tendencia indigenista.[13]

Las novelas de Méndez, Brito, Hinojosa y Alejandro Morales,[14] como la poesía de Alurista, son el resultado de la presencia de una conciencia chicana. La defensa de los valores culturales mexicanos o de origen mexicano ha dado como resultado el florecimiento de la literatura y las artes entre los chicanos. Porque la literatura chicana es, como la literatura del norte de México, una literatura de frontera. La una es el producto de una conciencia de ser considerados, por los intelectuales metropolitanos, como distintos, y la otra por no ser considerados como iguales. El tema ha sido ampliamente documentado por Carlos Monsiváis y Cecil Robinson.[15] De esa lucha cultural y racial ha de nacer la literatura chicana, literatura que se nutre de ese conflicto. Y lo mismo ocurre con la literatura fronteriza mexicana. En verdad, ambas literaturas pueden ser consideradas como los dos perfiles de la misma cara, ya que los chicanos han extendido la frontera hacia el norte. Hoy esa frontera no se encuentra a lo largo del Río Bravo, sino en Houston, San Antonio, Albuquerque, Tucson, Los Angeles, San Francisco y todo centro urbano donde haya núcleos culturales chicanos. Tanto la literatura mexicana del norte como la literatura chicana examinan las relaciones entre las dos culturas, principalmente con el objeto de llegar a comprenderse mejor exponiendo las diferencias, las causas de los malos entendimientos y lo que cada cultura puede aportar a la otra.

La cultura fronteriza es sin duda una nueva cultura, joven, vigorosa, que tiende a imponerse en otras partes del país y del mundo. En su libro *Tijuana: Urbanization in a Border Town* (1973), John A. Price dice:

> El pasado histórico de esta región se caracteriza por la sobrevivencia de las culturas indígenas bien adaptadas al desierto; por el relativo aislamiento de los centros de civilización en el altiplano mexicano y en el Este de los Estados Unidos, y por un tipo clásico de

> frontera con bastante tierra baldía y una baja densidad demográfica. Las culturas fronterizas dieron importancia al rudo individualismo, la suficiencia personal, al triunfo sobre la sumisión, la oportunidad y el sufrimiento, la ausencia de obligaciones legales y un embotamiento de las artes, la literatura y los refinamientos sociales. Los mexicanos hablan de la Baja California de la misma manera que los angloamericanos y los canadienses hablan de Alaska y de los Territorios del Norte. Este trasfondo cultural le ha dado a la frontera un carácter especial que se ha extendido a los centros urbanos en vía de desarrollo.[16]

Parece que esas palabras de Price se refieren a un pasado remoto, ya que hoy no se puede decir lo mismo de las artes ni de la literatura, que han dado excelentes frutos en la frontera. Uno de los logros de la literatura chicana y del Norte de México ha sido precisamente el haber demostrado que la frontera también puede ser cuna de una cultura original, sobre todo una literatura que, aunque escrita por los descendientes de los llamados "bárbaros", tiene valor no sólo documental o social, sino también estético. Pero es necesario demostrar esos valores, como lo hemos hecho aquí, y por eso me parece que este festival, lo mismo que la proyectada antología de la literatura fronteriza son oportunas y significativas tareas que apuntan hacia el tipo de actividad que debe fomentarse en el futuro, si es que queremos que esa literatura sea leída y apreciada no sólo por un público regional, sino también nacional y hasta international.

Notas

[1] No todos los historiadores aceptan esa teoría. Ver Charles Gibson, "Reconquista and Conquista", en Raquel Chang-Rodríguez y Donald A. Yates, eds., *Homage to Irving A. Leonard* (Latin American Studies Center, Michigan State University, 1977), pp. 19-28.

[2] Domingo Faustino Sarmiento, *Facundo, o civilización y barbarie* (1845), numerosas ediciones; Ezequiel Martínez Estrada, *Radiografía de la pampa* (Buenos Aires: Babel, 1933).

[3] Carlos Monsiváis, "De México y los chicanos, de México y su cultura fronteriza", *La Opinión,* Los Angeles, California, Suplemento Cultural, No. 19 (nov. 2, 1980), pp. 4-7, 15; No. 32 (marzo 1, 1980), p. 89.

[4] Alurista hace uso de esta imagen fronteriza en su poema "we've played cowboys", que se inicia con estos versos:

> we've played cowboys
> not knowing
> nuestros charros
> and their countenance. (*Floricanto en Aztlán,* 1971)

[5]José Mariano Beristáin y Souza, *Biblioteca hispano americana septentrional* (México: Librería Navarro, 1947), s.v. Villagrá (D. Gaspar).

[6]Heriberto Frías, *¡Tomóchic!* (en *El Demócrata,* marzo 14-abril 14, 1893). Primera edición en forma de libro: Río Grande City, Texas, Imprenta de Jesús T. Recio, 1894.

[7]"The Treaty of Guadalupe Hidalgo", Article XI, repr. en Wayne Moquin with Charles Van Doren, eds., *A Documentary History of the Mexican Americans* (Toronto: Bantam Books, 1971), p. 247.

[8]Robert J. Rosenbaum, *Mexicano Resistance in the Southwest* (Austin: University of Texas Press, 1981), pp. 5-6.

[9]José Vasconcelos, *Ulises criollo* (México: Editorial Botas, 1936), p. 28.

[10]Aristeo Brito, *El diablo en Texas* (Tucson, Arizona: Editorial Peregrinos, 1976).

[11]Rolando Hinojosa, *Estampas del Valle* (Berkeley: Quinto Sol Publications, 1973); *Generaciones y semblanzas* (Berkeley: Editorial Justa Publications, 1977).

[12]Miguel Méndez, *Peregrinos de Aztlán* (Tucson, Arizona: Editorial Peregrinos, 1974).

[13]Alurista, *Floricanto en Aztlán* (Los Angeles, California: Chicano Studies Center, UCSB, 1971); *Nationchild Plumaroja* (San Diego, California: Toltecas en Aztlán, 1972).

[14]Alejandro Morales, *Caras viejas y vino nuevo* (México: Mortiz, 1975); *La verdad sin voz* (México: Mortiz, 1979).

[15]Cecil Robinson, *Mexico and the Hispanic Southwest in American Literature* (Tucson: The University of Arizona Press, 1977).

[16]John A. Price, *Tijuana: Urbanization in a Border Town* (Notre Dame, Indiana: University of Notre Dame Press, 1973), p. 2. My translation.

—8—

EL CORRIDO EN AZTLAN

Su historia

El corrido que se conoce en los condados de Ventura y Santa Bárbara, California, es una de las manifestaciones del corrido mexicano; la única diferencia sería la temática, ya que las formas son las mismas. Por lo tanto, para trazar los orígenes del corrido aztlanense es necesario discutir la procedencia del corrido en México. La teoría más aceptada es la que afirma que se deriva del romance español. Expuesta primero por Gabriel Saldívar, fue aceptada por Celestino Herrera Frimont, Héctor Pérez Martínez y Armando Duvalier.[1] Pero fue Vicente T. Mendoza quien la examinó a fondo y la dio a conocer en su monumental estudio *El romance español y el corrido mexicano* (1939). Desde entonces los que se han dedicado al estudio de esa manifestación popular, con algunas excepciones, han aceptado la teoría del origen español del corrido mexicano.

Representativo de los que rechazan esa teoría es Celedonio Serrano Martínez, quien en su obra *El corrido mexicano no deriva del romance español* (1963) rechaza la teoría hispanista para proponer una propia: el corrido, dice, es una manifestación original del pueblo mexicano y tiene sus orígenes en la poesía indígena. He aquí sus propias palabras: "Nuestro corrido es hijo directo y sucesor de la epopeya náhuatl. De esa poesía ha heredado nuestro corrido ese espíritu resignado y conformista de sus héroes y su respeto a la muerte... La poesía náhuatl le ha impreso a nuestro corrido la sobriedad en el relato y la simplicidad en la forma."[2] Sin embargo, concede que las formas son de origen español, aunque no precisamente del romance: "Podríamos decir que de la poesía española en general y no del romance, ha tomado las formas estróficas y métricas que adopta nuestro corrido, y eso, no de una manera absoluta, puesto que, como lo ha demostrado el P. Angel María Garibay K., la poesía náhuatl también era estrófica y métrica" (p. 124). El capítulo III de su obra lo inicia Serrano con estas palabras: "Aclarado ya en el capítulo anterior, que el corrido mexicano, por su origen, no deriva del romance español, sino que es una gesta nacional como cualquier otra de las que conocemos, creada por nuestro pueblo a imagen y semejanza de lo que él es" (p. 127). La definición que Serrano da del corrido, y los ejemplos que encontramos en este tercer capítulo nos indican que para este investigador el corrido es cualquier poesía o canto popular. He aquí su definición:

> El corrido mexicano es, literalmente hablando, un género épico-lírico-trágico, que asume todas las formas estróficas y comprende todos los géneros; que usa todos los metros poéticos y emplea todas las combinaciones de la rima, el cual se canta al son de un instrumento musical (guitarra o bajo sexto), y relata en forma simple y sencilla, todos aquellos sucesos y acontecimientos que impresionan hondamente la sensibilidad del pueblo... al mismo tiempo que protesta contra las injusticias de un régimen o condena las múltiples manifestaciones de su tiranía. (p. 36)

Si comparamos esa definición con la de Mendoza, descubrimos que la de éste pone límites formales que no encontramos en la de Serrano, y que además propone su parentesco con el romance español. Dice Mendoza:

> El corrido mexicano actualmente es un género épico-lírico-narrativo, en cuartetas de rima variable, ya asonante o consonante en los versos pares; forma literaria sobre la que se apoya una frase musical compuesta generalmente de cuatro miembros, que relata aquellos sucesos que hieren poderosamente la sensibilidad de las multitudes; por lo que tiene de épico deriva del romance castellano y mantiene normalmente la forma general de éste, conservando su carácter narrativo de hazañas guerreras y combates, creando entonces una historia por y para el pueblo. Por lo que encierra de lírico, deriva de la copla y del cantar, tratando muy especialmente asuntos amorosos o bien relatos sentimentales a las veces de un corte exquisito. La jácara a su vez le ha heredado el énfasis exagerado del machismo, las balandronadas, jactancias, engreimientos y soflamas, propios de la germanía y en labios de jaques y valentones.[3]

En su obra anterior, *El romance español...*, ya Mendoza había dicho que el corrido mexicano se deriva, más que del romance tradicional, del romance corrido andaluz. "Fue probablemente esta forma de romance-andaluz llamada *Corrida* o romance-corrido—dice—, la más difundida y mejor aceptada en México, sobre todo en la región del centro y en los Estados de Michoacán, Guanajuato, Jalisco, Guerrero, Oaxaca, Puebla, México, etc., en los cuales prosperó el nombre elíptico de *corrido*".[4] Desgraciadamente, Mendoza no desarrolló la idea ni presentó ejemplos para probar que el corrido mexicano se deriva del romance-corrido andaluz; ni tampoco deslindó las relaciones semánticas entre los vocablos *romance* y *corrido*.

En general, la palabra *romance* se aplica a una composición lírico-narrativa que ha evolucionado.[5] El romance primitivo lo define Menéndez Pidal como "poemita esencialmente episódico, compuesto de algunos versos de un Cantar de Gestas, ora simplemente entresacados, ora añadidos con otros para completar en parte la narración tradicional o para desarrollar una nueva y caprichosa; siempre en forma concisa y enérgica, más bien descriptiva o dialogada que narrativa".[6] Es obvio, y esto ya lo ha demostrado plenamente Serrano Martínez, que el corrido no se deriva del romance tradicional. Pero la forma no permaneció sin cambiar. Para los siglos XIV y XV, nos dice Menéndez Pidal,

> la epopeya castellana, aristocrática en su origen, ensanchó el campo de sus oyentes y se dirigió a un público numeroso y heterogéneo; perdió el cerrado carácter militar que tuvo, como poesía de nobles, para buscar muy variados matices; buscó más bien la aventura novelesca que la hazaña heroica; con la pintura del amor, y de otras pasiones como el amor más humanas, desconocidas casi de los viejos Cantares de Gesta, procuró agradar a un público más extenso, y así fue evolucionando de poesía heroico-caballeresca que era, en poesía propiamente novelesca, de interés más general. (p. 9)

A esta nueva composición breve la llama Menéndez Pidal "romance de nuevo cuño, o romance juglaresco" y advierte que "los romances juglarescos no sólo se diferencian de los romances viejos en su mayor extensión, sino que difieren notablemente en su tono narrativo, más prosaico, o al menos más amplio y reposado" (p. 20). Estos romances juglarescos también evolucionan y se produce, dice Menéndez Pidal "una segunda generación de romances populares, derivados de los juglarescos (fenómeno importante en la gestación del género literario que nos ocupa), la mayor parte de los cuales son de asunto francés" (p. 23). No menos importantes son las nuevas fuentes de inspiración de esa época:

> El romancero—sigue diciendo Menéndez Pidal—no se estancó ciertamente en estas imitaciones de la epopeya francesa, ni se contentó con aquellos recuerdos y renuevos de la antigua materia épica castellana, sino que continuó haciendo, a su modo, lo que la vieja epopeya había hecho: poetizó la vida heroica actual, y éste es otro de los aspectos más característicos del romancero español. (p. 32)

Y eso es precisamente lo que ha hecho el corrido mexicano. Dice Serrano Martínez: "El héroe del romance español tiene sus orígenes aristocráticos y caballerescos; en cambio, los del corrido mexicano son de raíz popular. El romance mismo, es en sí, poesía ilustre, de casta jerárquica; nuestro corrido, es poesía popular, que sirve al pueblo y lo representa" (p. 189). Hay que tener presente, sin embargo, que los romances fronterizos y moriscos también reflejaban el espíritu popular. El pueblo, dice Menéndez Pidal, "abandonado también de todo concurso de poetas cortesanos, acertó a crear en los romances fronterizos la poesía propia de una empresa desorganizada, pero noble" (p. 36).

Lo que Menéndez Pidal dice de los romances fronterizos y moriscos podría muy bien aplicarse a los corridos de la Revolución mexicana: "Tales son los romances fronterizos: relaciones historiales, cuadros concisos y vivos; son poemitas que nacieron en medio de una guerra que cantan; son como instantáneas recogidas por el ojo sobresaltado del algareador; diálogos vibrantes que más que referidos parecen escuchados; rápidas pinturas que más parecen vistas que descritas" (pp. 40-41). Algunos de esos romances, por supuesto, reflejan la influencia de la poesía árabe: "El romance de Abenámar es, pues, una muestra preciosa del contacto de la poesía popular árabe con la cristiana. Y no es muestra aislada, pues otros varios romances están vistos desde el campo moro" (pp. 44-45). Los romances fronterizos y moriscos fueron dados a conocer fuera de España por Ginés Pérez de Hita con su *Historia de las guerras civiles de Granada* (1595), y después del siglo XVI con los numerosos *romanceros.* Menéndez Pidal lamenta que las hazañas de la conquista del Nuevo Mundo no dieran origen a un romancero americano. "Es cierto—dice—que la colonización de América ocurrió al tiempo en que el romance estaba más en boga; pero no era ya un período creador. Cortés y los conquistadores... llevaban la memoria llena de recuerdos de romances; no inventaban ninguno, sin embargo" (p. 51). La difusión de los romances ya conocidos, sin embargo, fue amplia. A México los romanceros llegan con cada flota. En 1585 el librero Benito Boyer de Medina del Campo envió a la Nueva España cuarenta cajas de libros entre los cuales se encontraban doce ejemplares del *Romancero Historiado,* en octavo, y nueve del *Romancero de Padilla,* también en octavo.[7]

El siglo de la conquista de México vio también, en España, la imitación de la poesía popular por los poetas "más o menos cultos", quienes componían romances semi-populares, "inspirados en la tradición oral y en las crónicas referentes a los asuntos de la epopeya castellana o francesca" (M. P., pp. 53-54). Y lo mismo ocurre con la conquista de México. Bernal Díaz del Castillo nos dice en su *Historia verdadera* que cuando fueron echados de México, "Cortés y todos nosotros estábamos mirando desde Tacuba el gran cu de Huichilobos. . . y las puertas con una gran tristeza. Y desde entonces dijeron un cantar o romance:

Mira Nero de Tarpeya
a Roma como se ardía,"
[gritos dan niños y viejos
y él nada se dolía].[8]

El mismo Bernal Díaz recoge lo que puede ser considerado como el primer romance compuesto en México. Trátase de la misma Noche Triste:

En Tacuba está Cortés
con su escuadrón esforzado,
triste estaba y muy penoso,
triste y con gran cuidado,
la una mano en la mejilla,
y la otra en el costado. (II, 213)

Inmediatamente después de la conquista de México los españoles exploraron lo que hoy es el suroeste de los Estados Unidos (Aztlán) y trajeron consigo los romances populares. Más tarde, traen sus corridos. Y poco después, los escriben ya aquí, dando expresión a sus propias experiencias. Las formas, sin embargo, casi no cambian. Hacia mediados del siglo XIX, en México, se dejan de escribir romances y de allí en adelante el corrido cobra gran fuerza y se desarrolla rápidamente.

Su nombre

El nombre *corrido,* según las definiciones, tanto españolas como mexicanas, se refiere al modo en que el romance era cantado. La primera definición la da el *Diccionario de Autoridades* de 1729: "*Corrido.* Usado como sustantivo es cierto tañido, que se toca en la guitarra u otro instrumento, a cuyo son se cantan las que se llaman xácaras. Diósele este nombre por la ligeresa y velocidad con que se tañe". La xácara (hoy jácara) es, por supuesto, un romance cuyo contenido es alegre. La palabra *corrido* se usaba más en Andalucía que en otras partes de España. En el *Romancero general* de Agustín Durán encontramos dos veces la palabra *corrido:*

Y así discreto auditorio
en el segundo corrido
dará Juan Miguel de Fuente
a este caso finiquito.

. . . .

Perdona noble lector,
lo rústico del estilo
a Pedro Navarro, que es
el autor de estos corridos.[9]

El mismo Durán dice que "con algunas variantes se conserva e imprime este romance, que es uno de los vulgares que venden los ciegos. Todavía en Andalucía, con el nombre de *corrío* o *corrido* o *carrerilla,* que así llama la gente del campo a los romances que conserva por tradición oral, se recita o canta el siguiente, que trata de Gerineldo" (B. A. E., X, 1849, 177). Para que se pueda observar la tradición del corrido citaremos los primeros cuatro versos de un romance escrito en España en 1452:

El año de mil cuatrocientos
cincuenta y dos ha pasado
del muy santo nacimiento
del Hijo de Dios sagrado.

Existe otro romance, éste dedicado al Cid, que dice:

La era de mil y ciento
y treinta y dos que corría,
a quince días de mayo
doliente el buen cid yacía.

Los aztecas también tenían un canto parecido al romance y así llamado por falta de otro nombre, y tal vez porque los cronistas indígenas veían semejanzas entre ambas composiciones. El historiador texcocano Fernando de Alva Ixtlilxóchitl nos dice que cuando murió el rey Ixtlilxóchitl, "iban todos cantando un romance de su muerte, hechos y hazañas".[10] También nos dice, del rey Netzahualcóyotl, que

> los capitanes y señores murmuraban de él en ver que los señores de México habían puesto muy bizarramente a todos los señores y capitanes que les cupo, y ellos que eran muy valientes y todos de lo mejor de la tierra iban con armas blancas. Corridos de esto, no le decían tan en secreto que no lo oyera Netzahualcóyotl, el cual viendo esto los consoló diciéndoles que parecían jazmines en los campos y faldas del cerro Cuauhtépetl, que por haber romance de ellos no se declara más. (pp. 227-228)

Alva Ixtlilxóchitl usa la palabra romance pensando en la forma española, por ser tal vez la que más se parece a la de los cantos de los indígenas. Que Alva Ixtlilxóchitl conocía muy bien los romances españoles lo demuestra el haberse encontrado entre sus papeles el texto completo del romance *El cerco de Zamora.*[11]

Del romance al corrido

El romance se conserva en México y Aztlán hasta mediados del siglo diecinueve. Uno de los más conocidos es el de Delgadina, que a veces se le da el título de corrido. Pero a partir de esa época el romance deja de cantarse y el corrido predomina casi por completo. El folklorista chicano Arthur León Campa publicó en 1940 un estudio sobre la poesía popular en Nuevo México en el cual dice:

> On the whole, the traditional ballads are no longer sung in New Mexico by the current troubadours. They are more interested in the songs popularized by radio artists from Mexico and have abandoned almost entirely the songs that the older *cantadores* never failed to sing at dances and social gatherings. Only when the ballad appeared in modern garb as a *corrido* is any interest evidenced by the New Mexican populace.[12]

Y lo mismo ocurre en otras partes de Aztlán, y tal vez a ello se deba el cambio en el título del "Romance de Delgadina" a "Corrido de Delgadina."

Los primeros corridos mexicanos conocidos datan de los primeros años del siglo diecinueve. El más antiguo es de 1808, aunque todavía no tiene la forma con que se le conoce. Pero ya encontramos allí uno de los temas favoritos de los corridistas, la crítica del gobierno y de los gobernantes. El de 1808 es un corrido en el que se critica al rey español Carlos IV, del cual hay en México una famosa estatua ecuestre llamada popularmente "El Caballito". En el corrido leemos:

Ya con cabeza de bronce
lo tenemos en la Plaza,[13]
venga y lo tendremos con
cabeza de calabaza.

Dicen que de gobernante
no tiene más que el bastón;
mas, le falta de hombre un poco,
ya lo asustó Napoleón.

Si viene, es un disparate,
quédese en su madriguera,
no queremos ya mandones
vestidos de hojas de higuera.

Si hubiera revolución,
en la tierra de Colón
fuera una desproporción
la venida del panzón.[14]

El primer corrido conocido que ya tiene la forma moderna es de

1821 y está dedicado a la lucha por la libertad; el título es "Corrido de los oprimidos" y se refiere al estado de esclavitud en que se encontraban los indígenas. Dice así:

Voy a cantar un corrido
de esos que hacen padecer
y les suplico señores
me perdonen el favor.

Tres siglos largos señores
el indio triste sufrió,
hasta que luego en Dolores
la Libertad lo alumbró.

Ya allí hay también una crítica de los resultados de la lucha por la independencia, que no ayudó al indígena:

Por el veintiuno el gobierno
la Independencia nos dio,
quedando los españoles
dueños de nuestra nación;

toda la tierra tomaron
y al indio nada quedó,
sin pensar que por ser dueños
por quince años peleó.

Por eso el indio ha sufrido
miserias, hambre y dolor
esperando le devuelvan
sus tierras que tanto amó.[15]

Para 1865 ya el corrido en México ha obtenido su forma definitiva. Como ejemplo citaremos el famoso Corrido de Nicolás Romero, de ese año. Este héroe popular, de Michoacán, peleó contra los franceses y murió en la lucha por defender a la patria contra el invasor extranjero:

El año sesenta y cinco
miren lo que sucedió,
un valiente entre los bravos
por valiente se murió.

Viene Nicolás Romero
como valiente y osado
con Aureliano Rivera
que al mocho ya ha derrotado.

Michoacán fue la guarida,
fue el sitio de sus hazañas
y como buen guerrillero
tuvo siempre buenas mañas.

. . .

Estando ya por Zitácuaro
le vinieron a decir
que el francés con sus legiones
lo atacaba y debía huir.

El les respondió altanero:
—Combatiré con denuedo
yo soy puro mexicano
y no conozco yo el miedo.

A inmediaciones del pueblo
fue la acción y la perdieron
los valientes de Romero
que a la mala sucumbieron.

. . .

Le trajeron prisionero
a la mera capital
y sin nungún miramiento
le pusieron el dogal.

. . .

Vuela, vuela palomita
llévale la despedida
a ese que murió luchando
por la patria tan querida.[16]

No es, sin embargo, hasta la época de la Revolución de 1910-1920 cuando el corrido obtiene en México su más alto nivel. La gran hazaña da material a los corridistas para cantar los hechos de los héroes populares, sobre todo los de Zapata, Villa, Felipe Angeles, Madero, Carranza, y otros. El corrido fue tan popular entre los revolucionarios que hasta se ha dicho que nació con ellos. Desde los años de la Revolución los temas se han duplicado. Hoy hay corridos sobre el movimiento agrario, políticos, líricos, carcelarios, sobre parricidios, raptos, etc. etc.[17] Como ejemplo del corrido de la Revolución citaremos el que el cancionero popular Ezequiel Martínez compuso en 1923 a raíz de la muerte de Francisco Villa:

Señores tengan presente
y pongan mucho cuidado
que el día veinte de julio
Villa ha sido asesinado.

Año de mil novecientos
en el veintitrés actual,
mataron a Pancho Villa
en Hidalgo del Parral.

Su forma

En su forma definitiva el corrido mexicano es relativamente reciente. Ya hemos visto que Mendoza lo define como "género épico-lírico-narrativo escrito en cuartetas de rima variable—ya asonante, ya consonante en los versos pares—, sobre el que se apoya una frase musical compuesta generalmente de cuatro miembros y que relata sucesos que hieren poderosamente la sensibilidad de las multitudes" (*El corrido,* p. ix). Las cuartetas, sin embargo, se organizan con un orden rígido. La primera cuarteta es generalmente dedicada a pedir permiso del auditorio, o a declarar que se va a cantar un corrido. En esta introducción, que a veces tiene más de una estrofa, se indica algo concreto sobre el asunto que se va a tratar. Es común que el corrido se inicie con la fecha en la que ocurrió lo que se va a cantar; a veces también se da el nombre del lugar:

Hoy es el 30 de abril
señores voy a cantar
lo que pasó en Santa Paula
a un hombre muy popular.

Viene después el nombre del personaje principal del corrido, en la segunda estrofa, si bien puede aparecer en la primera. En el corrido "Versos al Chino Díaz Valdés" arriba citado, el nombre aparece en el título del corrido y en la segunda estrofa: "Elías se llamaba / y Valdés su apelativo." Después de estos preliminares introductorios viene la historia que se va a cantar, que puede ser simple o compleja, de acuerdo con el asunto tratato: toma de un pueblo, hazañas de un guerrillero, o la muerte de un amigo:

no lo podemos creer
que de este mundo se ha ido
él era amigo de todos
y del pueblo muy querido.

Frecuentemente el corrido contiene un mensaje. En este caso se pide al público que no olvide a Elías:

Era amigo del chicano
y todos en general
ya fue el compañero
de la raza a reposar
sólo les pido señores
su memoria respetar.

Al fin viene la despedida:

Ya con esta me despido
con la tristeza que siento
por un amigo del pueblo
que dejó muchos recuerdos.[18]

En el corrido el uso de las fórmulas es muy frecuente. Las más comunes son aquellas utilizadas para iniciar la canción y para terminarla. Una de las más populares es "Voy a cantar un corrido":

Voy a cantar un corrido
del chicano mexicano,
porque este apodo pusieron
en este país hermano.

(Ramón Fajardo, "Corrido del chicano")

Para la despedida la fórmula más usada es la que se vale de la imagen de la paloma voladora:

Vuela, vuela, palomita
párate en aquel picacho;
le dirás ahí a mi madre
que me mataron borracho.

(Mendoza, *Corrido,* p. 54)

A veces, en la despedida, el corridista nos da su nombre, o nos indica su origen y residencia:

Con estas coplas termino mi corrido
que perdonen si los he ofendido
se despide su amigo el Michoacano
que aun vive aquí en Saticoy.

(Valdovinos, "Yo soy mexicano señores")

A pesar del uso de fórmulas y una rígida estructura el corrido es muy variado, ya que todos presentan temas distintos. El uso del lenguaje popular le imparte una frescura a veces rara en la poesía erudita. Además de este valor poético el corrido tiene también un gran valor sociológico e histórico, ya que recoge noticias sobre acontecimientos que de otra manera serían olvidados.

El corrido en Aztlán

Los colonos que se radicaron en el norte de México, lo que en 1848 pasó a ser parte de los Estados Unidos y hoy se designa con el nombre de Aztlán, trajeron consigo su arte y su literatura. El corrido, forma poética típica del pueblo mexicano, es muy común en el suroeste y en todos los lugares donde habitan los chicanos. Esa popularidad se debe sin duda a que el corrido expresa de manera brillante el impulso oral que fluye profundamente en la cultura chicana y en cuanto a forma del pueblo ha servido a esa cultura como principal vehículo de autocomprensión y autodefinición.

Muchos de los corridos compuestos o cantados en Aztlán se han perdido. Muy pocos han sido los folkloristas que se han interesado en recogerlos. Los que más han hecho han sido Arthur Campa y Américo Paredes. Campa recogió veintitrés corridos de Nuevo México que datan de 1832. La mayor parte de ellos son corridos conocidos en México. Sin embargo, en las versiones nuevo-mexicanas se encuentran variantes en la lengua, los nombres de lugares, y hasta en los nombres de los héroes que se cantan. A veces hasta en la fecha en que ocurrieron los sucesos narrados se observan cambios. Estos cambios nos ayudan a fijar la fecha de composición del corrido. El famoso corrido mexicano dedicado a Macario Romero conocido en Nuevo México lleva la fecha 1892:

Año de mil ochocientos
noventaidos de pasado
este Macario Romero
a Rosita se ha robado.[19]

A veces la fecha del corrido chicano es anterior a la que se da en la versión mexicana. Así ocurre con el popular corrido de Juanita Alvarado. En la versión mexicana la acción ocurre en 1885; en la de Nuevo México en 1882:

Año de mil ochocientos
ochenta y dos al contado,
en el arroyo de los Libres
murió Juanita Alvarado.
(Campa, 1976, No. 5)

Una mayor diferencia en cuanto a las fechas se encuentra en el corrido de Rosita Alvires, ya que la versión de Nuevo México lleva la fecha 1885 y el de Colima la de 1935.

En Sonora existe un corrido dedicado a Lucio Vázquez, héroe que en Nuevo México se transforma en Lucio Pérez. Y en el corrido de Juanita Alvarado el novio lleva, en Nuevo México, el nombre de Crespín, mientras que en el corrido mexicano se llama Martín. A veces hasta los romances se convierten en corridos. El romance de Bernal Francés es conocido como "El corrido de Elena", y el de Delgadina como "El corrido de Delgadina". Y también se conoce el corrido con otros nombres, como *versos, cuándos, inditas.* Sin embargo, los "versos" son generalmente satíricos y no siempre narrativos; el nombre *cuándo* se debe a que en ciertas composiciones la palabra "cuándo" se repite al fin de cada estrofa; el nombre *indita* se aplicaba a un canto y baile que fue muy popular el siglo pasado. He aquí unos ejemplos:

Voy a cantar estos versos
con cariño verdadero,
para recordar del hombre
que fue Macario Romero.
(Campa, 1976, No. 1)

. . . .

Mesa prieta de mi vida
me volverás a ver cuándo
nos tendremos de arrendar
pero antes de mayo, ¡cuándo!
("La Lucera", Campa, 1976, No. 23)

. . . .

¡Con qué tristeza y dolor
acabó la huerfanita!
Juan Angel fue el inventor,
el que compuso esta indita;
se lo pidió de favor
la desgraciada Pablita.[20]

Lo más importante de la colección de Campa es que recoge varios corridos escritos por nuevomexicanos y sobre asuntos locales. Por ejemplo, el corrido de Ruperto González, quien cuenta sus desgracias:

Yo soy Ruperto González
Que el Padre Eterno me ha criado
Condado de Sandoval
En Las Vegas fui arrestado.
(Campa, 1976, No. 8)

Y el de los presos, escrito en 1889, ejemplo del corrido carcelario, de interés porque ya allí aparece la palabra *pinto:*

Año de mil ochocientos
ochenta y nueve en que estamos
mataron ocho bolillos
y entre ellos Antonio Ramos.

. . . .

Pobrecitos de los presos
los echan a la prisión
allí les dan de comer
pura melaza y jamón.

Les ponen vestido pinto
de los pies a la cabeza,
y les echan la romana
para saber cuánto pesan.
(Campa, 1976, No. 9)

Otros temas son el contrabando, la guerra mundial, la guerra contra Cuba en 1898, la inundación de Bernalillo en 1929 y otros. En algunos ya se usa el español y el inglés, como en la poesía chicana contemporánea. En el corrido "La Guerra Mundial", que procede de Antón Chico, Nuevo México, se encuentran estos versos:

Contando desde el *number one*
contando hasta el *number two*
no era el *Spanish Influencia*
era el *American Flu.*

. . .

Cuando llegamos a New York
nos dieron un *hike* a pie,
nos embarcaron en el buque
y sin saber para qué.

. . .

Cuando llegamos a Francia
nos dieron un *hike* a pie,
me entregaron una escuadra
y yo se las manejé.
(Campa, 1976, No. 13)

También se encuentra el uso de palabras inglesas adaptadas a la ortografía española. En el corrido "Un picnic" de Old Mesilla, Nuevo México, aparecen estas cuartetas:

Le dice Ursula Alvarado
—Hombre, no seas infame
Andamos mujeres solas
y no traemos ni un daime.

. . .

Y llegando al Socorro
mala suerte nos tocó,
gritaba Erlinda Orozco:
—Una rueda se flatió.
(Campa, 1976, No. 15)

En Texas, estado rico en corridos, el doctor Américo Paredes ha recogido un buen número de ellos en sus libros *With His Pistol in His Hand* (Austin: Univ. of Texas Press, 1958) y *A Texas-Mexican Cancionero* (1976). El primero es un exhaustivo estudio del *Corrido de Gregorio Cortez,* y el segundo una colección de 66 romances, corridos y canciones populares en Texas. Entre los corridos se encuentran aquellos dedicados a los héroes fronterizos, entre ellos el general Cortina, Ignacio Zaragoza (quien nació en Texas), Rito García, José Mosqueda, Gregorio Cortez, Ignacio Treviño, Jacinto Treviño, Alejos Sierra, Carlos Guillén y otros. Los corridos sobre el general Juan Nepomuceno Cortina datan de 1850. Desgraciadamente sólo fragmentos de ellos han quedado:

Viva el general Cortinas
que de su prisión salió,
vino a ver a sus amigos
que en Tamaulipas dejó.[21]

En el corrido de Rito García se toca un tema que hasta hoy no ha desaparecido en el corrido contemporáneo, los conflictos con la policía. Lo que se cuenta ocurrió en 1885:

Año de mil ochocientos
ochenta y cinco contó,
voy a empezar a cantar
el caso que me pasó.

. . .

Viendo mi casa ultrajada
sin haber justa razón
me salí al camino armado
a esperar la comisión.

. . .

Luego que los devisé,
traiban a mi hijo amarrado,
al punto les disparé
de donde estaba parado.

. . .

Tuve que estar siete meses
preso en aquella ciudad,
los jueces me aseguraban
que no me habían de pasar.

. . .

Ya con esta me despido
pues se me llegó ese día
vivan los hombres valientes
como fue Rito García.
(Paredes, 14)

El más famoso de todos estos héroes populares es Gregorio Cortez, y su corrido el más conocido y cantado:

Decía Gregorio Cortez
con su pistola en la mano
—No corran rinches cobardes
con un solo mexicano.

. . .

Ya con esta me despido
a la sombra de un ciprés,
aquí se acaba el corrido
de don Gregorio Cortez.
(Paredes, 18)

El corrido en otros estados del suroeste, como Arizona y Colorado, es tan común como en Texas y Nuevo México. En vez de desaparecer, como podría creerse debido a la influencia de la televisión, la radio, el cine y otros medios de comunicación y recreo, el corrido en las últimas décadas se ha popularizado aún más. Hasta hoy se siguen escribiendo corridos para protestar las injusticias, para recordar acontecimientos importantes, o para registrar acciones personales. En un corrido humorístico en el que se satiriza la vida mecanizada en Estados Unidos, el corridista dice:

En estos tiempos modernos
de electrizar el sonido,
me entretengo buenos ratos
componiendo este corrido.

. . .

Se alquila un radio victrola
con foquitos y botones,
pues su casa está muy sola
sin música ni canciones.

Y a la hora que le transmiten
los conciertos al chicano
resulta que anuncian puercos
y el mejor mole poblano.

. . .

Al fin de tres cuartos de hora
nos cantan algún mariachi,
luego anuncian la señora
que fabrica buen tepache.[22]

El corrido en California

El corrido en California, tan rico como en otros estados, no ha sido, sin embargo, tan bien estudiado. Existen algunos estudios, pero no hay colecciones bien documentadas. Trataremos, por lo tanto, de dar una idea, aunque muy parcial, de su desarrollo.

En el estudio, "*Corridos* in Southern California", que el folklorista Terrence L. Hansen publicó en 1959, se registran 33 corridos escritos o conocidos en el sur del Estado.[23] Trece de ellos fueron recopilados en el pueblo de Corona; los otros son de Los Angeles (6), Perris (5), Riverside (4), Colton (3), Elsinor (1) y San Bernardino (1). De los 33, sin embargo, 20 se encuentran en Mendoza *(El romance y el corrido)* y otros sin duda son de origen mexicano también, como ocurre con el número 2 ("El Dieciséis de Septiembre"); el 9 ("José Torral"); el 15 ("Jesús García); el 21 ("Juan Charrasquiado"); y tal vez el número 6, "Huejuquillo del Alto" y el número 26, "La llegua colorada". De los siete que quedan, el número 31 tal vez sea de Texas, ya que se habla allí de ese Estado:

Nací en la frontera
de acá de este lado,
de acá de este lado
puro mexicano,
por más que la gente
me juzgue texano
yo les aseguro
que soy mexicano
de acá de este lado.

Más que corrido, a pesar del título, "Corrido del Norte", la composición tiene más bien la forma de canción: estrofa de nueve versos, verso de seis sílabas, estribillo, y en general la forma característica del género. Aparece también en la colección una versión californiana del corrido de Gregorio Cortez ("Gregorio Cortés", número 20), recogida por Hansen en el pueblo de Colton.

Entre los corridos que datan del siglo diecinueve se encuentra el romance tradicional de la esposa infiel, que aquí, y lo mismo en México y otras partes de Aztlán, es conocido como el "Corrido de Doña Elena". Que el romance vino a California de México, y no de España, lo indica el hecho de ser semejante al publicado por Salvador Novo en México en 1929 y que Mendoza recoge (No. 103). Se omiten, sin embargo, algunas cuartetas. La versión mexicana se inicia con estas dos estrofas:

Fue don Fernando el Francés
un soldado muy valiente,
que combatió a los chinacos
del México independiente.
Se estableció en el Bajío
cuando Bazaine salió,
y en los trabajos del campo
muy pronto se enriqueció.
(Mendoza, *Romance,* 103)

La segunda cuarteta se omite en la versión recogida en Corona. La primera estrofa de otra versión recogida por Mendoza en Tixtla Gutiérrez ("De Elena", No. 105) es un excelente ejemplo de la transformación del romance en corrido:

Voy a cantar un corrido
de la señorita Elena
quiero escribir en latín
teniendo la letra buena.

El corrido número 3 de Hansen, "Obregón y Villa", recogido en Corona, trata de la derrota de Villa en Celaya y es de interés por contener estos versos:

Corre, corre, maquinita
no me dejes ni un cañón,
a la ciudad de Celaya
a bombardear a Obregón.

Versos semejantes aparecen en el corrido titulado "El contrabando":

Corre, corre, maquinita
suéltale todo el vapor,
y anda y deja los convictos
derechito a Lebenmor [Leavenworth].
(Campa, 1976, No. 10)

El origen de esta imagen, según parece, es el corrido mexicano, de San Luis Potosí, titulado "De la maquinita o de el emigrante": "¡Corre, corre, maquinita, corre por esa ladera! / Parece que voy llegando a orillas de la frontera" (Mendoza, *Lírica,* 200). En ese corrido de la emigración el personaje recorre varios estados desempeñando varios trabajos. Sin embargo, su actitud es más bien la del turista que la del emigrado. De California dice: "Me pasé a California, vi sus grandes naranjales, / y vi sus grandes plantíos de grandes jitomatales."

Los seis corridos restantes son: 16. "Los dos hermanos"; 18. "La Güichapa"; 19. "Martín y José"; 28. "Las piernas chorreadas"; 32. "Darío Mendoza"; 33. "Douglas MacArthur". El número 19, "Martín y José", recogido en Corona, tiene el mismo asunto que el "De la maquinita", esto es, la historia de dos mexicanos que vienen a los Estados Unidos en busca de trabajo; pero son más bien dos pícaros:

Estos eran dos amigos
que venían de Mazatlán
para no venirse de oquis
roban en Culiacán.

. . . .

José no sabía robar
era hombre trabajador;
pero Martín le enseñó
hasta morir con valor.

. . .

Estos son los meros hombres
que se arrojan al dinero;
no andan robando gallinas
ni atravesando potreros.

Escrito en tono ligero y con rasgos de humor, el corrido "Las piernas chorreadas" (número 28), procede de Los Angeles y fue comunicado por una mujer, Rosamunda Pérez, que no sabemos si sea la autora. Se critica allí a la mujer moderna, la mujer chicana que quiere demostrar su independencia vistiéndose a la moda; se compara a las mujeres de ayer y de hoy; los hombres han perdido el predominio sobre la mujer:

Antes con trenzas muy halagüeñas
con lindos rizos eran muy monas.
Hoy se han cortado todas las greñas
y hasta las suegras andan pelonas.

Y amaditas y a la media
inusitaban malas miradas.
Hoy con las faldas a la rodilla
van enseñando piernas chorreadas.

Antes los hombres eran señores,
iban a bailes y a los fandangos.
Hoy las mujeres son las gallonas
y los maridos les vienen guangos.

Los corridos "Los dos hermanos" (número 16) y "La Güichapa" ("La Muchacha", número 18) en cambio, son trágicos. El primero trata de dos hermanos que se matan por una mujer, y el segundo del asesinato de Luciano García y su familia por Emilio Armando Baltares, por lo cual es condenado a prisión. Su mujer, la Güichapa, no desea que sea perdonado:

Sí, dicen que la Güichapa
fue mala y sin precaución,
pues nunca quiso a Baltares
sacarlo de la prisión.

. . .

Ahora sí, Armando Baltares,
lamento tu triste fin,
vas a pagar con tu vida
a morir en San Quintín.

El corrido de "Darío Mendoza", número 32, especifica la fecha de lo ocurrido, 2 de agosto de 1947, cuando Darío fue muerto por la policía. El corridista tiene un mensaje para los jóvenes:

—Muchachos de Casa Blanca,
miren lo que está pasando,
ya mataron a Darío,
no se anden emborrachando.

Y se protesta por la conducta de la policía:

Toda la gente corría
porque estaba enardecida.
¡Qué policía tan infame,
se atreve a quitar la vida!

El último de los corridos recogidos por Hansen, "Douglas MacArthur", como el título indica, trata de las experiencias de un chicano durante la guerra contra el Japón:

Ya Japón se declaró,
vamos a poner las minas
porque ya nos capturó
las Islas Filipinas.

. . .

Ya no llores madrecita,
ya me llevan a la guerra,
échame tu bendición,
sólo sé que ya no vuelva.

Un famoso corrido californiano del siglo diecinueve es el de Joaquín Murieta, del cual hay varias versiones. En 1934 fue grabado por los famosos cantantes de corridos hermanos Sánchez y Linares y desde entonces se dio a conocer con mayor amplitud. Según uno de los hermanos, Víctor, él oyó el corrido en México cuando era niño. Pero pertenece al siglo diecinueve, cuando Murieta (o Murrieta) se convirtió en héroe popular. La versión grabada por los hermanos Sánchez, sin embargo, parece que es una combinación de dos o más versiones. El editor, Philip Sonnichsen, cita a Víctor Sánchez, quien dice que para completar el disco, Felipe Valdez Leal, empleado en la Casa de Música de Los Angeles, le añadió algunas estrofas.[24] Difiere también esta versión del corrido tradicional en que está compuesto en estrofas de seis versos y con rima consonante:

Qué bonito es California
con sus calles alineadas,
donde paseaba Murieta
con su tropa bien formada,

con su pistola repleta,
y su montura plateada.

Me he paseado en California
por el año del cincuenta,
con mi montura plateada,
y mi pistola repleta,
Yo soy ese mexicano
de nombre Joaquín Murieta.

Dos famosos corridos de Los Angeles, grabados por los hermanos Bañuelos, el primero, y Nacho y Justino el segundo, son los dedicados a Juan Reyna, "Corrido de Juan Reyna" y "Suicidio de Juan Reyna".[25] Como resultado de un incidente de tráfico Reyna fue acusado de haber querido matar a un policía. Fue juzgado y condenado de uno a diez años de prisión. Cinco meses antes de salir, en mayo de 1931, se suicidó:

Vuela, vuela palomita
vuela, vuela sin cesar,
ve y cuenta a mis paisanos
lo que acaba de pasar

Voy a cantarles señores
con el alma entristecida,
esa tremenda tragedia
en San Quintín sucedida.

Faltándole cinco meses
pa' salir en libertad,
el mexicano Juan Reyna
se acaba de suicidar.

Además de los corridos escritos en California existen algunos que, aunque procedentes de otras regiones, tratan de asuntos californianos. A ese grupo pertenecen corridos como "Del viaje de la Típica de Policía a California", escrito en 1936, año de la visita de Miguel Lerdo de Tejada con su orquesta a Los Angeles.[26] Y también el corrido "Las pollas de California", citado por Simmons (pp. 436-437), que en parte dice:

Bonito California
donde gocé de placeres
lo que no me gustó a mí
que allí mandan las mujeres.

. . .

Las pollas de California
no saben comer tortilla,
lo que les gusta en la mesa
es el pan con mantequilla.

Si el marido va a cantina,
a parrandas o al billar
y su mujer lo sabe
ante el juez se va a quejar.

Lo mismo ocurre con el corrido "La discriminación", que es la historia de un deportado que estuvo en California:

Dejé mi patria por mi afán aventurero
y a California me marché sin delación.

. . . .

Y lavaplatos, ayudante y cocinero
sin hacer caso de la discriminación
en el trabajo por mi origen extranjero
se iba empeorando cada día la situación.
En una noche que a mi casa regresaba,
frente a una iglesia me aprendió la inmigración,
me denunciaron por envidia mis vecinos
y me mandaron de regreso a mi nación.
(Herrera-Sobek, p. 118)

En el mensaje el corridista aconseja a los mexicanos que viven en Estados Unidos sin papeles que regresen a su patria, donde los esperan sus familiares, lo mismo que la libertad.

En otros corridos, sobre todo de inmigrantes, se menciona a California como uno de los muchos lugares donde se ha vivido. California, donde se originan las películas, tiene un especial atractivo. En el corrido "De El traque, o de El lavaplatos", la influencia de esas películas es el motivo del viaje: "Soñé yo en mi juventad ser una estrella de cine / y un día de tantos me vine a visitar Jolibud." Pero en vez de llegar a ser artista de cine se ve obligado a trabajar en el traque, en la pizca de tomate y betabel y en otros quehaceres. Por fin llega a California, pero con la misma suerte:

Y yo hice cualquier bicoca y me fui pa' Sacramento,
cuando no quedó ni zoca, tuve que entrarle al cemento.
(Mendoza, *Lírica,* 195)

Los ejemplos del corrido en California o sobre California que hemos citado indican que, en cuanto a temas, no hay diferencia entre ese corrido y el que se escribe en Texas, Nuevo México u otros Estados, lo que muestra que el corrido que se cultiva en Aztlán es uniforme, tanto en la forma como en el contenido.

El corrido en los condados de Ventura y Santa Bárbara

Los Condados de Ventura (nombre abreviado de San Buena Aventura) y Santa Bárbara, como todos los condados en el Estado de California, tienen una tradición literaria popular que se remonta al siglo dieciocho. Muchos de los materiales, sin embargo, se han perdido o se encuentran enterrados en los archivos de ayuntamientos y misiones. El profesor Aurelio M. Espinosa, en su artículo "Folklore de California" incluye una sección titulada "Romances vulgares y otros poemitas romancescos", en la cual se encuentran diez composiciones recogidas en varios condados del Estado. La primera, "El vaquero", es un romance que vino a California de México en el siglo dieciocho. La variante californiana, comparada con la que recogió Mendoza en Puebla y Tlaxcala, demuestra la adaptación al ambiente del norte. Mientras que en la versión mexicana se lee:

Estaba un payo sentado
en las trancas de un corral,
y el mayordomo le dice:
—No estés triste, Nicolás.
(Mendoza, *Romance,* 178)

en la de California el payo se transforma en vaquero; el romance mexicano lleva el título "El payo", mientras que el de California se llama "El vaquero":

Estaba un triste vaquero
en las trancas de un corral
y el mayordomo le dice:
—No estés triste, Nicolás.[27]

Uno de los diez romances de Espinosa, titulado "Jesusita Ruiz", ya se acerca en su forma y asunto a los corridos:

Voy a dar un pormenor
de un almácigo infeliz
de todos los pretendientes
de la Jesusita Ruiz.
Esto lo asienta Calzado,
compositor de San Luis. (No. 4)

De gran interés para el estudio del romance y el corrido en el Condado de Santa Bárbara es el número 6, "La batalla de los Tulares", ya que trata de la historia de Santa Bárbara. Según el profesor Espinosa, este romance es histórico. Los hechos ocurrieron en 1824, año que los indígenas se rebelaron contra el gobierno del Presidio. Los rebeldes se retiraron y se refugiaron en el lugar llamado

Los Tulares. Hasta allí mandó el Capitán De la Guerra un contingente de 80 hombres bajo el mando del Teniente Fabregat. Hubo dos batallas, el 9 y el 11 de abril. En la segunda la compañía de soldados estaba bajo las órdenes del sargento Carlos Carrillo, a quien se menciona en el romance. Según informes de José del Carmen Lugo, en su manuscrito (1877) existente en la Bancroft Library, el autor de este romance fue un soldado de San Diego llamado Guillermo Zúñiga. Por ser de tanta importancia para el estudio de la poesía popular en Santa Bárbara transcribimos el fragmento en su totalidad:

La batalla de los Tulares

Los que van a los Tulares sabe Dios si volverán
desterrados hijos de Eva, van por las hijas de Adán,
donde se vieron congojas, en una isla del Tular.
Mi sargento, Carlos de la Trinidad,
se vistió de guerra, con mucha crueldad;
y al fin, como padre de la compañía,
comenzó la guerra, al venir el día.
El pobre Juan Leiva dio su fogonada,
—Hoy hemos perdido como vaquerada.
Flores le responde de su artillería:
—No teman, soldados de mi compañía,
pues no es de los hombres usar cobardía.
El pobre cadete pagó su fracaso;
cargaba la adarga por el espinazo.
Ahí, Guillermo Quinto le pintó una zeta;
pegó una arrancada y perdió la chaqueta.
Ese Joaquín Ruiz, como es tan gatillo,
vio a Pomuceno tentarse el fundillo.
Y Silverio Ríos dice con desvío:
—Estas son congojas, se perdió el gatillo.
Y de cuando en cuando daba su gritito,
de ver a Julián picar el machito. (No. 6)

Del Condado de Ventura el corrido más famoso es sin duda el que trata de la inundación de la presa de San Francisquito en 1928. En 1926 se terminó de construir en el Cañón de San Francisquito, cerca de Ventura, el Saint Francis Dam. El 12 de marzo de 1928, a media noche, la presa se reventó e inundó los pueblos de Santa Paula y Saticoy. A los habitantes de Oxnard se les ordenó que desalojaran la ciudad. La inundación destruyó más de 300 casas en Santa Paula, y Saticoy fue en parte inundado. Murieron más de 400 personas. El señor Juan Encinas, que vivía en una granja cerca de la villa de Piru y que presenció la inundación, compuso el "Corrido de la inundación de la Presa de San Francisquito" inmediatamente después de ocurrido el accidente. El mismo le puso la música, que se ha conservado, lo mismo que la letra escrita por Encinas.[28] Existen varios corridos sobre este desastre, uno de los cuales ha sido recogido por Guillermo Hernández en su obra *Canciones de la Raza* (No. 5), que es muy distinto del anterior.[29] Para que se pueda comparar la versión de Encinas con la que reproduce Hernández citamos algunos versos de la última:

El martes, trece de marzo
del novecientos veintiocho,
es una fecha de luto
pa'l mexicano y pa'l pocho.

La presa San Francisquito
en el valle Santa Clara,
se reventó de repente
sin que nadie lo esperara.

. . .

Tranquilamnete dormían
en la noche silenciosa
sin que ninguno soñara
tragedia tan espantosa.

. . .

Aquí me despido amigos
con esta triste canción,
y ahora ruéguenle al cielo
por los de la inundación.

Esa vieja tradición de la literatura popular se encuentra viva en nuestros días. Ejemplo de ello es la colección de corridos que se reproducen aquí, recogidos en los Condados de Ventura y Santa Bárbara por Armando Vallejo durante la primavera y el verano de 1980. De las 30 composiciones, la mayor parte procede de Santa Paula, en donde siempre se ha cultivado este tipo de poesía popular. Los otros son de Santa Bárbara, Saticoy, Fillmore, y Rancho Sespe.[30]

Los autores de estos corridos siguen escribiendo, y sin duda hay otros corridistas cuyas obras no han sido descubiertas. En Santa Paula, que parece ser el centro más prolífico en el Condado de Ventura, escriben corridos hoy día Carmen Aguayo Martínez, Jaime Zepeda, Jesús Toledo, Silvestre (Beto) Posadas, José Cruz Carrera, Ramón Fajardo y Juan Manuel Valdovinos Ochoa; en el de Santa Bárbara, Feliza Gonzales, Manuel Unzueta y Armando Vallejo.

Carmen Aguayo es quien más corridos ha escrito, siendo su obra ya considerable. Da preferencia a varios temas, entre ellos los problemas sociales ("El corrido del welfare"); los acontecimientos importantes, como el incendio ocurrido en Santa Paula en 1979 ("El empaque de limón"); muertes accidentales y naturales ("Corrido de Isabel Escamilla", "Versos al Chino Díaz Valdés"); conflictos entre anglos y chicanos ("Hermanos Morales"); orgullo de ser mexicano ("Sentimiento chicano", "Mexicano en California"), de alabanza a los pueblos ("Bellezas de California", "De Matamoros a Brownsville"), y otros dedicados a personas conocidas o famosas: en "Cuatro estrellas" se elogia a los reyes de los cantantes, Javier Solís, Pedro Infante, Jorge Negrete y José Alfredo; al último también le dedica el corrido "Al poeta José Alfredo Jiménez". En "El rey de los corridos", dedicado a un corridista anónimo, Carmen nos habla de la importancia del corrido, lo mismo que de su contenido:

> De las historias del pueblo
> se componen los corridos.
>
> . . . .
>
> Soy el rey de los corridos;
> si me quieren escuchar
> les canto Rosita Elvires
> y hasta Heraclio Bernal.

Una de esas historias del pueblo de que nos habla Carmen fue la huelga de los campesinos en el Rancho Sespe. En enero de 1979 los dueños de ese Rancho lo vendieron para evitar que los campesinos se organizaran como miembros de la Unión Campesina de César Chávez. Los nuevos dueños ordenaron a los campesinos que desalojaran las viviendas, muchas de las cuales habían sido ocupadas por varios años. Los campesinos se rehusaron a hacerlo, y con la ayuda de Chávez lograron triunfar y quedarse. A ese acontecimiento han dedicado sus corridos Jaime Zepeda y Jesús Toledo, este último vecino del propio Rancho Sespe y testigo ocular de los hechos. Dice Don Jesús en su corrido "La despedida", escrito antes del triunfo:

> Año de mil novecientos
> setenta y nueve llegó
> el diez y seis de enero
> una tragedía pasó.
>
> Los dueños de Rancho Sespe
> tomaron una determinaciòn,
> vendieron el Rancho Sespe
> porque no querían la Unión.
>
> . . . .
>
> Nos mandaron unas cartas
> con polecías de cartón.
> En tal fecha nos decían
> dejaremos la habitación.

Fíjense muy bien señores
lo que les deseo contar
que César Chávez nos guíe
para poderles ganar.

. . .

Aquí termina el corrido
de un humilde servidor;
que lo canten con cariño,
que lo canten con amor.

También a una huelga, que tuvo lugar en marzo de 1979, está dedicado el "Corrido de L & O" de Silvestre (Beto) Posadas, de Santa Paula. Este corrido tiene valor histórico, pues documenta con valiosos detalles el proceso de la huelga. Aquí también se recuerda a César Chávez por la ayuda que su organización dio a los campesinos:

César Chávez nos visitó
es el líder de la Unión.
con palabras nos alentó
y hubo una gran emoción.

El corrido termina con el triunfo de los campesinos:

Al fin se llegó ese día
un gran día lleno de gozo.
Nosotros llenos de alegría
por un triunfo muy glorioso.

José Cruz Carrera es el corridista más famoso de Santa Paula. El mismo escribe la letra y compone la música de sus corridos. Aquí se reproducen "Luis Romero el michoacano", que es la historia de un mexicano que dejó su patria para buscar fortuna en los Estados Unidos, donde según parece la encontró. "Cinco hermanos", en cambio, trata de un grupo de campesinos, pizcadores de limón, que en 1978 decidieron luchar para obtener mejores condiciones de trabajo y mejores salarios. Una vez más, con la ayuda de César Chávez lograron organizar una unión. Como Carmen Aguayo, Cruz Carrera también dedica un corrido a la muerte del querido "Chino Valdés", persona que según parece tenía un gran don de gentes.

A Fillmore lo representa Ramón Fajardo, autor del "Corrido del chicano" y de "Liberación femenil". En el primero se narra la historia de un mexicano que viene a los Estados Unidos sin documentos y que por fin decide quedarse en el Condado de Ventura:

Yo también soy mexicano
y soy un chicano mojado,
que he recorrido fronteras,
y estado de lado a lado,

hasta que vine a quedar
anclado en este Condado;
lleva por nombre Ventura,
por eso aquí me quedé,
para cantar mi aventura.

En el segundo introduce un tema novedoso y de moda, la liberación de la mujer. Se inicia con la típica frase del corrido mexicano:

Voy a cantar un corrido
Liberación Femenil
con el permiso de todos,
no se vayan a sentir.

En seguida cita las quejas que las mujeres tienen contra los hombres:

Dicen que todos los hombres,
somos el tal por cual,
dicen que somos muy machos,
hombres a carta cabal.

El corrido termina con el corridista dándoles la razón a las mujeres.

El joven Juan Manuel Valdovinos Ochoa, de Saticoy, colabora con los corridos "Yo soy mexicano, señores" y "Maldita pobreza", en los cuales desarrolla el tema de las penalidades que sufren los mexicanos que vienen a Estados Unidos en busca de trabajo y una mejor vida. Se inicia con las experiencias en Tijuana con los coyotes y luego pasa a describir los sufrimientos para ganarse la vida.

Y aquí estoy todavía mis paisanos
trabajando pa'ser rico al patrón.
Y aquí estoy todavía mis paisanos,
regando los surcos con sudor.

A Santa Bárbara, que tiene una rica tradición literaria, la representan Feliza Gonzales, Manuel Unzueta y Armando Vallejo. Las dos composiciones de Feliza aquí recogidas, con música propia, tratan, la primera, titulada "La sobrina", de un tema pasional, pero sin llegar a la tragedia: el marido y la sobrina se enamoran, a perjuicio de la esposa, quien expresa su desengaño. En el segundo corrido, "Las mujeres villistas", Feliza nos habla de un asunto histórico mexicano, la participación de la mujer del pueblo en la Revolución de 1910, dándoles crédito por haberse sacrificado y por haber ayudado al soldado en el campo de batalla:

En todos los movimientos
participa la mujer,
dándole al hombre su apoyo
además de su querer.

Los corridos de Manuel Unzueta, famoso muralista, maestro de arte, músico, guitarrista y poeta, tratan temas sociales relacionados a la vida del chicano en Aztlán: sus experiencias personales y sociales, sus altas y bajas, sus encuentros con la migra, su orgullo de ser chicano. La poesía de Manuel es representativa del escritor consciente de las condiciones sociales en que vive el chicano; de sus posibilidades, de sus ambiciones y de sus anhelos y esperanzas. Como sus murales, sus corridos reflejan un profundo espíritu de comunidad y de Raza.

Hermano y hermana la misma sangre somos tú y yo
si me miras allí por la calle
tu mano necesito y ayuda también
y ahí en mis ojos la imagen de tu alma has de mirar.

Notas

[1] Gabriel Saldívar, *Historia de la música en México* (México, 1934); Celestino Herrera Frimont, *Corridos de la Revolución* (Pachuca, Hidalgo, 1934); Héctor Pérez Martínez, *Trayectoria del corrido* (México, 1935); Armando Duvalier, "Romance y corrido", *Crisol,* 15 (Sept. 1937), 135-141.

[2] Celedonio Serrano Martínez, *El corrido mexicano no deriva del romance español* (México, 1963), pp. 123-124.

[3] Vicente T. Mendoza, *Lírica narrativa de México. El corrido* (México, 1964), p. 9.

[4] Vicente T. Mendoza, *El romance español y el corrido mexicano* (México, 1939), p. 118.

[5] Véase el estudio de Merle E. Simmons, *The Mexican Corrido as a Source for Interpretive Study of Modern Mexico (1870-1950)* (Bloomington, Indiana, 1957). Reimpreso en Nueva York en 1969, edición por la cual citamos.

[6] Ramón Menéndez Pidal, *El romancero español* (The Hispanic Society of America, 1910), pp. 17-18.

[7] Francisco Fernández del Castillo, *Libros y libreros del siglo XVI* (México, 1914), pp. 263-281.

[8] Bernal Díaz del Castillo, *Historia verdadera de la conquista de la Nueva España* (México, 1944), II, 214.

[9] Agustín Durán, *Romancero general,* Vol. XVI de la Biblioteca de Autores Españoles (Madrid, 1850), p. 341.

[10] Fernando de Alva Ixtlilxóchitl, *Relaciones* (1608), Vol. I de las *Obras históricas de Don*... (México, 1891), p. 193.

[11] Ver Simmons, p. 482.

[12] Arthur León Campa, *Spanish Folk-Poetry in New Mexico* (Albuquerque, New Mexico, 1946), p. 29.

[13] La estatua del Caballito se encontraba entonces en el Zócalo.

[14] Higinio Vázquez Santa Ana, *Canciones, cantares y corridos mexicanos* (México, 1925), II, 217.

[15] Vicente T. Mendoza, *El corrido mexicano* (México, 1974), p. 5.

[16] Mendoza, *El corrido mexicano,* pp. 9-12.

[17] Ver Jesús Romero Flores, *Corridos de la Revolución Mexicana* (México, 1977); Clementina Díaz y de Ovando, "El corrido de la Revolución", *La Palabra y el Hombre* (Xalapa, Ver., abril-junio, 1958), pp. 161-181.

[18] Este corrido, "Versos al Chino Díaz Valdés", fue compuesto por Carmen Aguayo Martínez, en Santa Paula, California, el 30 de abril de 1973.

[19] "Macario Romero", en Arthur L. Campa, *Hispanic Folklore Studies of Arthur L. Campa.* With an Introduction by Carlos E. Cortés (New York: Arno Press, 1976), No. 2.

[20] "Indita de la homicida Paula", en Aurelio M. Espinosa, *Romancero de Nuevo México* (Madrid, 1953), No. 228.

[21] "El general Cortina", en Américo Paredes, *A Texas-Mexican Cancionero* (Urbana, Illinois, 1976), No. 8.

[22] "Radios y chicanos", en Guillermo Hernández, *Canciones de la Raza* (Berkeley: El Fuego de Aztlán, 1978), No. 6.

[23] Terrence L. Hansen, "*Corridos* in Southern California", *Western Folklore,* 18 (1959), 203-232, 295-315.

[24] Ver Philip Sonnichsen, "Texas-Mexican Border Music", Vols. 2 y 3, donde se reproduce el "Corrido de Joaquín Murieta" (Folklore Records, Vol. 2, *Corridos,* Part 1, Record No. 9004-A).

[25] En el disco citado en la nota anterior.

[26] Reproducido por María Herrera-Sobek en su libro *The Bracero Experience* (Los Angeles: Latin American Center Publications, 1979), pp. 85-86.

[27] "El vaquero", en Aurelio M. Espinosa, "Folklore de California", *Miscelánea filológica ofrecida a D. Antonio María Alcover* (Palma de Mallorca, 1932), pp. 111-131 (No. 1).

[28] Ver Bess Lomax Hawes, "El Corrido de la inundación de la Presa de San Francisquito: The Story of a Local Ballad", *Western Folklore,* 33 (1974), 219-230.

[29] "Inundación de California", Hernández, No. 5.

[30] Ver *Xalmán,* 3, No. 2 (Fall, 1980), 73-119.

— 9 —

CHICANO JOURNALS (1970-1979)

Three activities which contributed greatly to the flowering of Chicano literature during the seventies are the proliferation of Chicano editorial houses, the many poetry festivals and Chicano literary seminars and simposia held throughout the country, and the appearance of first-rate literary journals and other periodical literature that provided access for the publication of this most extraordinary outpouring of Chicano letters.

One of the first expressions of the new Chicano spirit that was to prevail during the seventies was the "Plan Espiritual of Aztlán" issued in March, 1969, at the Denver Conference that was attended by Rodolfo "Corky" Gonzales, Alurista, and other prominent writers. This "Plan" awakened a creative talent that was lying dormant in many Chicanos. Fortunately, at the same time a number of Chicano journals began to appear which provided an outlet for the numerous authors then actively engaged in writing.

Although the sixties had seen the appearance of important journals and other periodicals such as *El Grito* (1967) and *Con Safos* (1968), it was the seventies that witnessed the flourishing of these journals, among them *Atisbos, Aztlán, De Colores, Grito del Sol, Maize, Mango, Caracol, Comadre, La Palabra, Revista Chicano-Riqueña, Tejidos, Xalmán,* and many others.

The number of journals and other periodicals which appeared during the seventies is considerable—over one hundred and thirty. Some of these are dedicated entirely to literature and include poetry, prose fiction, essays, literary criticism, and book reviews.[1] While many excellent Chicano periodicals such as *La Luz, La Raza Habla, Magazín, Nuestro,* and *Somos* include an occasional poem, essay, or story, their aim is not essentially literary. Other periodicals like *El Mirlo Habla, Carta Abierta,* and *Rayas* have or have had as their main function the transmission of information about the Chicano literary world to scholars. Still others, such as *Comexaz (Comité de México y Aztlán),* are simply news monitoring services. Some, like

The New Scholar, Mester, and *Vórtice,* have a function that transcends Chicano letters since they publish contributions dealing with other literatures and cultures. There are, of course, journals dedicated to other aspects of Chicano scholarship such as *Chicano Law Review* and the *Journal of Mexican-American History.* Some non-Chicano journals such as the *Arizona Quarterly* and the *New Mexico Quarterly* occasionally publish works by Chicano authors, and there are some which have dedicated entire single issues to Chicano literature, as the *Latin American Literary Review,* the *Bilingual Review,* and the *Denver Quarterly.*

Although these periodicals have provided a much-needed outlet for Chicano writers, critics have given little attention to them. A study by Shirlene Soto, "The Emerging Chicana: A Review of the Journals,"[2] was published in November of 1976. However, the author's scope was limited, for she gave emphasis to those periodicals published by women: *Regeneración, La Razón Mestiza, Encuentro Femenil.* She also discussed briefly those journals that have given publication space to matters that concern women: *De Colores, El Cuaderno, Magazín, Tejidos, La Luz.*

In this chapter we will review the journals published during the seventies that are dedicated mainly to literature and literary criticism and trace their contributions to the development of Chicano concerns.

The first two journals to appear during the seventies were *Regeneración* and *Aztlán,* both published in Los Angeles, California. *Regeneración,* edited and published by Francisca Flores, first appeared with that title in January, 1970, although it had previously been known as *Carta Editorial.* A new title was selected because its scope was enlarged to include writings by others besides the editor. The name *Regeneración* had already been made famous by the Mexican liberal leader Ricardo Flores Magón, who, in 1910, had published a newspaper in Los Angeles under this name. Although the Francisca Flores journal, which is privately financed, gives emphasis to Raza issues, it includes book reviews and a section called "Rincón Poético." Poems by Abelardo and book reviews by Philip Ortego have appeared. In 1971 an entire number (I, 10) was dedicated to Chicana issues. In 1972 an important essay by Pietro Ferrua was published on "Ricardo Flores Magón y la revolución mexicana" (II, 2). Poems and articles by or about Mexicans and other Latin Americans (Sor Juana, Gabriela Mistral, Carlos Fuentes) have appeared occasionally, usually in English translation.

The journal *Aztlán,* published by the Center for Chicano Studies at the University of California in Los Angeles, received its name as the direct result of the Chicano Congress that met in Denver in March 1969 and which adopted the "Plan Espiritual de Aztlán." The periodical's first number appeared in the spring of 1970 with the subtitle *Chicano Journal of the Social Sciences and the Arts.* In this issue is found the first publication in a journal of the "Plan Espiritual de Aztlán" in both Spanish and English. It also includes a "Poem in Lieu of Preface" by Alurista. *Aztlán* was founded by Juan Gómez-Quiñones, Roberto Sifuentes, Jaime Sena, and Alfredo Cuellar, who acted as Associate Editors. Although it has given emphasis to research in the social sciences, it has also included essays of interest to humanists. As the editors state,

> *Aztlán* is a forum for scholarly writings on all aspects of the Chicano community. It is the first journal sponsored by a university or college in the United States that focuses critical discussion and analysis on Chicano matters . . . The works presented offer original research and analysis in the social sciences, humanities and the arts, related to Chicanos.[3]

Its contents, however, are focused heavily on the social sciences. During the decade only three articles have been dedicated to the Chicano novel, one to Chicano theatre, two to Chicano art, and none to Chicano poetry. However, two articles appeared on Octavio Paz and two on José Vasconcelos, the two Mexican writers who have the greatest appeal for the Chicano. In spite of this lack of literary emphasis, *Aztlán* is by far the most outstanding of the Chicano journals due to the significant nature of its research publications and its careful editing.

In 1975 there was a change of orientation in *Aztlán.* Its subtitle was abandoned for a more inclusive one, *International Journal of Chicano Studies Research.* A note by the co-editors reads:

> The rise in Chicano related scholarship over the last eight years has been gratifyingly tremendous. Through the pages of published research, critiques and essays, our scholarship has and is having an impact in our communities and around the world. . . . The scholarship growth in these years has been supported through the parallel development of an academic infra-structure, of which *El Grito, Aztlán* and other journals are only a part . . . Subject libraries, research institutes, and archives are also being established throughout the country. This supportive infra-structure is growing, will continue to expand and become more complex.[4]

The subtitle change also reflects a broadening of the concept of *chicanismo* and allows for the inclusion, in *Aztlán,* of studies dealing with Mexican relations. In the same note by the co-editors, it is stated that the word "International" is included in the new subtitle "because of the necessary and increased use of Mexican sources and involvement of Mexican scholars in Chicano Studies" (p. v). The success of the journal cannot be underestimated. In 1975 it was necessary to increase the number of issues yearly from two to three. The added issue, which appears during the summer, is dedicated to special problems confronting the Chicano community or neglected areas of study, such as the Chicano in the Midwest.

Aztlán set a high standard for publication and has served as a model for other Chicano journals dedicated to the publication of scholarly articles. In *Atisbos,* published by the Chicano Graduate Association of Stanford University under the editorship of Richard Fierro May, the influence of *Aztlán* can be detected. The first number included an important article by Tomás Rivera, "Recuerdo, descubrimiento y voluntad en el proceso imaginativo literario," in which he illustrated the part that remembrance, discovery, and will played in the writing of *"... y no se lo tragó la tierra."* Number two contains Charles Tatum's bibliography of Chicano literature, an article that was later expanded into a book.

Three periodicals began publication in 1973, *De Colores* in New Mexico, the *Revista Chicano-Riqueña* in Indiana, and *Tejidos* in Austin, Texas. The latter, whose subtitle is *A Bilingual Journal for the Stimulation of Chicano Creativity and Criticism,* was edited by Jaime Darío Calvillo and René Cisneros. Its more than eight numbers included poems by Tino Villanueva, Alurista, Ricardo Sánchez, Abelardo Delgado, Juan Gómez-Quiñones, and Raúl Salinas; a short story by Guadalupe Valdés-Fallis; literary criticism by Jaime Darío Calvillo on Mexican stereotypes; and articles by Carmen Montalvo on the pastorelas, René Cisneros on the *Actos* by Luis Valdez, and Nicolás Kanellos on Chicano theatre. Unfortunately, *Tejidos* stopped publication in the winter of 1977.

De Colores, on the other hand, has been very successful and is still being published in Albuquerque by Pajarito Publications under the general editorship of José Armas with the help of Don Porath, Anselmo Arellano, Elena Quintana, and others. Originally entitled *A Journal of Emerging Raza Philosophies,* it began publication in the winter of 1973 with an ambitious purpose: "to provide an avenue in which the intellectual and the practical applications of emerging philosophies can be carried on by the Chicano estudiante, professional and barrio organizer"; also, "to provide a forum for Raza talent in the fields of prose, poetry, art, essays, photography, etc."[5]

De Colores has published controversial essays dealing with *chicanismo* by Alurista ("The Chicano Cultural Revolution"), Don Porath ("Existentialism and Chicanos"), José Armas ("Doctrina de la Raza"), and others. There are two important interviews with Reies López Tijerina and Octavio Paz.

Literary criticism and la Chicana are the two topics that have received the most attention in *De Colores.* Three entire issues have been dedicated to la Chicana (II, 3, 1975; III, 3, 1977; IV, 3, 1978). La Chicana is not only the theme, but most of the articles, poems, essays, book reviews, and art are the product of Chicanas. The latter two issues have been published under the subtitle *La Cosecha.* Among the many contributors are Bernice Zamora, Angela de Hoyos, and Marcela Lucero Trujillo. The essays deal with literature and with social issues such as machismo.

Three numbers of *De Colores* have also been devoted to literary criticism. One (II, 1) deals with 19th century New Mexican literature, and the other two (I, 4 and III, 4) with contemporary criticism. The first of these (I, 4) was published in 1975 and contains five essays which the editor calls "the first collection of critical reviews of the Chicano writer and his literature."[6] The essays included are by Sylvia Alicia Gonzales, Juan Bruce-Novoa, Guillermo Rojas, José Reyna, and Nasario García. The second (III, 4) appeared in 1977 under the title *Chicano Literature and Criticism* and was edited by Donald W. Urioste and Francisco A. Lomelí. It contains eleven essays dealing with poetry, the novel, and literary theory, of which three are dedicated to Miguel Méndez. There are also eight book reviews taken from the editors' *Chicano Perspectives in Literature* and an interview with Sergio Elizondo. This number is a valuable contribution to the field of literary criticism. There are also three special numbers published by *De Colores,* one of which (IV, 4, 1979) is dedicated to Jesse L. López and his prose poem *Joaquín Murrieta's Treasure;* the second treats *Los pintos de América* (III, 1, 1976); and the third, entitled *Mestizo* (IV, 1/2, 1978), is an anthology of Chicano literature containing the work of 44 authors. While the format, the design, the art work, and the choice of materials evident in *De Colores* are all excellent, the level of consistency in editing could be improved.

Revista Chicano-Riqueña, the only important journal originating outside the Southwest during the seventies, began publication in Indiana in 1973 under the editorship of Nicolás Kanellos and Luis Dávila.[7] The purpose of this periodical as stated by the editors is to strengthen the cultural ties between these two Spanish speaking minorities, the Chicano and the Puertorriqueño. It also aims at

providing "un foro nacional para todo escritor cuya realidad problemática sea presenciar el choque de varias culturas." In addition, it seeks to "fortalecer los lazos fraternales entre el riqueño, el chicano y los otros latinos, y así combatir el mal entendimiento de nuestro ser bilingüe y bicultural. Para asegurar un pluralismo cultural más válido evitaremos dogmas de toda índole, ya sean académicos o ideológicos, y conservaremos una postura editorial abierta, entusiasta y exploradora."[8]

The *Revista Chicano-Riqueña* has been very well edited and has maintained a high level of excellence in its artistic format and its choice of selections. This, together with the fact that it is aimed at a broader reading public and, in addition, has received financial aid from various sources, has helped to establish a solid foundation for this periodical. After the first year of publication, during which only two numbers appeared, *Revista Chicano-Riqueña* became a quarterly journal. While poetry comprises a large portion of each issue, short stories, prose, literary criticism, book reviews, historical and literary studies, interviews, essays, and articles on theatre, music, and folklore are also included. A section on art featuring illustrations by Chicano and Puerto Rican artists forms an important part of each number. Special issues are Año IV, Número 4 (Fall, 1976) on barrio murals; Año V, Número 1 (Winter, 1977), entitled *Nosotros: Anthology,* featuring a collection of Latino poetry and graphics from Chicago; Año VI, Número 2 (Spring, 1978), on la mujer; and Año VII, Número 1 (Winter, 1979) devoted to Chicano and Puerto Rican drama.

Revista Chicano-Riqueña has become one of the most successful of the periodicals. Its list of contributors is extensive: a few of the many Chicano writers included are: Tomás Rivera, Tino Villanueva, Frank Pino, Bernice Zamora, Rolando Hinojosa, Abelardo Delgado, Miriam B. Somoza, Juan Rodríguez, Ron Arias, Alurista, Margarita Cota Cárdenas, Miguel Méndez, Omar Salinas, Jorge Huerta, José Reyna, Aristeo Brito, Juan Bruce-Novoa, Sergio Elizondo, Juan Gómez-Quiñones, Gary Soto, and Arturo Madrid.

In 1974, in San Antonio, Texas, a group of writers began to publish the monthly periodical *Caracol, Chicano Journal Con un Poquito de Todo.* As the subtitle indicates, *Caracol* includes poems, cuentos, essays, book reviews, pláticas, a monthly news column called "Periqueando en Aztlán" by Cecilio García Camarillo, and editorials about the Chicano world. It has also sponsored annual poetry and short story contests. In this sense *Caracol* is different from other journals. Regarding the name, there is this explanation in the number corresponding to April 1978: "In the Aztec tradition, CARACOL is a symbol of fertility. The spiral designates a journey. You may start in the center with yourself and travel to the outside world that surrounds you, or you may start on the outside and travel to the center."

Since *Caracol* is privately financed, it has had to call upon its readers occasionally for help. Its editorial statement of November, 1976, expresses the plight of the privately financed Chicano journals:

> In years past, *Caracol* has been able to come out regularly because we truly believe that it is absolutely necessary for Chicanos/Chicanas to have at their disposal printed tools... entirely from a Chicano view. We have been able to finance *Caracol* out of our own pockets and from grants. Oftentimes we run into snarls and in order to continue el esfuerzo we may find it necessary to come to you our readers and friends that believe en lo que estamos haciendo.[9]

The importance of these words can be seen in the printed pages of the journal, where beginning Chicano writers take their places alongside those who have already established their identities in poetry, the novel, the essay, and drama, such as Raúl Salinas, Ricardo Sánchez, Nephtalí de León, José Antonio Burciaga, Max Martínez, Xelina, Luis Valdez, José Montoya, Rosaura Sánchez, Alurista, Joe Olvera, and many others. Probably the desire to improve its acceptability and increase circulation led the editors to state in their issue of September, 1977: "Vamos a editar ciertas maldiciones... así como estamos perdiendo nuestra cultura también estamos perdiendo el respeto... Vamos a hacer de *Caracol* algo más aceptable para toda la familia." Although *Caracol* is printed on poor quality paper and its format is somewhat disorganized, it has proven to be a valuable outlet for creative writers, and it has numbered among one of the most popular journals of the seventies. Especially useful are the numbers dedicated to poetry and the short story, which include the prize-winning entries. *Caracol* ceased publication in 1979.

As stated before, the two most important journals of the sixties were *El Grito* and *Con Safos. El Grito,* edited by Nick C. Vaca, Andrés Ybarra, Octavio I. Romano—V., Philip J. Jiménez, John M. Carrillo, and others, was published between 1967 and 1974. In January of 1976 Octavio Romano began publishing *Grito del Sol, a Chicano Quarterly*. The first issue contains an excerpt of Orlando Romero's then unpublished novel *Nambé— Year One* and a selection from Estela Portillo Trambley's *Rain of Scorpions*. Other excerpts of unpublished manuscripts, since then in print, are from *Below the Summit,* by Joseph V. Torres-Metzgar; *Inocencia Perversa,* by Juan

Bruce-Novoa; *Mi abuela fumaba puros,* by Sabine R. Ulibarrí; *Pelón Drops Out,* by Celso A. De Casas, and *Book of Thailand* by Joe Olvera. Among the many other contributors have been Gustavo V. Segade, Alurista, and Rudolfo Anaya. Poetry, prose, essays, and literary criticism occupy an important part in this journal. Of particular interest to literary critics are the articles by Sabine R. Ulibarrí, "Una misma cultura, dos distintas literaturas: la mexicana y la chicana" (III, 4, 1978), and Francisco A. Lomelí, "The Concept of the Barrio in Three Chicano Poets" (II, 4, 1977). Of interest also is the Aztec motif found in the journal.

Two journals published in San José, California, and edited by Chicanas are *Mango,* which appeared in 1976, and *La Comadre,* which had a short life in 1977-1978. *Mango* is the product of one person, the poet Lorna Dee Cervantes, who says in the first number, "We are a grass-roots, home-based, poverty level Chicano literary revista. We publish only the best Chicano literature and we strive to do it as often and as inexpensively as possible. We have no other editorial biases. We offer a wide spectrum of Chicano pensamiento y alma. ¡Qué sabroso!"[10] It contains prose and poetry, book reviews, and excerpts from an unpublished novel, *Going Fast,* by James Brown. *La Comadre,* edited by M'Liss Garza and Olivia Mercado, published only three numbers between 1977 and 1978, with poetry, essays, biographies, and a bibliography on la mujer by M'Liss Garza.

Another irregularly published California journal, edited in San Diego by Alurista and Xelina, is *Maize, Cuaderno de Arte y Literatura Xicana.* The divisions within the journal, as well as the editorials and illustrations, all make use of the motif expressed in the title to give the publication an artistic and indigenous tone. The editors describe their review as "a Southern crossborder quarterly con chile flavor and black beans on tortilla paper . . . created to cultivate the literary and artistic expression of Amerindia, el pueblo xicano-indio-mexicano."[11] Of interest is the inclusion in *Maize* of several poems by Américo Paredes written between 1938 and 1944. There are also poems and cuentos by Rolando Hinojosa, Sergio Elizondo, Gary Soto, Alurista, Xelina, José Montoya, and others.

Still another journal is *Xalmán,* published at Santa Barbara, California, by Armando Vallejo, Manuel Unzueta, and Salvador Rodríguez del Pino. It features prose and poetry by local writers and art work by Unzueta.

The decade of the seventies closed with the appearance of an important journal dedicated to literature and printed entirely in Spanish, *La Palabra, Revista de Literatura Chicana,* edited by Justo

Alarcón in Phoenix, Arizona. The first number appeared during the spring of 1979, and the second during the fall of the same year. Although only two numbers have been published, its format, careful editing, and the excellent quality of its contents will place *La Palabra* among the outstanding journals of the eighties.

In conclusion, it can be said that the quality of the journals published during the seventies reached its highest peak in the history of Chicano periodical literature, both in the humanities and in the social sciences. The publications discussed have provided an outlet for Chicanos and Chicanas for the publication of their creative literary prose and poetry, literary criticism, and social and historical research. They have made their pages available to studies on folklore, culture, chicanismo, la raza, la mujer, Chicano drama, biographies, and bibliographies. They have also disseminated information on what is happening in the Chicano news and literary worlds. Space has been devoted to Chicano art and Chicano photography, and this art work has been used to enhance the format of the issues. Finally, the journals have used English and Spanish or a combination of both to provide a suitable vehicle for the expression of the Chicano writer's creativity. While not all of the literary journals have attained the same degree of success, they have all made a contribution in some way. And while most of the journals have tended to publish works of well established Chicano authors, they have also devoted a great deal of space to aspiring writers, many of whom will attain prominence during the next decade.

These journals have proven to be indispensable in encouraging and recognizing Chicano writers and artists and in promoting the development of Chicano letters. A tradition in the publication of high-caliber journals was established during the decade of the seventies, a tradition that helped Chicano literature reach a high aesthetic quality without, at the same time, abandoning the commitment to *la causa.*

Notes

[1] See Guillermo Rojas, "Towards a Chicano/Raza Bibliography: Drama, Prose, Poetry," *El Grito,* 7, 2 (Dec., 1973), Appendix, pp. 57-85.

[2] Shirlene Soto, "The Emerging Chicana: A Review of the Journals," *Southwest Economy and Society,* 2, 1 (Oct./Nov., 1976), 39-45.

[3] *Aztlán. Chicano Journal of the Social Sciences and the Arts,* 1, 1 (Spring, 1970), p. vi.

[4] *Aztlán. International Journal of Chicano Studies Research,* 6, 1 (Spring, 1975), p. iv.

[5] *De Colores. A Journal of Emerging Raza Philosophies,* 1, 1 (Winter, 1973), p. 4. With Vol. 3, No. 4, the subtitle was changed to *Journal of Chicano Expression and Thought,* and with Vol. 4, No. 3, to *A Bilingual Quarterly Journal of Chicano Expression and Thought.*

[6] *De Colores,* 1, 4 (1975), 5.

[7] With Vol. VII, Number 4 (otoño, 1979), *Revista Chicano-Riqueña* began publication at the University of Houston.

[8] *Revista Chicano-Riqueña,* 1, 1 (Primavera, 1973), 7.

[9] *Caracol,* 3, 3 (Nov., 1976), 2.

[10] *Mango. Literatura Chicana,* 1 (Fall, 1976).

[11] *Maize. Cuaderno de Arte y Literatura Xicana,* 1, 1 (Fall, 1977), 61.

III. Narrativa

Epica de una sociedad que se funda
en la crítica, la novela es un juicio
implícito sobre esa misma sociedad.

—Octavio Paz

— 10 —

NARRATIVA CHICANA: VIEJAS Y NUEVAS TENDENCIAS

Para fijar con mayor precisión las nuevas tendencias de la narrativa chicana creemos que es necesario trazar primero, aunque sea brevemente, su desarrollo antes de 1959, año durante el cual se publica la novela *Pocho* de José Antonio Villarreal, considerada generalmente como la primera chicana.[1]

Se podría afirmar que los prosistas chicanos que escriben antes de ese año dan preferencia, con pocas excepciones, a las formas didácticas y no a aquellas características de la ficción: novela, novela corta, cuento, cuadro costumbrista, leyenda. Sin embargo, existen esos géneros y tenemos ejemplos de todos ellos.[2] Mencionaremos algunos, teniendo presente que el conocimiento de la literatura chicana anterior a la década de los sesenta es parcial. Hay mucho que hacer todavía antes de que podamos hablar de la narrativa anterior a 1959. Lo que hoy conocemos es insignificante en relación con lo que estamos seguros que existe.

La literatura de ficción tiene un lento desarrollo, no solamente en Aztlán sino también en México, donde las novelas publicadas antes de 1848 no pasan de veinte, la mayor parte de ellas novelas cortas.[3] Entre ese año y 1910, sin embargo, la novela en México obtiene un alto desarrollo.[4] No así en Aztlán, donde las novelas conocidas no pasan de la media docena.

La más antigua novela que se conoce es *Deudas pagadas,* obra de un autor anónimo, sin duda español, publicada en 1875 en la *Revista Católica* de Las Vegas, Nuevo México. Obra romántica, trata del noble comportamiento del soldado español en el norte de Africa.[5] Por lo tanto, hay que considerar la novela pastoril *La historia de un caminante o sea Gervacio y Aurora* (1881) de Manuel M. Salazar, obra de la cual solamente se conocen algunos fragmentos, como la primera novela aztlanense.[6] Mayor importancia tienen las dos novelas cortas de Eusebio Chacón, *El hijo de la tempestad* y *Tras la tormenta la calma,* ambas de 1892, en donde aparece el tema del bandolerismo en Nuevo México.[7] El mismo tema reaparece en la novela histórica *Vicente Silva y sus 40 bandidos* (1896) de Manuel C. de Baca.[8]

Otra novela de esa época hasta hoy no mencionada por la crítica lleva el título *Memorias del Marqués de San Basilisco* y vio la luz en San Francisco en 1897. Se le atribuye a Adolfo R. Carrillo (1865-1926), quien tenía una imprenta y publicaba propaganda en contra del gobierno de Díaz. El protagonista de las *Memorias,* que es una verdadera novela picaresca, es Jorge Carmona, nacido en Sinaloa y dado a la vida picaresca. En 1860 viaja a San Francisco donde, dice, los hombres trabajan como burros y las mujeres gastan el dinero como reinas. Allí lleva una vida de pícaro hasta que encuentra a una mujer de fortuna y con su dinero compra en París un título de marqués.[9]

Otro libro de Carrillo, los *Cuentos californianos,* publicados en Los Angeles hacia 1922, es típico de la narrativa que se escribía en Aztlán entre 1910 y 1959. En los diecinueve cuentos allí recogidos Carrillo elabora historias y leyendas del pasado, aunque a veces aparece la nota personal. Del primero, titulado "El Budha de Chun-Sin", dice en la introducción: "Bueno, puesto que yo presencié la catástrofe de San Francisco voy a escribir sobre esa inolvidable hecatombe que me quitó a la única hijita que tenía".[10] Aunque el ambiente que predomina en ese cuento es cosmopolita, no falta la nota mexicana. La caracterización del mesero en la fonda mexicana que frecuenta el narrador es digna de ser citada: es tuerto y "solo verlo, le hacía a uno perder el apetito. El amable Cíclope era poeta también, y al traer y llevarse los platos recitaba las poesías de Antonio Plaza o de Juan de Dios Peza, mezclándolas con las brotadas de su propio ingenio" (p. 4). Ante los pochos el narrador mantiene un aire de superioridad. En el mismo restaurante, nos dice, se oyen "todos los idiomas habidos y por haber, desde el gutural de los germanos, hasta el barbárico castellano que estropean los *pochos* californianos" (p. 4). La mayor parte de esos relatos son verdaderas leyendas. Algunos se basan en datos sacados de antiguas crónicas. En el titulado "El sacrilegio" nos dice que encontró la anécdota en una crónica de Fray Renato Balvanera, "la que con todo su desalineo y carencia de literaria pulcritud, viene a ser un documento humano, que todavía puede verse en la Biblioteca del pueblo de Ventura, donde yo hube de copiarlo" (p. 17). Si es verdad que Carrillo, que tantos años vivió en los Estados Unidos, no llegó a identificarse con los que él llama *pochos,* también es verdad que sus obras fueron escritas y publicadas en Aztlán y que en todas ellas habla ya de su historia, ya de sus habitantes, ya de sus ambientes y costumbres.

Las obras de Carrillo, lo mismo que la novela *Eustacio y Carlota* (1924) de Felipe M. Chacón y los cuadros costumbristas de Jorge Ulica y Carlos de Medina, escritores de la Bahía de San Francisco, están escritas en español, como lo están las novelas y cuentos anteriores a 1910.[11] La primera novela escrita en inglés de que tenemos noticia es *La conquistadora* del poeta Fray Angélico Chávez, publicada en 1954, esto es, cinco años antes que *Pocho.*[12] El subtítulo es "The Autobiography of an Ancient Statue", y aunque se trata de un tema legendario, la obra tiene la forma de una novela histórica, ya que es la estatua quien cuenta su vida. Ambas novelas, *La conquistadora* y *Pocho,* escritas en inglés, van dirigidas al público angloamericano y no al lector chicano. Lo mismo ocurre con las novelas *City of Night* (1963) de John Rechy, *Tattoo the Wicked Cross* (1967) de Floyd Salas y *Chicano* (1970) de Richard Vásquez, todas ellas publicadas por las grandes editoriales de Nueva York y por lo tanto escritas en inglés para un público de mayorías.[13] Aun novelas de protesta como *The Plum Plum Pickers* (1969) de Raymond Barrio y *The Revolt of the Cockroach People* (1972) de Oscar Zeta Acosta tienen la misma función, aunque publicadas en California. Lo mismo ocurre con los *Actos* (1971) de Valdez, si ya bien el producto de una editorial chicana, Cucaracha Publications de San Juan Bautista, California.[14]

En 1970 se establece el Premio Quinto Sol en Berkeley, premio que dio gran impulso a la narrativa chicana. Los tres primeros premios (1971, 1972 y 1973) fueron otorgados a obras que no sólo abrieron nuevos caminos, sino que se encuentran entre las más logradas en el género. Trátase de *"... y no se lo tragó la tierra"* de Tomás Rivera, *Bless Me, Ultima* de Rudolfo Anaya y *Estampas del Valle* de Rolando Hinojosa. Es significativo que dos de ellas hayan sido escritas en español y una en inglés. Las tres obras premiadas inician sendas tendencias que todavía sobreviven en la narrativa chicana.[15]

Tomás Rivera, con sus cuentos-novela en torno a las experiencias personales y de intercambio social del chicano—a veces en confrontación con el grupo dominante, ya en el campo, ya en el barrio—narrados con perspicacia, pero a veces con cierto dejo candoroso, abre nuevas perspectivas a los narradores, ya que les demuestra que los acontecimientos de la vida cotidiana pueden ser considerados como materia novelable. Varios son los que han seguido ese camino, dando expresión en novelas y cuentos a sus experiencias sociales y personales en el barrio o en el campo.

Un novelista que ha sabido aprovechar las lecciones de Rivera ha sido Rolando Hinojosa. Tanto en *Estampas del Valle* como en *Klail City y sus alrededores* (Premio Casa de las Américas, 1976), en *Mi querido Rafa* (1981) y en la inédita *Claros varones de Belken,* Hinojosa se ha propuesto la ambiciosa tarea de novelar la vida de los habitantes de un pueblo chicano en la frontera. En esas obras encontramos los mismos personajes, los mismos ambientes, los mismos temas. La gran diferencia se encuentra no tanto en el contenido sino en la organización de los materiales. En *Estampas del Valle* la estructura gira en torno a dos series de prosas cortas separadas por un cuento y rematadas por la biografía de uno de los personajes, Rafa Buenrostro, compuesta de notas breves. Aquí encontramos casi todos los personajes que han de dar forma a la novela *Klail City y sus alrededores.* La técnica es la de la ensambladura de relatos estructurados en torno a las vidas de los habitantes del barrio en Klail City, Belken County, Texas, en el Valle del Bravo. La acción se centra allí, si bien de cuando en cuando se relatan, como es natural, las historias de los habitantes de Klail que van a trabajar al norte, sobre todo a Michigan; o de los soldados chicanos que van a pelear a Francia o Corea; o de alguno que otro personaje, como Viola Barragán, que se casa con un diplomático alemán y vive en Africa, la India y Alemania. La nota que distingue la narrativa de Hinojosa de la de sus contemporáneos es, por supuesto, el humor y la ironía.[16]

La novela social de protesta la han cultivado Miguel Méndez, Aristeo Brito y Alejandro Morales. Los tres, como Hinojosa, escriben en español. Méndez, en *Peregrinos de Aztlán* (1974), que se desarrolla en un ambiente fronterizo, logra elevar el lenguaje chicano a un nivel artístico insospechado. Al mismo tiempo, continúa una tendencia iniciada por Rivera y utilizada por Hinojosa, esto es, la de no organizar el material novelado en torno a un personaje central. El niño narrador de Rivera, como personaje, sólo aparece en uno de los episodios. *Peregrinos de Aztlán,* como *". . . y no se lo tragó la tierra"* y *Estampas del Valle,* es también una novela compuesta por una serie de escenas y acciones independientes a las que le da unidad la presencia de uno de los personajes, el indio yaqui Loreto Maldonado, quien nos cuenta lo que ve de la sórdida vida en Tijuana, o lo que recuerda de su vida entre los yaquis, y sobre todo sus experiencias al lado del Coronel Chayo Cuamea. Como en Méndez e Hinojosa, el lector es el que tiene que organizar el material narrativo para darle una estructura. Y eso es precisamente lo que Alejandro Morales hace en su primera novela, *Caras viejas y vino nuevo* (1975), en la que encontramos una estructura reversible. Pero su mundo es muy otro; es el mundo de los adolescentes en el barrio chicano de Los Angeles, novelado por primera vez en la literatura chicana. En términos de la novela mexicana, podríamos decir que el mundo de Rivera es semejante al de Rulfo, mientras que el de Morales se parece al mundo de los novelistas de la onda, José Agustín y Gustavo Sainz, sobre todo, quienes también han creado un mundo en el que se mueven los adolescentes de la ciudad de México.[17]

La tendencia iniciada por Rudolfo Anaya con su novela *Bless Me, Ultima* es la que más se aparta de la corriente social anclada en el campo, el pueblo o el barrio. La novela de Anaya, escrita en inglés y bajo la influencia de la novelística angloamericana, tiende a expresar temas y conflictos universales vistos desde la perspectiva del realismo mágico y no del realismo social característico de la novela chicana. Anaya logra esa amplitud temática sin abandonar el ambiente, los personajes y la psicología del mundo chicano. Las diferencias entre las dos tendencias, representadas por los *Actos* de Valdez y *Bless Me, Ultima* de Anaya las expresa un crítico en la última *Carta Abierta* de esta manera: "Some works try to change things at the economic level (*Actos* is a prime example of a welding of art and social action). Others take the reader away from the problems, or actually obfuscate them with mystical or mythified world views (*Bless Me, Ultima,* si quieres)".[18] No es esa la primera crítica que se ha hecho de *Bless Me, Ultima* por la supuesta falta de protesta social. Un año antes, en una entrevista, un crítico le hizo a Anaya esta pregunta: "Then you don't have any feeling of responsibility towards the people—the Chicano people, or the Chicano movement?" Anaya contestó así:

> I can't say that I'm totally unaware of a responsibility that I might have towards the movement, towards my people, towards myself as part of an ethnic group. Of course I'm aware of it. The writers are the ones that usually get asked that question, "why don't you be responsible, why don't you write about the people and the real settings?" and so on. "Why mess around with the magical realism trip that you get into with *Ultima*?"... It's a very, very difficult type of pressure to deal with, and it's especially difficult for writers who are beginning, who are really young, who want to say, "I want to express myself from my viewpoint, from wherever I'm coming from, from what is important to me, as opposed to that responsibility someone puts on me from out there." I think it can ruin a writer. The best writers will deal with social responsibility and the welfare of the people indirectly—as opposed to a direct political statement or dogma.[19]

Cuando Anaya expresó esas ideas ya había publicado *Heart of Aztlán* (1976), novela en la cual introduce elementos de la mitología azteca, lo mismo que los problemas sociales que el trabajador chicano encuentra en el barrio, en Albuquerque. El recurso de invocar los poderes sobrenaturales, mágicos, para resolver problemas sociales es lo que distingue la narrativa de Anaya de las de sus contemporáneos. La actitud mágico-realista de Anaya la han continuado Ron Arias en su novela *The Road to Tamazunchale* (1975), y Orlando Romero en la suya, *Nambé—Year One* (1976).[20]

Además de continuar la tendencia mágico-realista, Ron Arias universaliza la novela introduciendo el tema de la muerte y, al mismo tiempo—a través del personaje—establece afinidades con otras literaturas. El protagonista, el viejo Fausto, como el clásico personaje europeo, no quiere morir; pero también participa de la naturaleza de Don Quijote, el caballero de la triste figura, el hidalgo que quiere rectificar las injusticias sociales. Y lo mismo ocurre con el ambiente. Si bien la acción se desarrolla en Los Angeles, en otro plano nos transporta el novelista al medio-ambiente peruano.

La novela autobiográfica, que es la que más relaciones tiene con la prosa escrita antes de 1910, y que ya la había utilizado Fray Angélico Chávez, la han continuado Ernesto Galarza en *Barrio Boy* (1971), Oscar Zeta Acosta en *The Autobiography of a Brown Buffalo* (1972) y Tomás López en *Chicano Go Home* (1976), siendo esta última la única en la que encontramos una actitud optimista ante los problemas sociales y personales del chicano.[21]

La tentativa de ampliar el ambiente del barrio la encontramos también en las últimas novelas de Anaya y Morales. En *Tortuga* (1979), Anaya ubica la acción de la novela en un hospital para lisiados, al pie de una montaña mágica llamada Tortuga y separado de los pueblos por árido desierto. A los personajes no se les identifica por su origen racial, sino por los defectos o enfermedades que sufren. Al narrador protagonista, el joven paralítico que llega a ese infierno dantesco se le da el apodo Tortuga y se le identifica con la montaña mágica Tortuga, ya que lleva un caparazón de yeso desde la cintura hasta la cabeza. Suponemos que es chicano, pero nunca se le identifica como tal. Los otros enfermos, desechos humanos, algunos no superiores a los vegetales, lisiados permanentes, no tienen esperanzas de abandonar el hospital. Y hasta los que logran salir vuelven, ya de empleados, ya de sirvientes. Puesto que todos tienen defectos causados por la polio, los accidentes o las enfermedades, forman parte de una minoría compuesta por seres que sienten una afinidad mutua que trasciende lo racial o lo nacional. El novelista aquí no enfoca, como en sus dos anteriores obras, el mundo chicano sino las vidas de aquellos seres que han sido marcados por el destino con un defecto físico. El tema de la novela es teológico. A través de la obra surge la pregunta: ¿Por qué ha permitido Dios que haya gente defectuosa en este mundo? ¿Por qué hizo Dios un mundo imperfecto? Preguntas retóricas, por supuesto, que no tienen respuesta. Pero hay elementos que ayudan al joven protagonista a conquistar su parálisis y recobrar la salud: el misterioso personaje Salomón, el amor de Ismelda y la montaña. Salomón, por medio de la telepatía, logra impartir en el joven protagonista el deseo de conquistar su enfermedad y obtener la libertad. Y como él, la montaña, tortuga petrificada, también recobrará la libertad cuando el mar vuelva a cubrir la tierra.[22]

Que Tortuga, el joven protagonista de Anaya, es chicano, sólo se sugiere; el autor lo ha universalizado y por lo tanto representa a todos aquellos que luchan por recobrar la libertad. En la segunda obra de Alejandro Morales, *La verdad sin voz* (1979), en cambio, no hay duda alguna: el protagonista es Michael Logan, médico angloamericano. Así, Morales continúa una tendencia introducida por Joseph Torres-Metzgar en su novela *Below the Summit* (1976), en donde el protagonista es Robby Lee Cross, predicador angloamericano, aunque casado con una mexicana. Torres-Metzgar ha sido severamente criticado por la caracterización de sus personajes y la creación de un mundo en el cual el chicano aparece como ser inferior.[23] Morales, en cambio, sabe hacernos simpatizar con su protagonista, ya que el doctor Logan es quien ayuda y protege a la comunidad chicana, y se identifica con ella, acción que el sector angloamericano no le perdona y le hace pagar con su vida, convirtiéndolo así en víctima de su propio grupo por haber violado los tabús sociales. Su trágico fin, su sacrificio, le redime en los ojos del pueblo chicano, quien lo considera mártir en la lucha por la igualdad social. Otra novedad en esta novela es la del narrador, personaje chicano identificado con el mundo académico. El cambio del narrador del barrio al narrador académico es un indicio de la evolución de la literatura chicana. También lo es el hecho de que la novela haya sido publicada en México, ya que indica la intención del autor en alcanzar un público que se extiende más allá del sector chicano. La trayectoria es ésta: de la novela escrita en inglés para el público angloamericano pasamos a la novela escrita en español o inglés para el chicano, y de allí a la novela escrita en español para el público hispanoamericano.[24]

Otro intento de ampliar la perspectiva de la novela, en este caso el de la identidad personal, lo encontramos en la novela *Memories of the Alhambra* de Nash Candelaria, publicada en Palo Alto, California, en 1977. Allí el protagonista, Joe, encuentra su identidad en la hermandad hispana y no en la reducida comunidad mexicana/chicana. El mismo intento de identificar al chicano con su pasado hispano lo ha hecho Miguel Méndez en sus *Cuentos para niños traviesos,* aunque aquí la asociación no se presenta en términos sociales sino literarios. En esa obra Méndez recrea cuentos sacados del *Calila y Dimna,* la colección de cuentos más antigua en castellano. Dice Méndez en su Prefacio: "... que lo nuestro fluya y se revitalice, para que nuestra gente chicana cobre el orgullo y la potencia de espíritu que su gran cultura ancestral le reserva". Méndez hábilmente adapta esas antiguas fábulas al ambiente de Aztlán y a la lengua y psicología del chicano. Y lo hace sin abandonar el contexto social contemporáneo, como ocurre en el caso de Arthur Tenorio, el autor de la novela de ciencia-ficción *Blessing from Above* (1971); o de Phil Sánchez en *Don Phil-O-Meno sí la mancha* (1977), e Isabella Ríos en *Victuum* (1976), en las que predomina la fantasía.[25]

Una nueva tendencia en la novela chicana es aquella que vuelve los ojos al pasado histórico y cultural del chicano. La inicia Villarreal con su novela *The Fifth Horseman* (1974) y la continúa Alejandro Morales con su última novela *Reto en el paraíso.* Allí Morales traza la historia de una familia mexicana que ha residido en Orange County desde antes de 1848, dando énfasis al tema de la lucha por la tierra y por sobrevivir después de la invasión angloamericana.[26]

Y en fin, se puede decir que la novela chicana contemporánea, aunque se nutre al calor de la lucha social, ha dejado de ser literatura exclusivamente dedicada a la causa. Lo importante es que, sin abandonar la trayectoria social, se han añadido otras modalidades que la han enriquecido. El novelista chicano, por el presente al menos, es un autor que escribe en inglés o en español sobre temas personales, míticos, de realismo mágico o realismo social, ya sea en tono lírico o de protesta; que ubica sus narraciones en el campo, el barrio, el pueblo o la ciudad; que escoge espacios abiertos o cerrados; que utiliza estructuras tradicionales o novedosas; que se vale de formas tradicionales o crea nuevas formas; pero siempre desde adentro, desde la perspectiva chicana. Si la década de los sesenta ve la aparición de una narrativa escrita por chicanos y orientada hacia el lector chicano, la de los setenta produce obras que nos permiten hablar no ya de una literatura en cierne, sino de una literatura que ha alcanzado la madurez. Y sólo nos falta añadir que durante la década de los ochenta la literatura chicana sobrepasará lo mucho ya alcanzado. Su futuro está en las manos de jóvenes escritores que con sus composiciones, cada vez más sólidas, han hecho de lo que hace poco era un simple arroyuelo, una impetuosa corriente que ya se sale de su cauce. Las nuevas tendencias son previsibles. Irán encaminadas hacia el tratamiento de un mayor número de temas, hacia la creación de formas más ceñidas a esos temas, y hacia la expresión de lo social y lo personal, pero sin desdeñar los elementos estéticos.

Notas

[1] José Antonio Villarreal, *Pocho* (Garden City, New York: Doubleday, 1959: 2a. ed., 1970).

[2] Véase el número de *La Palabra* (2, No. 1, Primavera, 1980) dedicado a la literatura chicana anterior a 1959.

[3] Ver Juan B. Iguíniz, *Bibliografía de novelistas mexicanos* (México: Secretaría de Relaciones Exteriores, 1926).

[4] Ver John S. Brushwood, *Mexico in its Novel* (Austin: University of Texas Press, 1966).

[5] Richard Valdés, "Literatura en español en Nuevo México entre 1848-1948", inédito, p. 10. (Copia en nuestros archivos.)

[6] Reproducida por Estevan Arellano, "*La historia de un caminante, o sea Gervacio y Aurora* y su autor", *La Palabra*, 2, No. 1 (primavera, 1980), pp. 57-66.

[7] Ver Francisco Lomelí, "Eusebio Chacón: eslabón temprano de la novela chicana", *La Palabra*, 2, No. 1 (Primavera, 1980), pp. 47-56.

[8] Ver Lomelí, pp. 51 y 56.

[9] Ver Bernardo Ortiz de Montellano, "Librería de viejo", *Contemporáneos*, 1, No. 7 (dic., 1928), pp. 412-15.

[10] Adolfo Carrillo, *Cuentos californianos*. Prólogo de E.V. Escalante (Los Angeles, California, 1922?), p. 2.

[11] Felipe Maximiliano Chacón, "Eustacio y Carlota (novelita)", en *Poesía y prosa* (Albuquerque, Nuevo México: F.M. Chacón, 1924), pp. 152-80. Contiene además el cuento "Don Julio Berlanga", pp. 148-51. Juan Rodríguez, "Jorge Ulica y Carlos de Medina: escritores de la Bahía de San Francisco", *La Palabra*, 2, No. 1 (Primavera, 1980), pp. 25-26. Se reproducen las crónicas "Las fiestas patrias", "Por no hablar 'english'" y "Como hacer 'surprise-parties'", pp. 27-39.

[12] Fray Angélico Chávez, *La Conquistadora. The Autobiography of an Ancient Statue* (Paterson, New Jersey: St. Anthony Guild Press, 1954).

[13] John Rechy, *City of Night* (New York: Grove Press, 1963; first paperback ed., 1964); Floyd Salas, *Tattoo the Wicked Cross* (New York: Grove Press, 1967); Richard Vásquez, *Chicano* (Garden City, New York: Doubleday, 1970).

[14] Raymond Barrio, *The Plum Plum Pickers* (Sunnyvale, California: Ventura Press, 1969). La segunda edición de esta novela fue publicada por Canfield Colophon Books (Harper and Row) en 1971. Oscar Zeta Acosta, *The Revolt of the Cockroach People* (San Francisco, California: Straight Arrow Books, 1973). La segunda edición fue publicada por Bantam Books en Nueva York en 1974. *Actos* by Luis Valdez y El Teatro Campesino (San Juan Bautista, California: Cucaracha Publications, 1971; 2a. ed., San Juan Bautista, California: Menyah Productions, 1978).

[15] Tomás Rivera, *". . . y no se lo tragó la tierra"* (Berkeley, California: Quinto Sol Publications, 1971); Rudolfo A. Anaya, *Bless Me, Ultima* (Berkeley, California:

Quinto Sol Publications, 1972); Rolando R. Hinojosa-S., *Estampas del Valle y otras obras* (Berkeley, California: Quinto Sol Publications, 1973).

[16] Rolando Hinojosa, *Klail City y sus alrededores* (La Habana: Casa de las Américas, 1976); 2a. ed., Berkeley, California; Editorial Justa Publications, 1977, bajo el título *Generaciones y semblanzas; Mi Querido Rafa* (Houston, Texas: Arte Público Press, 1981).

[17] Miguel Méndez M., *Peregrinos de Aztlán* (Tucson, Arizona: Editorial Peregrinos, 1974); Alejandro Morales, *Caras viejas y vino nuevo* (México: Mortiz, 1975).

[18] Jaime Calvillo, "The Syllabus", *Carta Abierta,* 16 (Abril, 1980), p. 9.

[19] David Johnson and David Apodaca, "Myth and the Writer: A Conversation with Rudolfo Anaya", *New America,* 3, No. 3 (Spring, 1979), pp. 79, 80.

[20] Rudolfo Anaya, *Heart of Aztlán* (Berkeley, California: Editorial Justa Publications, 1976); Ron Arias, *The Road to Tamazunchale* (Reno, Nevada: West Coast Poetry Review, 1975); Orlando Romero, *Nambé—Year One* (Berkeley, California: Tonatiuh International, 1976).

[21] Ernesto Galarza, *Barrio Boy* (Notre Dame, Indiana: University of Notre Dame Press, 1971); Oscar Zeta Acosta, *The Autobiography of a Brown Buffalo* (San Francisco, California: Straight Arrow Books, 1972); Tomás López, *Chicano Go Home* (New York: Exposition Press, 1976). López es autor también de la novela *The Aguila Family* (Sacramento, California: Mexican-American Publications, 1980).

[22] Rudolfo Anaya, *Tortuga* (Berkeley, California: Editorial Justa Publications, 1979).

[23] Véase la reseña de *Below the Summit* por Max Martínez en *Caracol,* 3, No. 8 (Abril, 1977), pp. 20-22.

[24] Alejandro Morales, *La verdad sin voz* (México: Mortiz, 1979); Joseph V. Torres-Metzgar, *Below the Summit* (Berkeley, California: Tonatiuh International, 1976).

[25] Nash Candelaria, *Memories of the Alhambra* (Palo Alto, California: Cibola Press, 1977); Miguel Méndez-M., *Cuentos para niños traviesos* (Berkeley, California: Editorial Justa Publications, 1979); Arthur Tenorio, *Blessing from Above* (Las Vegas, New Mexico: West Las Vegas Schools' Press, 1971); Phil Sánchez, *Don Phil-O-Meno sí la mancha* (Alamosa, Colorado: Phil Sánchez, 1977); Isabella Ríos, *Victuum* (Ventura, California: Diana-Etna, 1976).

[26] José Antonio Villarreal, *The Fifth Horseman* (Garden City, New York: Doubleday, 1974); Alejandro Morales, *Reto en el paraíso* (Ypsilanti, MI: Bilingual Press, 1983).

— 11 —

LA NARRATIVA DE LA REVOLUCION MEXICANA Y LA NOVELA CHICANA

Para poder hablar de los antecedentes de la narrativa chicana en la narrativa de la Revolución mexicana es necesario primero discutir las características de ambas narrativas y después compararlas para ver si existen algunas semejanzas.

Hay que tener presente que cuando decimos narrativa de la Revolución nos referimos a aquella escrita a partir de 1910 que trate de algún aspecto del conflicto bélico social iniciado por Francisco I. Madero contra el sistema político y social de Porfirio Díaz y que termina con la presidencia de Lázaro Cárdenas en 1940. Algunos críticos limitan la narrativa de la Revolución a aquellas obras que en su totalidad, o en su mayor parte, tratan de los acontecimientos ocurridos en México entre noviembre de 1910 y febrero de 1917.[1] Las fechas, por supuesto, se refieren a la iniciación del conflicto el 20 de noviembre de 1910 y la promulgación de la Constitución de Querétaro el 5 de febrero de 1917.

Para Antonio Castro Leal la narrativa de la Revolución es aquella

> inspirada en las acciones militares y populares, así como en los cambios políticos y sociales, que trajeron consigo los diversos movimientos (pacíficos y violentos) de la Revolución que principia con la rebelión maderista, el 20 de noviembre de 1910, y cuya primera etapa puede considerarse que termina con la caída y muerte de Venustiano Carranza, el 21 de mayo de 1920.[2]

Poco a poco esas limitadas fechas, que corresponden a los años de la lucha armada, se han ido ampliando, y hoy los críticos incluyen aquellas obras que tratan no sólo de esa década, sino del México que es el producto de la Revolución.

Las anteriores definiciones se basan en el contenido de la narrativa; esto es, para que una novela o un cuento pueda ser incluido en esta clasificación tiene que tratar de la Revolución. Otros críticos la definen según la fecha de publicación o la edad del autor. Nos dicen que sólo son novelas de la Revolución aquellas publicadas entre 1910 y 1940; otros, que sólo aquellas escritas por autores que participaron en el conflicto armado o fueron testigos oculares de los hechos.

Las más recientes historias de la narrativa de la Revolución, sin embargo, incluyen las obras de Agustín Yáñez, José Revueltas, Juan Rulfo y Carlos Fuentes, generalmente considerados como novelistas pertenecientes al periodo post-revolucionario. Max Aub, en su *Guía de narradores de la Revolución* (1969), dedica capítulos a Revueltas, Rulfo y Yáñez. Nosotros, en nuestra antología *Cuentos de la Revolución* (1976) incluimos a Revueltas y Rulfo. Marta Portal, en su estudio *Proceso narrativo de la Revolución mexicana* (1976), incluye a los anteriores y a los más jóvenes, como Elena Garro, Jorge Ibargüengoitia, Fernando del Paso y Elena Poniatowska. Lo que indica que se entiende por narrativa de la Revolución aquella que trate del asunto, sin reparar en el año de publicación ni en la generación a la cual pertenece el autor. Sería mejor, sin embargo, reservar el término "narrativa de la Revolución" para aquellas obras que tratan de la Revolución y que fueron publicadas (o escritas) antes de 1940, último año de la presidencia de Lázaro Cárdenas y con el cual termina la revolución social.

Es necesario apuntar que las obras publicadas después de 1940 ya pertenecen a la narrativa contemporánea, que inicia José Revueltas con su novela *El luto humano* (1943). También hay que tener presente que algunas obras posteriores a esa fecha, como ocurre con algunos cuentos de Revueltas y Rulfo, tratan no ya de la Revolución maderista sino de la rebelión cristera de 1925 y 1927 y pueden ser consideradas como narrativa de la rebelión cristera. Otras novelas sobre la Revolución iniciada en 1910 posteriores a 1940 pueden ser llamadas "novelas sobre la Revolución" para distinguirlas de las novelas de la Revolución.

Si no concretamos la época de la narrativa de la Revolución a los años 1910-1940 nos sería imposible hablar de sus características formales. Porque además del contenido, que gira en torno a los acontecimientos ocurridos durante la época de la Revolución, esa narrativa presenta otras características, tanto formales como estilísticas, que la distinguen y la constituyen en subgénero literario. Las principales son la carencia de un personaje central en torno al cual giren los personajes secundarios; el pueblo es el personaje más importante; la trama tiene una estructura episódica; el estilo proviene del habla del pueblo o del periodismo; los escenarios son los campos de batalla, los pueblos y a veces la ciudad de México; la obra es casi siempre breve y en ella predomina la técnica descriptiva; y lo más importante, hay una crítica de las instituciones sociales.

No todas las obras consideradas por la crítica como de la Revolución, por supuesto, contienen todas las características. Sin embargo, en casi todas ellas se encuentran las principales, que son el contenido y la estructura. Así ocurre en los cuentos y/o las novelas de Ricardo Flores Magón, Mariano Azuela, Martín Luis Guzmán, Gregorio López y Fuentes, Rafael F. Muñoz, Nelly Campobello, José Rubén Romero, José Vasconcelos, Francisco L. Urquizo y Mauricio Magdaleno, que son los principales.

Ahora bien, ¿cuáles de esos autores han tenido influencia sobre los narradores chicanos? Primero veamos lo que los novelistas chicanos han declarado. En las entrevistas recogidas por Juan Bruce-Novoa en su libro *Chicano Authors* (1980) hay una pregunta que nos ayuda a resolver el problema. La pregunta es ésta: "What is the relationship of Chicano literature to Mexican literature?" Al contestarla, de los catorce autores entrevistados solamente dos mencionan a algún novelista de la Revolución, y otros dos a varios autores mexicanos contemporáneos. Nadie menciona a Mariano Azuela. Ron Arias menciona a Martín Luis Guzmán y Tomás Rivera a Gregorio López y Fuentes. En cambio, Juan Rulfo es mencionado por cuatro y Carlos Fuentes por tres. Otros novelistas post-revolucionarios mencionados son Agustín Yáñez, Juan José Arreola, Luis Spota, Gustavo Sainz, Rosario Castellanos y B. Traven, que aunque no es mexicano escribió sus novelas en México.

La mayoría de los escritores chicanos entrevistados dicen que no conocen la literatura mexicana. Solamente Tomás Rivera y Miguel Méndez mencionan a varios autores. Dice Rivera, "I read the Mexican classics, became interested in Rulfo, Fuentes, Yáñez, Ramón Rubín, López y Fuentes, and the Mexican Revolution novel; read the ensayistas like Alfonso Reyes; all that."[3] Miguel Méndez dice, "I have read most of the Mexican contemporary writers, including Yáñez, Rulfo, Juan José Arreola, Fuentes, Spota, Sainz, Paz, Monsiváis, etc." (p. 89). José Montoya habla de Rulfo, Fuentes y Paz, y Ron Arias de Traven, Fuentes, Martín Luis Guzmán y Rosario Castellanos. Y es todo.

En general, puede decirse que los catorce autores chicanos entrevistados se sienten fuertemente atraídos por la literatura mexicana, aunque sin conocerla a fondo. La atracción es a un nivel emocional, ya que no la han leído. Varios son los que dicen que sus mayores pelearon en la Revolución, al lado de Francisco Villa. Pero al mismo tiempo, no consideran que la literatura mexicana les pertenece. Por lo común, se sienten más cerca de la literatura angloamericana que de la mexicana. Hasta el mismo Rivera dice, "I

don't really feel that I have a strong relationship with it" (p. 152). Rolando Hinojosa dice, "The point is that Chicano literature is not Mexican literature... Mexican literature may serve as an education background, but not, necessarily, as the base. It is merely one of the many elements of the present Chicano writers" (p. 56). Aunque Sergio Elizondo dice que su padre fue uno de los iniciadores de la Revolución mexicana, añade, "I am not very close to Mexican literature" (p. 77). Abelardo Delgado es más explícito al decir, "I would have to say that of all the carnales and carnalas I know who write, very few, if any, are influenced by Mexican writers. I for one do not even know who they are" (p. 102). Rudolfo Anaya confiesa que los escritores mexicanos no han sido su modelo: "I didn't have the Mexican models, so I believe their influence on me as a writer was minimal" (p. 191). Sin embargo, agrega algo que nos parece significativo; "But that's only in reference to techniques—the mythology is a different story."

Un escritor que sí ha tenido influencia sobre los narradores chicanos—y se entiende, ya que es su contemporáneo—es Juan Rulfo. Ron Arias confiesa que le gusta todo lo que Rulfo ha publicado, y añade, "I learned a lot from his stories—terseness, pace, time structure, on and on. He's a master of narrative form" (p. 245). Además, dice, "I also like pieces by Arreola, I like the anecdotes of Martín Luis Guzmán." Tino Villanueva observa que existe una relación temática entre la literatura mexicana y la literatura chicana. "There are themes—dice—that relate to each other: that of the Indian, for example; of oppression, in other words, the social" (p. 259).

Así pues, vemos que aunque los autores confiesan—con pocas excepciones—que no hay influencia directa de la literatura mexicana sobre la chicana, también vemos que existe una íntima relación en el espíritu de ambas literaturas, aunque a veces sea inconsciente. Como descendiente de mexicano, el escritor chicano lleva en la sangre la herencia cultural mexicana, herencia que se manifiesta en maneras semejantes a la del escritor mexicano. Pero como vive y respira la cultura angloamericana, su literatura es diferente de la mexicana, y también de la angloamericana. Alurista ha observado lo siguiente:

> I don't think Chicano literature can be properly classified as Spanish or English literature, or North American literature. We use both languages. It's a little bit of both and it's neither. It's something in itself. *It has its own existence and gives its own flower. It has its own root, and its root, without doubt, from my point of view, is indigenous.* (p. 274)

Sí, es verdad. La literatura chicana contiene un poquito de ambas literaturas, la angloamericana y la mexicana, tal vez más de la primera que de la segunda. Pero aunque la mexicana sea poca, sirve para darle autonomía y caracterizarla como una literatura que es el producto de dos culturas, a las cuales les ha sabido dar unidad a través de la lengua y la imagen bicultural. Trataremos de señalar lo poquito que tiene de mexicana, concretándonos por el presente a la novela, y sobre todo al de aquellas obras en las que nos parece encontrar rasgos procedentes de la novela de la Revolución mexicana.

Primero podemos hablar de la presencia de la Revolución—como hecho histórico—en la temática de la novela chicana. En *Pocho* (1959) de Villarreal, el padre de Richard, Juan Rubio, había sido villista. El primer capítulo de la novela se desarrolla en Ciudad Juárez y Juan nos habla de sus días de revolucionario; era coronel villista y había participado en las batallas de Santa Rosalía, Torreón y Zacatecas.[4] Diez años antes había estado con Villa en la toma de Ciudad Juárez.[5] Habla, por supuesto, muy bien de Villa, a quien llama don Pancho, y muy mal de Obregón, quien derrotó a Villa en 1915; como resultado muchos villistas tuvieron que abandonar su país y pasar a los Estados Unidos. Lo que dice de Obregón no es muy distinto de lo que habían dicho Azuela, Guzmán y otros novelistas de la Revolución que también habían sido villistas. Dice Juan, "I got tired of playing soldier with idiots. When that one-armed bastard Obregón offered to send the old officers to the Academy, I did not think it would be as it was" (p. 8).

Así como Juan Rubio llega a El Paso, Texas, así había llegado Mariano Azuela, en un tren a Ciudad Juárez y luego a la ciudad texana, donde publicó su famosa novela *Los de abajo* en las páginas del periódico *El Paso del Norte,* en noviembre de 1915. En *Pocho,* como en la novela de Azuela, hay una crítica de la Revolución. Dice Rubio, "Of what good was all the fighting?" (p. 7), y también, "And all the dead in the struggle had died for nothing" (p. 10). Alberto Solís, uno de los personajes de *Los de abajo,* durante la batalla de Zacatecas, le dice a su amigo Luis Cervantes, "¡Qué chasco, amigo mío, si los que venimos a ofrecer todo nuestro entusiasmo, nuestra misma vida por derribar a un miserable asesino, resultásemos los obreros de un enorme pedestal donde pudieran levantarse cien o doscientos mil monstruos de la misma especie!...¡Lástima de sangre!"[6]

Consuelo, la mujer de Juan Rubio, también critica la Revolución, pero por otros motivos. Después de ir a ver una película sobre Benito Juárez, vuelve a la casa con su marido.

> Consuelo sat by her husband's side as they rode down the 101 from Mountain View. The film about Benito Juárez had not been very good, she thought. Somehow she resented México's heroes and México's wars. She sensed the futility of such things, for this which was to have made México really free, which was to have given the peasant liberty, had happened many years before her birth, and she could still remember the years of the Revolution.... She remembered being evacuated from towns on trooptrains... (p. 126)

En el cuento "La juida" del pintor y cuentista Gerardo Murillo, el "Dr. Atl", el narrador, un indígena, después de narrar los sufrimientos que han experimentado en la lucha, dice, "—¿Y todo pa'qué? Tanto correr y tanto susto y tanta hambre ¿pa'qué? ¡Pa'que mi coronel si ande pasiando en automóvil con una vieja que dice qu'es su mujer!"[7]

La primera parte de la novela *Macho!* (1973) de Edmund Villaseñor se desarrolla en una hacienda de Michoacán, después de la Revolución. Cada capítulo va precedido de una nota explicatoria en la que se habla del contexto en que se desarrollan los hechos de la novela. En el capítulo III se explica la naturaleza de la hacienda donde trabaja Roberto García, el protagonista. Dice Villaseñor, "Since the division of land after the revolution of 1910 and the new constitution of 1917, there are legally very few large landowners in the republic of Mexico".[8]

De mayor importancia, en la novela de Villaseñor, es la presencia, en los primeros capítulos que se desarrollan en Michoacán, de los *norteños,* esto es, personas que han vivido en los Estados Unidos y vuelven a México un poco agringados, con sombrero texano, "money to burn", pantalones Levi, botas rancheras, chaquetas y pistolas automáticas .45. Estos personajes aparecen con frecuencia en la narrativa mexicana. En *Al filo del agua* (1947) de Agustín Yáñez, que trata de las causas de la Revolución, uno de los personajes principales es Damián. El y otros de sus amigos son *norteños.* En uno de los capítulos de la novela, que lleva el título "Los norteños", se explica que esos seres son personas que han vuelto a México de los Estados Unidos, pero que ya no se hallan a gusto en su tierra. La descripción que de ellos hace Yáñez es semejante a la de Villaseñor en los primeros capítulos de *Macho!*

> —"Muchos ya no quieren trabajar, todo se les va en presumir, en alegar, en criticar." —"En dar mal ejemplo, burlándose de la religión... Son desobligados." —"Viciosos." —"Pendencieros."

> [Usan] unas palabras raras que revuelven con lengua de cristianos... —"Y porque traen dientes de oro, que andan pelando a toda hora." —"Porque vienen de zapatos trompudos, con sombreros de fieltro, con pantalones de globito y camisas de puño, con mancuernillas relumbrantes." —"Se hacen el pelo, como catrines, rasurados de atrás, melenudos." —"Ni el bigote les gusta." —"Son unos facetos." —"Sí, facetos ¡con que al entenado de Don Pedro Rubio, el pobre, se le había olvidado el nombre del atole!" —"Pero no el meneadito." —"A mí lo que más me repatea es el modito con que se ríen y escupen por el colmillo." —"¿Y dónde dejas el modo de hablar, que parece que se les ovlidó el idioma que sus padres les enseñaron?"... —"Lo que no me explico es cómo las mujeres se vuelan con ellos."[9]

Además de las semejanzas temáticas, existen algunas formales. La estructura de algunas de las novelas chicanas, como por ejemplo *"...y no se lo tragó la tierra"* (1971) de Tomás Rivera, *El diablo en Texas* (1976) de Aristeo Brito, *Peregrinos de Aztlán* (1974) de Miguel Méndez, *Klail City y sus alrededores* (1976) de Rolando Hinojosa, para mencionar solamente aquellas en español, es episódica, como lo es la novela de la Revolución. Al mismo tiempo, no encontramos en ellas un personaje central en torno al cual se estructure la acción de la novela.

En fin—y esto es tal vez lo que más acerca la novela chicana a la de la Revolución—la actitud del novelista es una actitud crítica ante la realidad circundante, sobre todo la realidad social. Es por eso posible decir que ambas novelas pueden ser clasificadas como de realismo social.

Hay, por supuesto, novelas chicanas que no reflejan ninguna influencia de la novela mexicana; y tal vez sean las que predominan. Pero aun en esas obras aparentemente disociadas de la literatura mexicana se transparenta cierta tonalidad que nos permite decir que pertenecen a la literatura chicana. Sin ese rasgo característico, habría que decir que han pasado a formar parte de la corriente narrativa angloamericana. Pero no es así. Los elementos que provienen de la herencia cultural mexicana, por diluidos que se encuentren, hacen de esa novela algo único, algo verdaderamente chicano.

Notas

[1] Ver John Rutherford, *Mexican Society during the Revolution* (Oxford: Clarendon Press, 1971), p. 46.

[2] Antonio Castro Leal, ed., *La novela de la Revolución mexicana,* 2 tomos (México: Aguilar, 1958, 1960), Prólogo, tomo I.

[3] Juan Bruce-Novoa, ed., *Chicano Authors: Inquiry by Interview* (Austin: University of Texas Press, 1980), p. 152. Citamos por esta edición.

[4] José Antonio Villarreal, *Pocho* (Garden City, New York: Anchor Books, 1970), p. 5. Citamos por esta edición.

[5] Sobre la batalla de Ciudad Juárez y su importancia en la Revolución véase nuestro artículo, "Recuerdos de Ciudad Juárez en escritores de la Revolución", *Hispania,* 47 (1964), 231-41, y aquí reproducido.

[6] Mariano Azuela, *Los de abajo* (México: Fondo de Cultura Económica, 1961), p. 73.

[7] Luis Leal, ed., *Cuentos de la Revolución* (México: UNAM, 1976), p. 8.

[8] Edmund Villaseñor, *Macho!* (New York: Bantam Books, 1973), p. 15.

[9] Agustín Yáñez, *Al filo del agua* (México: Editorial Porrúa, 1955), pp. 151-52.

Segunda Parte:

ANAHUAC

Una niebla florida se tiende
   sobre las gentes
¡Es tu casa aquí, oh autor de la vida!
   ¡Tú reinas aquí,
   oh padre nuestro!
Tu canto en Anáhuac es oído
se tiende sobre las gentes.
Mansión de blancos sauces,
mansión de blancas juncias
   ¡eso México es!

—*Cantares mexicanos*

Lo nuestro, lo de Anáhuac, es cosa
mejor y más tónica.

—Alfonso Reyes

IV. Folklore

> The nonliterate character of the folk
> does not need documentary support.
>
> —Américo Paredes

— 12 —

RADIOGRAFIA DE LA MUERTE

Los dos primeros días de noviembre son en México y Aztlán dedicados a recordar a los muertos. El primero de noviembre, Día de Todos los Santos, se recuerda a los niños, y el dos, llamado Día de los Difuntos, pero más generalmente Día de los Muertos, a los adultos.

A los niños se les recuerda preparando, en la casa, un altar decorado con flores. Las familias que han perdido un hijo reciben visitas de sus amigos y parientes, los cuales participan en la ceremonia. La comida que se prepara incluye un tamal condimentado con semillas llamadas de la felicidad. Los padres del niño muerto colocan sobre el altar juguetes y alimentos gratos a los niños. El 2 de noviembre la ceremonia con que se recuerda a los adultos muertos es idéntica, sólo que las ofrendas consisten de pan de muerto, esto es, pan decorado con calaveras y canillas.

Como fiesta del pueblo que es, la presencia de la muerte se manifiesta en la forma de objetos folklóricos. El antropólogo Franz Boas en 1898 publicó una lista de más de cien objetos representativos de la muerte, entre ellos dulces de azúcar blanca en forma de calaveras, canillas, ataúdes, ánimas, animales, frutas, verduras, comidas condimentadas, tumbas, aves; juguetes de madera o barro en forma de ataúdes forrados de negro; procesiones funerarias acompañadas de curas y acólitos; esqueletos de alambre pintados de blanco representando diablos, bailarines, músicos, toreros, borrachos, vendedores, charros y otros tipos populares; también mesas de ofrendas, con calaveras, velas, comidas y bebidas.[1]

El dos de noviembre, en las panaderías, se puede comprar pan de muerto en diversas formas, ya humanas, ya de animales; en las dulcerías venden dulces en las mismas formas, decorados con calaveras. A los niños se les compran máscaras blancas, esqueletos, o juguetes en la forma de ataúd del cual salta o se sienta un muerto cuando se tira de un cordón; también esqueletos que bailan al ser presionadas las tablitas de las cuales penden.

La principal actividad el dos de noviembre es, por supuesto, la visita al cementerio con el objeto de llevar ofrendas a los muertos. La costumbre va pasando de moda en las ciudades, pero se mantiene viva en los pueblos del interior y en el campo. Es famosa la ceremonia que tiene lugar en la isla de Janitzio, en el lago de Pátzcuaro, donde los festivales se inician la noche del primero de noviembre, llamada "noche de duelo." La iglesia la adornan con flores de cempasúchil, lo mismo que las tumbas. El cempasúchil, o flor de muerto, que en España se llama clavel de Indias, es de color amarillo, color simbólico de la muerte. En el panteón construyen un catafalco adornado con esas flores y frutas de la región. Los sepulcros los cubren con las mismas flores, y sobre un armazón de carrizo colocan frutas, calabazas, mazorcas de maíz, figuritas de azúcar blanco en forma de calavera y canastitas con pan de muerto. La mujer vela a los difuntos mientras el hombre se fortalece con un poco de charanda. En la casa dejan preparada una ofrenda con aquellos alimentos que más gustaban al difunto. La mesa para esa ofrenda la adornan con flores, frutas, dulces, pan y velas encendidas. Es típico de esa temporada el dulce de calabaza preparado con piloncillo y trocitos de naranja, caña y guayaba. De bebida toman una especie de atole hecho con maíz azul. Sin faltar, por supuesto, los tamales y el mole.[2]

No todos los que visitan los cementerios el dos de noviembre llevan comida a los muertos. Pero sí flores. Alguien cuenta que un señor llevó flores a su muerto, cuya tumba estaba al lado de la de un indígena, a quien había llevado comida su pariente. El señor le pregunta al pariente: Oiga ¿cuándo sale su muerto a cenar? Y el vecino le contesta: Cuando el suyo salga a oler sus flores.

La influencia indígena es muy evidente en las ceremonias del dos de noviembre. Los zapotecas, por ejemplo, creen que el alma de los muertos visita a sus deudos una vez al año, entre el 31 de octubre y el 2 de noviembre. Si el alma viene por primera vez, la festividad se llama *Xandu Yoa* y adquiere gran esplendor. Los jóvenes visitan a los amigos que celebran esa fiesta y participan en las actividades. Si la ofrenda es para niños o jóvenes entonces también hay música alegre. Si la ofrenda es para un adulto, entonces los músicos tocan himnos de iglesia. Después de celebrar el *Xandu Yoa* o primera visita la ofrenda se retira y se reparte entre los vecinos y familiares que asistieron a la ceremonia. La segunda visita del alma se llama *Xandu Iropa,* y es menos solemne.[3]

La actitud del mexicano ante la muerte es de burla, a veces de broma. Es por eso que existen tantos nombres humorísticos con los cuales se le designa. Algunos de ellos aluden al hecho de que la muerte no tiene pelo, y por lo tanto se le dice *la pelona* o *la calva,* o *la calavera;* a veces, *la pelona catrina.* Otros nombres, como *la caneca* o *la canica* se refieren a la redondez de la calavera.

Otros nombres humorísticos son *la cabezona, la copetona, la dentona, la dientuda, la sin dientes, la desdentada.* También se le llama *la parca, la mocha, la huesuda, doña huesos, la flaca, la tilica, la descarnada, la tembleque, patas de catre, patas de alambre, lengua de hilacha, la pepenadora, la enlutada, la pálida, la polveada* y tantos otros.[4] Todos estos nombres humorísticos nos revelan que al mexicano le gusta llevarse con la muerte, de la cual con frecuencia se burla. Es por eso tal vez por lo cual el drama *Don Juan Tenorio,* que se presenta todos los años el dos de noviembre, es tan popular, ya que allí don Juan se burla de la muerte. A veces, el mexicano trata a la muerte como a una mujer amada, y por lo tanto la llama *la bien amada* o *la novia fiel.* Pito Pérez, el famoso personaje de José Rubén Romero, se roba el esqueleto de una mujer y lo lleva a su casa. Se llama *La Caneca* y de ella dice Pito: "Ahora vivo con ella, muy a gusto; me espera en casa con mucha sumisión, teniendo siempre una copa en la mano; duerme junto a mí, digo mal, vela mi sueño, jamás cierra los ojos, en cuyo fondo anidan todas las ternuras.

¡La Caneca
no es gorda, ni seca,
ni come manteca!"[5]

Otra importante actividad que sólo se manifiesta el día de los muertos es la publicación de las llamadas *calaveras* en hojas sueltas o en los periódicos y las revistas. Se aprovecha ese día para la crítica en verso de las personas importantes del pueblo, o burlarse de los superiores, tanto en el gobierno como en el comercio, o de algunos empleados, como los policías. De esta crítica anual nadie se escapa, ni siquiera los sacerdotes. La palabra *calavera* tiene varios sentidos: el de cabeza de muerto, el de persona muerta y el de poesía satírica publicada el día de los difuntos.[6]

Esas composiciones poéticas se caracterizan porque en ellas el autor supone que la persona a quien se le dedica ya ha muerto, y por lo tanto se pueden ventilar sus defectos. El gran artista popular, José Guadalupe Posada, ilustró gran número de calaveras con sus satíricas litografías. Critica a altos y bajos, ya sean doctores, letrados, políticos, artistas o artesanos. Por boca de don Quijote les dice:

Ni curas ni literatos
ni letrados ni doctores
escaparán los señores
de que les dé malos tratos.[7]

Ni él mismo se escapa, ya que se dice:

Tú serás buen grabador
pero toda la destreza
no te libró de que fueras
a la tumba de cabeza. (p. 422)

Famosa es la caricatura que dedicara a Madero en 1910; allí le dice:

No corras tanto Madero
detén un poco tu trote

. . .

Ya no corras... detente...
que te gritará la gente
¡Ay qué horrible calavera! (p. 437)

Al extranjero que visita México el dos de noviembre este culto a la muerte le causa una gran impresión y, al no comprender su significado, se pregunta si esa macabra actividad es el resultado del fatalismo mexicano. Esa es una simplificación que no ayuda a comprender el simbolismo del culto. Para hacerlo hay que buscar sus raíces en el pasado histórico, tanto del México prehispánico como de España.

Durante la edad media española eran populares las danzas de la muerte y las referencias al poder que la muerte tenía para igualar a los hombres. Ya el Arcipreste de Hita en su *Libro de buen amor* le dedica algunos versos, al tratar de la muerte de Trotaconventos, en los cuales dice:

Muerte...
a todos los igualas y llevas por un prez
por papas y por reyes no das una vil nuez.

. . .

no hay en ti mesura, amor ni piedad,
sino dolor y tristeza, pena y gran crueldad.[8]

El tema de la igualdad del hombre ante la muerte es lo que da forma al poema español "La danza de la muerte". Pero el objeto allí es predicar la moral y la necesidad de las buenas obras para escaparse de la muerte.

Hay una gran diferencia en la actitud medieval española ante la muerte y la de los aztecas. Para el poeta español la vida es bella, digna de gozarla, mientras que la muerte es horrorosa y por lo tanto todos, papas, cardenales, reyes, tanto como sacristanes y vasallos tratan de evitarla. Ante la muerte el rey dice: "¡Amparadme todos por fuerza de lanza!" y el condestable: "Decid a mi paje que traiga mi caballo, que quiero fuir"; el obispo llora porque dejará sus palacios llenos de oro y plata, y el abad porque perderá los sabrosos manjares.[9] La muerte inspira terror en todos. Por eso se puede decir que en España, y en Europa en general, la muerte es la señora dominadora de todos los estados de la tierra, y la vida del hombre está bajo su dominio, y por lo tanto la teme. Una excepción sería, en la literatura, el drama de Tirso de Molina, *El burlador de Sevilla,* fuente del de Zorrilla, *Don Juan Tenorio,* en los cuales el protagonista, el libertino Don Juan, desafía a la muerte y la invita a un banquete. Tal vez es por eso que el drama se presenta, sin excepción, en todos los países de habla española el dos de noviembre. Se habla también de un culto a la muerte en España, basado en el tradicional estoicismo ibero. Para Unamuno, sin embargo, ese culto más que culto a la muerte es un culto a la vida, un culto a la inmortalidad.[10]

En el México prehispánico, en cambio, la actitud ante la muerte es muy distinta. La muerte es el complemento de la vida, no su enemiga. Los aztecas veían la muerte íntimamente asociada a la vida, y por lo tanto la una no era necesariamente mejor que la otra. La muerte, para el español, significa el fin de todo; en cambio, para el azteca la muerte es parte de un ciclo natural de la existencia. Si el español no quiere abandonar los goces de la vida, el azteca se lamenta de la inutilidad de la vida.[11] Que la vida y la muerte es una y la misma lo vemos ya en las figuritas con dos caras que se han encontrado en Tlatilco, el centro urbano más antiguo que se conoce en México. Las dos caras representan la vida y la muerte; también podemos verlo en la figura representada con la mitad del cuerpo como esqueleto. Esas representaciones significan que los antiguos mexicanos no temían a la muerte, ya que para ellos la muerte no era horrorosa; al contrario, se le acepta como inevitable y como complemento de la vida. Y hasta se le desea. El guerrero azteca dice:

> ¡No temas, corazón mío!
> en medio de la llanura,
> mi corazón quiere
> la muerte a filo de obsidiana.
> Sólo esto quiere mi corazón:
> la muerte en la guerra . . .[12]

Y en tiempos recientes, el cantor de la famosa canción revolucionaria, "La Valentina":

> Si me han de matar mañana
> que me maten de una vez.[13]

Para el mexicano la muerte no es un enemigo que viene a

quitarnos lo que tenemos. Es, más bien, un amigo, un compadre (o mejor dicho una comadre) a quien podemos hablar de tú. Esta actitud se manifiesta en los grabados de José Guadalupe Posada, lo mismo que en otros artistas populares que el dos de noviembre ilustran con sus satíricos dibujos el desafío a la muerte; o en coplas y cantares populares, o en las famosas calaveras.

Los antiguos mexicanos tenían un dios llamado Mictlantecuhtli, que era el dios de la muerte.[14] El parlamento que de acuerdo con Sahagún los aztecas hacían al niño recién nacido constituye una verdadera danza de la muerte: "No sabemos—decían—si chiquito como es se lo llevará nuestro señor, porque no solamente los viejos y viejas mueren, mas antes todos los días de esta vida mueren aquellos a quien llama nuestra madre y nuestro padre el dios del infierno que se llama Mictlantecuhtli. Unos que están en la cuna, otros que ya son mayorcitos, y andan burlando con las tejuelas, otros que ya quieren andar, otros que ya saben bien andar; también van mujeres de media edad y hombres de edad perfecta, y de esta manera no tenemos certidumbre de la vida de este niño, soñámosla, y deseamos que la goce dilatada esta piedra preciosa".[15]

Cada año, en su templo en Tenochtitlán, se le ofrecían sacrificios al dios Mictlantecuhtli.[16] Esa costumbre de reverenciar al dios de la muerte, unida a la preocupación por la muerte entre los cristianos, dio por resultado el peculiar culto a la muerte característico del mexicano, culto que se manifiesta rindiendo homenaje a la muerte cada año, el día dos de noviembre, día dedicado a estrechar los lazos entre vivos y muertos, entre el pasado y el presente, entre esas dos caras de la existencia, el más acá y el más allá.

Notas

[1]Franz Boas, *Catalogue of A Collection of Objects Illustrating the Folklore of Mexico* (Nendeln/Liechtenstein: Kraus Reprint Limited, 1967), tomado de *Publications of the Folklore Society,* 43 (1898).

[2]Ver Margarita Mendoza, "La noche de 'difuntos' en algunos pueblos michoacanos", *Anuario de la Sociedad Folklórica de México,* 5 (1944), 279-85.

[3]Ver Gabriel López Chiñas, "El concepto de la muerte entre los zapotecas", *Anuario de la Sociedad Folklórica de México,* 6 (1950), 485-91.

[4]Ver Juan M. Lope Blanch, *Vocabulario mexicano relativo a la muerte* (México: UNAM, 1963); Eduardo Enrique Ríos, "Nuestras bromas con la muerte", *Abside,* 24, No. 4 (1960), 482-91.

[5]José Rubén Romero, *La vida inútil de Pito Pérez,* 3a. ed. (México: Editorial J. Rubén Romero, 1940), pp. 175-76.

[6] Ver Fernando Gamboa, "Calaveras", *México en el arte,* 5 (nov. 1948).

[7] *José Guadalupe Posada, ilustrador de la vida mexicana* (México: Fondo Editorial de la Plástica Mexicana, 1963), p. 417.

[8] Arcipreste de Hita, *Libro de buen amor* (Madrid: Espasa-Calpe, 1954), "Clásicos Castellanos" 17, Vol. II, p. 232.

[9] Ver Haydée Bermejo Hurtado y Dinko Cvitanovic, *Danza general de la muerte* (Bahía Blanca, Argentina, 1966), Las citas en las pp. 10, 15.

[10] Ver Mario J. Valdés, *Death in the Literature of Unamuno* (Urbana, Illinois: University of Illinois Press, 1964).

[11] Ver Miguel León-Portilla, "Tres reflexiones sobre la muerte en la poesía náhuatl", *Revista Universidad de México,* 15, No. 10 (junio 1961), 11-12; Carlos Ponce Ramos, "La muerte en el mexicano", *Boletín Bibliográfico,* Epoca Segunda, 15, No. 426 (nov. 1969), 7-10.

[12] *Cantares mexicanos,* citado por Miguel León-Portilla en *Las literaturas precolombinas de México* (México: Editorial Pormaca, 1964), p. 95.

[13] Vicente T. Mendoza, *La canción mexicana* (México: UNAM, 1961), p. 336.

[14] Ver Vicente T. Mendoza, "El culto de Mictlantecuhtli y la danza de las cortes de la muerte", *Filosofía y Letras,* 21 (enero-marzo 1946), 89-109.

[15] Fray Bernardino de Sahagún, *Historia general de las cosas de Nueva España,* 3 tomos (México: Editorial Nueva España, 1946), I, 618.

[16] Ver Paul Westheim, *La calavera* (México: Antigua Librería Porrúa, 1953); Eduardo Matos Moctezuma, *Muerte al filo de obsidiana. Los nahuas frente a la muerte* (México: SEP, 1975), Sep-Setentas, 190.

— 13 —

FROM RITUAL TO GAME: THE FLYING-POLE DANCE

One of the most popular dances of Mexico is that of *el volador* or flying-pole. It is found principally in the states of Veracruz, Puebla, Hidalgo, and San Luis Potosí among the Totonacs, Otomi, and Huaxtecs. The presentation of the dance, called *juego* in Mexico, differs in detail in every region, and even from village to village of the same region. But the basic structure is the same: a tree *(patlan-cuahuitl)* from twenty to thirty meters in height is brought to the village from the nearest woods and set up in the square, stripped, and fitted at the top with a small cylindrical revolving cap *(cuacomitl).* About a foot or two below the cap, and suspended from it by ropes, there is a square framework *(cuamalacatl).* Four flying ropes *(patla-mecatl)* are wound around the pole just below the cap, and passed over the square framework in grooves. Another rope *(xocomecatl),* which serves as a ladder, is wound around the tree from top to bottom.

A group of dancers, after performing in the atrium of the local church, dance to the base of the pole in the center of the square, where they continue dancing around the *patlan-cuahuitl.* Five of the dancers, four flyers *(tlacuapatlani)* and a dancer-musician *(toto-cuahuitl)* carrying a flute and a small drum suspended from one finger, climb to the top of the pole. Although sometimes more than five dancers may climb up the pole, only five are the main performers. The musician bows to the four corners of the earth and performs a dance on the cap, after which the flyers, with the ropes tied to their waists, let themselves go into space and begin to descend, flying around like birds, with their arms extended to imitate wings. Just before they reach the ground, exactly thirteen revolutions later, they straighten up and land gracefully on their feet. The musician descends using one of the ropes, landing at the same time as the flyers, whom he joins in a dance around the pole.

It is the purpose of this paper to trace the origins of this dance, still performed today, back to the prehispanic rituals associated with

Xiuhtecuhtli, god of fire and time, and *Otontecuhtli,* god of the Otomi, and to show the steps by which this sacred rite has turned into a game performed mainly to entertain.

Those critics who have become interested in the flying-pole dance have concentrated on the problem of its origin. Some, represented by Walter Krickeberg, assume the dance to be of Totonac origin, since they believe that the dance has been preserved in its original form by these people and since it is not mentioned by those who wrote about Aztec culture (Sahagún, Tezozómoc, Chimalpain). Krickeberg concluded that the game of *el volador* migrated from the region inhabited by the Totonacs (Northern Veracruz) to the Central Plateau after its original significance had been lost and it had become a simple popular entertainment. He had no doubt, however, that the rite was of ancient origin, for pictures of it are found in the Cuicatecan codices Porfirio Díaz and Fernández Leal.[1]

Rudolf Schuller refuted Krickeberg's theory by pointing out that *el juego del volador* is mentioned by Fr. Diego Durán, a source preceding Torquemada (the earliest one known to Krickeberg) and as reliable as his contemporaries Sahagún and Alvarado Tezozómoc. That the game is of Totonac origin he denied by stating that it is also found, and performed according to the old tradition, among the Huaxtec-Tenek Indians of San Luis Potosí. This fact was not known to Krickeberg, who based his ideas on the accounts of Carlos Nebel, Jesse W. Fewkes, and Adela Breton, all of whom had seen and studied the dance in Papantla, a community inhabited by Totonacs.[2] Schuller reached the conclusion that *el volador* is of Nahuatl origin, and that it had spread from the central plateau to the regions inhabited by the Totonacs and the Huaxtec-Tenek. He says:

> The flying-pole game among the Totonacs and the Huaxtec-Tenek shows unmistakable Nahua cultural influence. Likewise, it is more than probable that both may have taken it over from their Nahua neighbors, culturally superior to them in post-Cortesian times. It was evidently a cult activity practiced since time immemorial among the ancient Nahua and was directly related to their religious beliefs.[3]

Schuller does not, however, explain in this brief article (five pages) the relation of the *juego* to the ancient Nahua rites. He is satisfied to say that "in this respect [the Nahuatl origin of *el volador*] Clavigero's narrative is definitive" (p. 11; my trans.). But he refers the reader to his article "El número cuatro en los antiguos Nahua-Mexicanos" where, he says, he explains the relationship between the game and the religious beliefs of the ancient Mexicans.[4] Rereading Clavigero, it is quite evident that the statements made about *el volador* are not as conclusive as Schuller assumes. It is true that Clavigero associated the game with the Aztec calendar, but not with the rites dedicated to the gods, for he only says, "The most important part of this game consisted of arranging the tree and the ropes in such a manner that the flyers would reach the ground after 13 turns in order to represent, by them, their cycle of 52 years, made up, as we already said, of 4 periods of 13 years each."[5] This idea was not original with Clavigero, since it had been expressed by Torquemada much earlier. In his *Monarquía Indiana* (1612) he wrote:

> This game, I believe, was invented by the Devil in order to continuously and more vividly remind his servants of the abominable worship they owed him, because the game made them keep in mind the cycle of 52 years which, as we have already said, made up their century, a century which was begun by lighting a new fire which they were only able to light with the consent of the Devil in exchange for serving him for another 52 years. The game consists of 13 turns; but if you consider that there are 4 ropes with a flyer on each rope, multiplied by 13, they make up 52.[6]

Over thirty years earlier, Fr. Diego Durán, in his *Historia de las Indias de Nueva España...*, completed in Mexico City in 1579, had described *el volador* as a simple game, without—like Torquemada—suggesting that it had a secret meaning for the performers or the public. His description, however, besides being the first, reveals that the dance has not changed since his time:

> They also used to dance around a tall flying-pole. Dressed as birds and sometimes as monkeys, they flew down from it, letting themselves go with ropes which had been wrapped around the top of the pole. They let themselves go little by little from a platform which stood on top. While some remained on the platform, others sat on the point of the pole on a large circular wooden rim from which the four ropes were tied to the platform. The latter went round and round while the four descended in a seated position, executing feats of daring and deftness, without becoming faint and often playing a trumpet.[7]

There is in Durán another reference to *el volador,* two chapters later, not mentioned by Schuller. It is of interest because Fr. Diego added a few details about the dance, such as the height of the tree:

> Nor is it less wondrous to see an Indian standing on the top of the 'flying pole' (for so they call it) anywhere between one hundred eighty and two hundred feet in height. He stands there with a trumpet in his hand, and, just watching him, those who observe become giddy. Yet he is so calm and firm that he seems completely at ease. He walks

> around at the summit of the pole—a space a few inches wide which barely accomodates his feet. And after having performed a thousand turns and tricks, he descends with an expression as serene as if he had done nothing.[8]

Although 50 pages later Durán describes the feast of *Xocotlhuetzi* (Falling tree), he does not associate it with *el volador.* It is also significant that he does not use a native name for the dance, calling it simply *volador,* and adds "que ellos llaman" ("so called by them"). Neither do Torquemada, Boturini or Clavigero refer to it by its native name. Professor Vicente T. Mendoza assumed that the name had been lost. He says that "although the old name has been lost and is not mentioned by any of the *cronistas,* don Francisco Orduña, from the region of Teziutlán calls this game *cuauhpatlanque,* a word formed from *teocuahuitl* (god tree or sacred tree), and *patlanque,* those who dance around."[9]

It was not until the 18th century—when historians and others began to manifest interest in prehispanic cultures and collect documents—that a relationship between *el volador* and *Xiuhtecuhtli,* the god of fire and time, was established. The first to do this was the Italian antiquarian Lorenzo Boturini de Benaducci who lived in Mexico from 1736 to 1744, where he collected a large number of Nahua documents with the purpose of writing the history of prehispanic cultures. In his *Idea de una nueva historia de la América septentrional* (1746) he briefly says,

> They also celebrate, several times a year, another very famous feast, which they call *Palo Volador,* in honor of *Xiuhteuctli* [*sic*] and dedicated to the passing of the years, *Xiuhmolpia* in their language, that is to say, the tying together of the years. The Indians still use this feast in our own days as an amusement, and I shall explain it in the History, since no writer has been able to penetrate its true meaning.[10]

Although Boturini's *Historia* has never been published, what he had to say about the *volador* was transcribed by Cecilio Robelo:

> They honored *Xiuhtecuhtli,* god of fire, with a great rejoicing; and since they attributed to the same deity domination and guidance of time, they called him Lord of the Year, because of the four characters representing the year that accompanied him: thus each turn of the wheel supporting *voladores* represented each year of the cycle in which the sun completed the maximum circle of the ecliptic, and by the four spokes they meant the four cardinal points of the Zodiac, that is, both equinoxes and solstices. Also, the four Indians tied to their own ropes represented the four characters of the year. *Tochtli* initiated the going around, followed by the second, which represented *Acatl,* then the third, *Tecpatl,* and finally the fourth, to which

> was assigned the character called *Calli. Tochtli* came after him, giving the fifth turn, and the others continued until completing the thirteenth turn.[11]

There is no question that Boturini was right, and that the two ceremonies, the *danza del volador* and the feast dedicated to *Xiuhtecuhtli,* are related and, in some aspects, similar. Mena and Jenkins, in 1930, spoke of a relation between the game and some Aztec rituals:

> In Tepoztlán, not far from Cuernavaca (Nahuas), and in Papantla, Veracruz (Totonacs), the game of the *volador* is still in existence. In the latter place ritual survivals are the ceremony of choosing the tree in the forest, and pulling it to the town; also the *curada* [preparation of the tree], which consists in taking off the bark and greasing the tree; and finally the lifting of the pole to a straight position . . . (p. 39)

As god of time, *Xiuhtecuhtli*—also called *Huehueteotl,* the old god—was honored every year during the 10th and 18th months, when elaborate ceremonies were performed in his name. According to Sahagún, the annual ritual of *Xocotlhuetzi* (Falling tree), which was dedicated to him, took place the 10th month, which corresponds to the month of August in our calendar. It took the following form: a tree *(xocotl)* was brought from the forest and placed in the court of the god *Xiuhtecuhtli,* in front of the round pyramid *quahxicalco.* The tree was stripped of its bark, except at the top where some branches were left on, and decorated with white papers. At the top, on a platform, was placed the image of the god, in the shape of a bird and made with the dough of the wild amaranth *(bledos).* Young men climbed the tree, and the first to reach the top knocked the effigy down, which was eagerly sought and eaten. The successful young man was rewarded by feasting for four days.[12] It is interesting to observe that when Motolinía describes the feast dedicated to the god of the merchants, he makes a reference to the *volador,* and says that to climb the tree there were four ropes: "The people from Tlacuba and Cuyoacan place a tree like the flying-pole, and on top of it a fancy buckler and a head of seeds; and the one who climbed to the top and took possession of it was honored; the tree had four ropes, which they used to climb it."[13]

Although the evidence to prove that the game of the *voladores* was performed before the Conquest is not conclusive, it has been accepted by most of the historians and ethnologists writing about it. It is true, however, that Sahagún, who mentions less significant games and customs, does not speak of it. But his contemporaries, Motolinía and Durán, do, the latter not only once, but twice, and in such a detailed manner that it would be difficult to think of the game having originated after 1521, the year of the Conquest, especially since it has not changed basically for over 400 years. Torquemada very explicitly states: "This flying game did not stop with the conquest and implantation of the faith in these Indies" (p. 306). Boturini believed, as can be seen in the passage quoted above, that *el volador* was one of the many feasts dedicated to the god *Xiuhtecuhtli.* Clavigero also refers to the game as being of prehispanic origin. He says in the chapter dedicated to those games practiced by the Aztecs: "Less useful but much more famous among the public games and fiestas, and especially those of the secular year, was that of the *voladores*" (II, 306).[14]

Larsen agrees with Krickeberg regarding the Totonac origin of the ceremony:

> The volador is known from the Aztec villages in the south of the Sierra to the Huaxtecas in the extreme north, [where] the ancient number of four *fliers* and the manner of flying seem better preserved among the Totonacos. The Otomies in the northwestern part of the Sierra have increased the number of *fliers* to six "because it is more elegant", they told the writer, but they know that the original number used to be four and also that they represent birds. They have no rites connected with the ceremony and leave their pole standing for several years. (pp. 185-86)

In spite of the above statement, there is the possibility that the *volador* may be of Otomi origin. The Otomi, an ancient tribe, were forest people, and therefore likely to worship trees as gods. Sahagún writes that they came to central Mexico after the Toltecs, and that their leader "took them to the hills to settle there; and for this reason these people had the custom of making sacrifices on the high parts of the Sierras, and living on their slopes" (II, 312; my trans.). Their name was derived from *Otontecutli,* to whom a ceremony similar to that of *Xocotlhuetzi* was dedicated. In myth, the origin of the Otomi dates back to one of the earliest creations of man. Robelo, in his dictionary, under the word *"Otomitl,"* and quoting Sahagún, tells the following:

> The origin of this myth is uncertain. Fr. Bernardino in his *Códice* says that one year it rained so much that everything was covered with water, the serfs *(maceguales)* were transformed into fish, and the sky fell upon the earth. Seeing such destruction, the four gods (sons of *Tonacatecutli,* creator of the world) opened four underground roads to come up to the surface; they created four men called *Otomitl, Itzcoatl, Izmaliyatl,* and *Tenochtli. .Tezcaltipoca* was transformed into the great tree called *Tezcacuahuitl,* and *Quetzalcoatl* into *Quetzalhuexotl;* and with the trees the gods and the men together lifted the sky, placing it where it is now.[15]

The Aztecs, however, did not attribute such a remote origin to the Otomi. In the same article Robelo adds that "according to the Mexicans [Aztecs], the affiliation and distribution of the races was as follows: *Ixtacmixcoatl* had six sons with his wife *Itlancueye,* the last of whom was *Otomitl,* who went to the mountains near Mexico City and there founded the towns *Xilotepec, Tollan,* and *Otompan.*" In both stories it can be seen that the Otomi were closely associated to trees.

It is significant that a rite dedicated to *Otontecutli,* the ancient lord of the Otomi, has been interpreted by Seler as symbolizing the fall of the gods to earth, the same meaning attributed to the ceremony performed by the Aztecs during the feast of *Xocotlhuetzi.* In his study of the sacred songs of the ancient Mexicans Seler states that song number eleven, *"Otontecutli ycuic"* ("Song to the Lord of the Otomi") is a hymn dedicated to the rite of *Xocotlhuetzi.*[16] Seler found that in the *Historia de los mexicanos por sus pinturas, Otontecutli* is identified as the "god of the Tepaneca of Tlacopan and Axcapotzalco and *god of the sacrifice by fire of live prisoners*" (p. 87). Seler goes on to identify *Otontecutli* with the image of the god made of amaranth seeds and placed on top of the tree in the feast of *Xocotlhuetzi.* He says that

> *Xocotl,* who falls to the ground during this feast, means that he is born, and they placed his image on top of a high tree, from where it was brought down by the young men not yet admitted into the army, who competed among themselves climbing the tree. This image of *Xocotl,* or *Otontecuhtli,* made of dough and placed at the top of the tree, had the shape of a bird or a wrapped dead body, packaged like a mummy. (p. 88)

Seler's interpretation of the song may be open to doubt. However, such an authority as Father Angel María Garibay K. accepts it. In his comments on this poem he says, "As Seler very well observes, this poem must belong to the time of the feast of *Xocotlhuetzi,* a feast of a phallic nature, although quite stylized, in which warriors, women and the general public participated."[17]

Aside from the problem of its origin—whether it comes from the Totonacs, the Aztecs, or the Otomi—and whether or not it was performed in prehispanic Mexico, there is no question that the game or dance, as known today, was a symbolic rite whose meaning, with the passing of time, has been gradually lost. Today this meaning is not known to the general public, and vaguely perceived by the performers. Helga Larsen reports that "in Xicotepec the Indians, who are Aztec or *mexicanos,* told the writer that although the mestizo population of the village thought the festival was for 'the municipal authorities, generals and deputies,' they were greatly mistaken, because the *volador* was always for *Tonatiuh* and at the same time they pointed to the sun" (p. 185).

It is clear, from Torquemada's statements, that in spite of the introduction of Christianity the ceremony of the *volador* continued to be performed in Mexico City. It was allowed by the church because the priests apparently thought it was a simple amusement. When it was discovered that it had a religious meaning, they prohibited its performance. But it is also clear that the second generation of *mexicanos* born after the Conquest returned to the practice of the dance, perhaps pretending that they did not know its hidden meaning. Torquemada is explicit about its reestablishment:

> But once the first idolaters who received the faith had died, their sons, who followed them, forgot the idolatry that it represented, and revived the game, and used it on many occasions, enjoying it only as a game, and forgetting the meaning that their ancestors had given it. They do not care if the *volador* is square, and therefore they make them of six sides, especially those that are very high, and hang six ropes from them. They play the game with great rejoicing, not worrying about the number of turns, whether they are thirteen or not. (p. 306; my trans.)

Torquemada continues saying that he saw the *voladores* perform during the time when Don Martín Enríquez was Viceroy of New Spain: "I saw them perform in the Plazuela de Palacio (for a long time called *del Volador,* and now it is called *de las Escuelas*). It was during the time of Viceroy Don Martín Enríquez, on the occasion of the representation by the Mexicans of a play dealing with the Conquest of Mexico. The tree was very tall" (p. 306). The year Torquemada saw the game cannot be determined, for Don Martín's reign was a long one, from 1568 to 1580. The name "Plaza de las Escuelas" apparently did not last, for writers continue to refer to this square as the "Plaza del Volador." Luis González Obregón, as a result of his interest in the history of Mexico City, gave an account of this Plaza, ascertaining its location and determining until when the *volador* was performed there. According to him, the "Plaza del Volador" was located across the street from what is today the National Palace, on the southwest corner of the Zócalo, where the Supreme Court Building now stands, on Pino Suárez Street. This land and that to the north of it was occupied until the Conquest by the Great Temple and lesser buildings dedicated to several gods, among them *Xiuhtecuhtli.* The land occupied by the "Plaza del Volador" had belonged to Hernán Cortés and his descendants. In the seventeenth century it became a public square and a building was constructed there, where bullfights were performed until the first decade of our century.[18] In 1792 a market was established there: "On the 19th the Plaza of the new Market called *del Volador* was opened to the public."[19]

The Aztecs assimilated the god *Xiuhtecuhtli* to their culture, as they did with most of the other ancient gods, and built in his honor two small temples (one of them round) near the Gran Teocalli, described by Sahagún as number 61, called *Tzonmolco Calmenac,* where the annual ritual of the new fire took place, and number 65, where four slaves were sacrificed to the god every four years (Sahagún, I, 253). The four victims were dressed like the god and were symbolic of the four cardinal points, just like the four dancers in *el volador.* It is assumed that these two temples were located near what later became the "Plaza del Volador."

Xiuhtecuhtli, as has been stated, was also god of the year; that is, god of time, and therefore the *volador* was also a ritual symbolic of the passing of time, as represented by Venus and the Sun. The four flyers were not only symbolic of the four cardinal points, but also of the passing of the Nahua cycle or century made up of 52 years. In this cycle there were thirteen years of each of the four symbols: rabbit, house, reed, and flintstone. *Xiuhtecuhtli,* in the center, united not only the four cardinal points, but also the sequence of 52 years. Often a dancer comes down from the top of the pole going from rope to rope, in a symbolic act of tying the four series of years. One of the names of *Xiuhtecuhtli* was *Nauhyoteuctli,* which means four times lord. Jacinto de la Serna, in his *Manual de ministros de indios,* says of him: "And when they want to offer a sacrifice . . . they begin with the god of fire, whom they call by several names in the Mexican tongue, in order to dissimulate his nature: *Xiuhtecuhtli,* which means lord of the years, and of time; *Ixcozauhqui,* the one with the yellow face; *Chiucnauhyo teuctli,* nine times lord; *Nauhyoteuctli,* four times lord."[20]

Besides being a solar rite, a rite dedicated to Tonatiuh, the flying-pole dance has been interpreted by ethnologists as having other meanings. To Krickeberg the dance represents the remnants of the Totonacs' ancient religion, symbolizing the celestial origin of edible plants. He says: "Since the gladatorial sacrifice which preceded the death by arrows was substituted in other religions by the *Juego del Volador,* still practiced today by the Totonacs and the Otomi, and in which four men descend slowly towards the earth from the top of the post, it is possible that this custom had the same meaning of symbolizing the celestial origin of alimentary plants."[21] Larsen observes that on the pictographs found in *Códice Fernández Leal* and in *Códice Porfirio Díaz,* the *Volador* is seen opposite a human sacrifice dedicated to *Xipe Totec* and *Tlazolteotl,* "both important deities of earth and vegetation. The drops of blood falling on the ground were identified with the lifegiving rain" (p. 180). However, she comes to the following conclusion:

> After several years of research among the Sierra Indians the writer has been able to verify that the ceremony cannot now be directly connected with any aboriginal agricultural rite, though in Xicotepec in the South of Puebla, the *volador* was celebrated this year [1937?], after having been suspended for a number of years, due to the fact that since the ceremony had been abolished the crops seemed to have failed and the Indians thought that by renewing the *volador* the spirits of the earth and maize would be satisfied and again give them good crops, as they put it. In the Telleriano-Remensis codex is recorded a sacrifice by arrows which took place in a year of famine during the reign of Moctezuma I. The analogy is interesting. In Xicotepec a nocturnal sacrifice of turkeys and chickens in a nearby cave preceded the flying ceremony. (pp. 181-82)

An interpretation that explains the meaning of both the *volador* and the feast of *Xocotlhuetzi* is that which considers them of phallic origin, symbolizing the descent of the gods from heaven to fertilize the earth by means of the sexual union. Carlos Margain, following the ideas of K. Th. Preuss, says:

> The *volador* is unmistakably of phallic origin. Its symbolism is perfectly explained in the narrative of a similar feast among the Huicholes . . . Preuss indicates that the dance around the tree, the ribbons and other paraphernalia represent the descent of the gods from heaven, who come to fertilize the earth by means of the sexual union . . . It is Seler's opinion that, in general, the feast of *Xocotlhuetzi* was dedicated to masculine youth.[22]

Much more important is the interpretation of the flying-pole dance as a solar rite, according to which the dead warriors who accompany the sun in its journey to the zenith at noon descend transformed into birds or butterflies. The dancers, disguised as eagles, symbolize the sun's carriers. This disguise, as Durán tells us (II, 232), was often exchanged for that of a monkey. Torquemada is more specific; he says: "The principal participants of the game were four, dressed in diverse bird costumes, that is, some taking the form of royal eagles, others of griffins, and others of other birds, representing grandeur and loftiness. They flew with their wings spread out, in order to represent the natural and proper flight of the birds" (Bk. 10, p. 306; my trans.). Clavigero adds the name of a bird that had significance for the *mexicanos,* the heron, from which the name Aztec is derived: "They, disguised as eagles, herons or other birds, went up to the frame with extreme agility, using the loops of a rope that they wound from the bottom of the tree to the top" (II, 306).[23]

Whichever of these meanings may be the right one, the fact remains that they have all been lost. The flying-pole dance today is performed mainly as an entertainment, and sometimes, as in Papantla among the Totonacs, to celebrate a Christian feast, Corpus Christi. In 1937 Larsen had already predicted that the ceremony unfortunately was doomed to disappear, as the authorities were prohibiting it on account of frequent accidents. That is has lasted this long into the 20th century is a tribute to the endurance of the native cultures of Mexico and Indoamerica in general.

Notes

[1] Walter Krickeberg, "Die Totonaken," *Baessler-Archive,* Berlin, 7 (1918-1922), 52.

[2] Carlos Nebel, *Viaje pintoresco y arqueológico . . . desde 1829 hasta 1834 . . .* (París y México, 1840), 2nd. ed. (México: M. Porrúa, 1963); Jesse W. Fewkes, "Certain Antiquities of Eastern Mexico," *Twenty-Fifth Annual Report of the Bureau of American Ethnology,* 1903/1904 (Washington, 1907), 221-284; Adela Breton, "Survivals of Ceremonial Dances among Mexican Indians," *Intern, Amerik. Kongresses,* 16 (Wien, 1910), 513-520.

[3] Rudolf Schuller, "Sobre el supuesto origen totonaca del juego de los voladores," *Ethnos,* Tercera Epoca, México, D.F., 1 (enero y febrero, 1925), 11. My translation.

[4] Since he does not give the complete reference I have been unable to locate this study.

[5] Francisco Javier Clavigero, *Historia antigua de México* (México: Editorial Porrúa, 1945), II, 307. My translation.

[6] Juan de Torquemada, *Monarquía indiana* (Madrid: M. Rodríguez Franco, 1723), Lb. 10, cap. 38, p. 306. My translation.

[7] Fray Diego Durán, *Book of the Gods and Rites and the Ancient Calendar.* Translated and edited by Fernando Horcacitas and Doris Heyden. Forward by Miguel León-Portilla (Norman: University of Oklahoma Press, 1971), p. 297. In the Spanish edition, *Historia de las Indias de Nueva España . . .* (México: Imp. de Ignacio Escalante, 1867-1880), this passage can be found in vol. II, p. 232.

[8] Horcacitas, p. 313; *Historia . . .*, II, 241-42.

[9] Vicente T. Mendoza, "La música y la danza," *Esplendor del México antiguo* (México: Centro de Investigaciones Antropológicas de México, 1959), p. 348. Ramón Mena and Juan Jenkins Arriaga, in their book *Educación intelectual y física entre los nahuas y mayas* (México, 1930), call it *teocuahpatlanque* (p. 39).

[10]Lorenzo Boturini de Benaduci, *Idea de una Nueva Historia de la América Septentrional* (París, 1933), p. 21. My translation.

[11]Cecilio Robelo, *Diccionario de mitología náhuatl,* 2nd. ed. (México: Ediciones Fuente Cultural, 1951), p. 441. My translation.

[12]Descriptions of the *Xocotlhuetzi* celebration can be found in Sahagún, *Historia*... (México: Editorial Nueva España, 1946), II, 312; Durán, *Historia*..., II, 290-91. These and other texts have been reproduced by Alfredo López Austin in *Juegos rituales aztecas* (México: UNAM, 1967), pp. 31-35.

[13]Fray Toribio de Motolinía, *Memoriales* (México: En Casa del Editor, 1903), p. 46. My translation.

[14]In our own days most scholars studying the flying-pole dance agree that it is of prehistoric origin. Helga Larsen says, "At the time of the conquest the *volador* extended over a far greater area and even as far south as Oaxaca it has been pictographically recorded in two ancient manuscripts, namely the Cuicatecan codices Fernández Leal and Porfirio Díaz. In both places the *volador* is found opposite a human sacrifice" ("Notes on the Volador and its Associated Ceremonies and Superstitions," *Ethnos,* 4, 1937, p. 180).

[15]This myth is not to be found in Sahagún's *Historia*...

[16]Eduard Seler, *Cantos religiosos de los antiguos mexicanos* (Los Angeles, California: N.A. Kovash, 1975), pp. 87-94. Translations from this work are mine.

[17]*Veinte himnos sacros de los nahuas* (México: UNAM, 1958), p. 120. My translation.

[18]See Luis González Obregón, "La Plaza del Volador," *Las calles de México* (México: Ediciones Botas, 1941), pp. 157-181.

[19]*Gazeta de México,* Tomo V (años de 1792 a 1793) (México: Imprenta de los Herederos de Don Felipe Zúñiga y Ontiveros), p. 13.

[20]Jacinto de la Serna, *Manual de ministros de indios,* 2nd. ed. (México: Librería Navarro, 1953), p. 65. My translation.

[21]Walter Krickeberg, *Las antiguas culturas mexicanas* (México: Fondo de Cultura Económica, 1964), p. 160. My translation.

[22]Carlos R. Margain, "El culto fálico en México," *Actas del XXVII Congreso Internacional de Americanistas,* I (México: Instituto Nacional de Antropología e Historia, 1939), pp. 385-86. My translation.

[23]A contemporary anthropologist, Alfonso Caso, states that the four flyers "are dressed as macaws *(guacamayos),* birds sacred to the sun" (*The Aztecs, People of the Sun.* Translated by Lowell Dunham. Norman: University of Oklahoma Press, 1958, p. 81).

— 14 —

THE LEGEND OF AGUSTIN LORENZO

Among the many popular legends of Mexico, one of the least studied is that of the bandit Agustín Lorenzo, of the town of Huejotzingo in the State of Puebla. In spite of this neglect, the legend has not been forgotten. What has kept it alive is the fact that it is associated with the annual carnival at Huejotzingo, and that Diego Rivera chose it as a subject for his mural in the Banquet Hall of Hotel Reforma in Mexico City. Before discussing the origin of the legend, we shall briefly describe the carnival of Huejotzingo and review what has been written about the legend which has become an integral part of the pageant.

The small town of Huejotzingo, which in *Náhuatl,* the language of the Aztecs, means "by the little willow tree," is located on the highway from Mexico City to Puebla and can be reached from the capital in about two and a half hours. This sleepy town comes to life once a year, just before Lent, to celebrate the annual pageant with a great deal of action, color, and noisemaking. Almost the entire male population of the town takes part in the celebration. Since nearly all are masked, this probably is the world's biggest masked dance. The pageant is built around the legend of Agustín Lorenzo, a famous bandit, who with his men robbed the stagecoaches going between Mexico City and Veracruz, and then hid in the mountains and helped the poor. According to the carnival plot, one day Agustín comes into town, sees a beautiful young girl on a balcony and falls in love with her. He sends her a letter of proposal and she accepts. She slides down a rope into the bandit's arms, and they gallop off, pursued by the government forces, which are led by a general. After giving them chase, the pursuers leave them alone and continue the noisemaking and shooting around the town's square. Later on, a mock ceremony is performed by a make-believe priest. The wedding takes place in a straw hut, which represents the bandit's hideout. Before the ceremony is over, the soldiers attack, burn the hut, free the girl, and pretend to kill Agustín. This last act of the drama takes place the

Tuesday before Ash Wednesday. The program ends the next day with dancing and fireworks.

The soldiers who participate, about a thousand in number, organize themselves in battalions, each under the command of a general, responsible to the general-in-chief. The battalions are made up of Mexican Sappers, French Zouaves, Hungarian guards, Spanish soldiers, Indian fighters, and mountaineers, or *serranos*. All the participants wear brilliant and fantastic costumes.The Mexican Sappers wear blue suits and red pants, a pink mask with a heavy beard, and the Mexican shield with the eagle and the serpent. The Hungarian guards are reminiscent of Maximilian's guard of honor. The French troops wear the typical dress of the "zuavo" soldier; on the top of their knapsack they carry a loaf of French bread. Diego Rivera, in his mural, has characterized them by painting this loaf of bread on their backs. The Apaches, or Indian fighters, wear a colorful uniform made with feathers and adorned with mirrors and shields; on their backs they carry a leather carcass; their faces are covered with masks or painted brown. The Serranos, or common mountain people, wear a black tunic, a straw hat, long hair and face painted black. They carry a bandolier to which a small stuffed animal is fastened at the back or side. These and other uniforms worn in the pageant have to be provided by the participants themselves.

The presence of Spanish and French soldiers, and the sham battles which are part of the pageant, indicate that in the Carnival of Huejotzingo several unrelated elements have been blended into the most original *fiesta* staged in Mexico and perhaps the only one not related to a religious ceremony. In the pageant, we see re-enacted both historical and legendary happenings. The Indian soldiers are reminiscent of the battles between Huejotzingo and Tlaxcala before the conquest; the presence of French soldiers goes back to the time when Maximilian and his French army ruled Mexico in the 1860's; the presence of Spanish soldiers is a reminder of the Colonial period. The sources of these diverse elements, however, have been forgotten by the people, who stage the *fiesta* for its own entertainment value. The *fiesta* is well organized, with its procession, its battles, and its dramatic ending. The actors are selected in advance and know their parts well. However, when the *fiesta* is staged, it is entirely spontaneous and follows a development that is not always exactly the same but which grows from within itself. In this study, we will not consider the historical elements but concentrate upon the dramatic aspect of the pageant, which is built around the legend of Agustín Lorenzo.

The carnival at Huejotzingo, of course, does not utilize the whole legend. It has taken from it the most important part—its dramatic ending. As with many other popular legends, there are several versions, some of them differing radically from each other. The legend, as far as we know, has been studied by Delfino C. Moreno, Frances Toor, William P. Sprattling, and René D'Harnoncourt. Everything that has been said about it comes from one of these sources.

In 1929 Moreno published an article in the review *Mexican Folkways* in which he gives emphasis to Agustín's life as a bandit, a kind of Mexican Robin Hood, a type of hero very popular in Mexican folklore, especially in the *corridos.*[1] Moreno's researches in the village of Huejotzingo and surrounding neighborhood led him to believe that Agustín was a leader of the *Plateados* (a band of outlaws who fought a brilliant guerilla war against the French invaders), until he was caught and killed by Colonel Dupin. The lady, according to this version, was none other than Carlota, Empress of Mexico and Maximilian's wife. Agustín Lorenzo, the common people believed, had thought of holding up the royal coach and abducting Carlota.

Frances Toor, however, tells us that the girl was the daughter of a rich hacendado. "In recent years," she adds, "some new features have been added to the Huejotzingo carnival. . . . The bride is said to be the beautiful daughter of the French Emperor Maximilian, instead of a rich hacendado. After she is stolen, she learns of the death of her father and changes her white bridal dress for a black one." It is interesting to note that Miss Toor was unable to learn anything definite about the legend from the participants themselves. "After I first saw this amazing carnival drama in 1928," she tells us, "I returned to Huejotzingo to try to find out something about its history and the hero. Although I talked with the general-in-chief and several other participants, one an elderly man who had been a soldier for over twenty years, I was unable to secure any factual data. None of them knew when, how, why or by whom the carnival was first started, and they knew nothing more about Agustín Lorenzo than was in the play."[2]

René D'Harnoncourt, on the other hand, was much more successful than Miss Toor in obtaining information from the townspeople. His informant was Doña María, a native woman of Huejotzingo. This is the version he recorded:

> A long time ago [Doña María told him] there was a Spanish general who was very important in his own country. He came to Mexico and married an Indian girl. They had two children, a boy and a girl, and

> they were very happy until the Spanish authorities passed a law forbidding marriages between Spaniards and Indians, requiring all Spaniards to put aside their Indian wives, and specifying that the sons of such marriages should stay with the father, the daughters with their mother. The general... left his wife... and went back to Spain with his son. In Mexico the years went on, and the little girl was brought up by the nuns. In Spain, the general neglected the education of his son, who therefore became a bandit. One day the bandit rode by the convent (Doña María failed to explain how he returned to Mexico) and looking up to the balcony, saw the girl, who was very lovely. He fell in love with her immediately, and consequently threw a letter up to her. Never having seen a love-letter before, she was naturally overcome with passion, and—without thinking twice—jumped down from the balcony and rode away with him. In the meantime the general (who also seems to have returned from Spain in a mysterious way) had been sent out by the government to capture the bandit.... The general arrived soon after the elopement, and of course pursued the young couple into the hills, where they had gone in search of a priest to marry them.
>
> The priest had been found, and they were about to be married, when the general arrived and attacked the bandit. The girl flew to her lover's rescue, and in the shuffle a locket fell out of her dress. It was a picture of her mother, and so the general realized that she was his daughter. Then, in some unexplained manner, he also realized that the bandit was his son.[3]

D'Harnoncourt's version, as we can see, is based upon the drama enacted at Huejotzingo, adding the romantic motive of the brother-sister in love and identified before they are married. It probably dates back to the period before Mexico was independent, as seen in the reference to mixed marriages.

All the versions of the legend we have so far mentioned, in spite of differences in details, agree in the main points and seem to have a common origin. The legend is seen from the Spanish or Creole point of view. This is not the case, however, with the version recorded by William Sprattling which apparently is told from the point of view of the Indians. His version adds a number of new motives, absent in the previous accounts. It almost seems to be the legend of a different Agustín Lorenzo, and it may well be, as it originated in the State of Guerrero, and not in the neighborhood of Huejotzingo.

Mr. Sprattling, whose home was in Taxco and not in Huejotzingo, heard about the legend from Pancho, a native of Tlamacuzapa, a village in the State of Guerrero. Desiring to record the legend, he went to this village and there he met Don Huisache, who told him the legend, which we summarize as follows:

> When Agustín, who was born in this same village of Tlamacuzapa, was under fifteen, he used to take his daily *gorditas* (small, thick tortillas) to his grandfather, who was a peon and worked in the fields. One day his grandfather was horsewhipped by the mayordomo of the hacienda, and Agustín made up his mind to avenge the injustice. After some fantastic adventures, Agustín was able to take revenge, killing the mayordomo. The federal soldiers who were in the hacienda wanted to shoot Agustín but he escaped on his white mare. Two thousand men pursued him into the mountains, but were unable to capture him. For many years the federals pursued him without success. One day, however, Agustín was betrayed. "Some say," Don Huisache told Sprattling, "that the government paid a poor devil to join the forces of Agustín Lorenzo and then to stab him. But no one here believes that, because he is not dead. Too many of us here in Tlamacuzapa have heard the hoofs of his horse in the night. And certainly Agustín Lorenzo was never betrayed by the poor. He loved the poor and he defended them all his life."
>
> What the federals really did was to send a girl, and certain it was that they paid her well. They dressed her with much silk, like those women of the capital. She was blonde, something Agustín Lorenzo had never known. And she went and offered herself to Agustín Lorenzo, saying she hoped to please him. And so he took her with him to a little hut he had in the mountains, a little house of adobe with a roof of palm. And he locked the door. And then they were pleased enough. And Agustín slept. And while he slept, this girl unlocked the door and went out, and then they locked the door from the other side. The federals were on all sides of the house, and they set fire to it. And then while they waited for him to burn to death, Agustín Lorenzo came through the burning roof in one leap and with his machete killed three thousand federals before they could manage to tie him. They took him to Mexico . . . but he escaped on his white horse from one of the palaces of the government.[4]

In this version of Don Huisache, we notice that there are several motives similar to those attributed to Zapata: his desire to avenge his father (not grandfather) from an injustice; his white horse; his betrayal; the fact that he is alive and will come back to liberate the peons. As fantastic as this version may be, it will help us to explain some of the motives present in the drama of Huejotzingo.

All the versions we have discussed are, we believe, attempts to explain the legend from the dramatic presentation. They have been elaborated to provide reasons for the actions of the drama. Except for some magical elements present in Don Huisache's version, all seem to consider the legend as having its origin in the historical events which happened in Mexico during the nineteenth century, or at most during the colonial period. This is due to the fact that the historical elements, which were added later, have not in the carnival overshadowed the legendary elements. None of the investigators that have studied the legend as far as we know, has tried to find its origin in the prehispanic history of Huejotzingo. We believe that the legend, contrary to what has been said, has its roots in the prehispanic religious ceremonies performed by the Indians of Huejotzingo, and not in the colonial period or the nineteenth century.

It is our theory that the legend of Agustín Lorenzo, and especially the part dramatized at Huejotzingo, is made up of symbolic elements reflecting ancient religious rites. Fr. Diego Durán, in his rich *Historia de las Indias de Nueva España,* completed in 1579, tells us that the Indians of Huejotzingo, before the conquest, celebrated an annual fiesta in honor of their god Camaxtli, the only god in ancient Mexico who was a protector of the hunters. Eight days before the fiesta, which was celebrated the fifteenth of November, one of the priests serving Camaxtli, usually an old man, volunteered to represent the god. The day of the celebration he was taken from his cell and brought to the top of the pyramid or temple dedicated to Camaxtli, where the other priests and the students from the town performed a simulated hunting act, throwing themselves against the living god and shooting their arrows. After the ceremony, the young men, dressed like hunters and accompanied by the town's musicians, went to the neighboring hunting grounds. After the hunt they built a large bonfire and roasted some of the animals they had hunted. They returned to the town and celebrated for eight days with dances, banquets, and parades. The last day the priests took a girl and a boy from the town and dressed them like the gods they represented. They took them out into the streets, where the people worshipped them as if they were gods. The celebration ended with the sacrifice of both the girl and the boy.[5]

Another writer of the same period, Fr. Bernardino de Sahagún, in his *Historia general de las cosas de Nueva España* (completed in 1569) tells us the story about a brave young man from Huejotzingo called Mixcoatl who was caught by the Aztecs and sacrificed by them. Two ballads were written in his memory. The first one, according to Sahagún, says: "Oh happy Mixcoatl. You will deserve to be praised in ballads, so that your fame may live in the world, and those who dance in the *areytos* may have your name on their lips while dancing around the drums and kettledrums of Huexotzinco. . . ." Another ballad, according to the same author, says: "Oh glorious young man worthy of all praise, you who offered your heart to the sun. Your life was as clean as a string of precious stones, as clean as sapphires. You will once more sprout to life. Once more you will bloom in this world.

You will come to the dances among the drums. At Huetxotzinco you will appear to the noble and brave men, and your friends shall see you."[6]

These two accounts, we believe, explain some of the motives of the drama enacted today at Huejotzingo, as well as some of those found in the version of the legend recorded by Sprattling. Agustín Lorenzo and the girl that elopes with him represent the boy and the girl sacrificed to the god Camaxtli. In the drama at Huejotzingo, they are sacrificed symbolically by placing them inside the hut of straw to which the soldiers set fire. The chase of the bandit and his girl symbolize the hunting expedition of the priests and students. Sahagún's account helps us to explain Don Huisache's version, in which Agustín Lorenzo is said to be alive. This motif has been transferred, as is usual in popular legends, to the legend of Zapata, who is said to be still alive.

In conclusion, we could say that the legend of Agustín Lorenzo is older than it is thought to be by those who have studied it. Some of the most important elements, as we have seen, can be traced back to the period before the Spaniards conquered Mexico; others were added during the colonial period, and still others during the nineteenth century. The legend is representative of Mexican folklore, which is the product of many cultures. The legend of Agustín Lorenzo, which still lives among the people of Huejotzingo, has also inspired some of Mexico's greatest artists. Among the painters, we have already mentioned Diego Rivera's mural in the Banquet Hall of Reforma Hotel. Of this mural, Bertram Wolfe has said: "A glance at the beautiful composition and movement and festive dream-quality of the figure of Agustín Lorenzo will convince the reader that the hero of Huejotzingo has captured the imagination of Diego Rivera no less completely than it has that of the Mexican folk."[7] Another artist attracted by the legend was the poet Ramón López Velarde. In his famous national poem, *La suave patria,* we find these lines:

> Suave patria, vendedora de chía;
> quiero raptarte en la cuaresma opaca,
> sobre un garañón, y con matraca,
> y entre los tiros de la policía.

In this poem, López Velarde has used, metaphorically, the legend of Agustín Lorenzo to show the great love that he has for his country. The legend is thus transformed into a national symbol.

Notes

[1] Delfino C. Moreno, "El bandido Agustín Lorenzo," *Mexican Folkways,* V (1929), 86-88.

[2] Frances Toor, *A Treasury of Mexico Folkways* (New York: 1947), pp. 196-197.

[3] René d'Harnoncourt, "The Fiesta as a Work of Art," in Hubert Herring and Herbert Weinstock, eds., *Renascent Mexico* (New York: 1935), pp. 222-223.

[4] William P. Sprattling, "Agustín Lorenzo", *Mexican Folkways,* VIII (1933), 36-45.

[5] Fr. Diego Durán, *Historia de las Indias de Nueva España,* II (Mexico: 1880), 126-134.

[6] Fr. Bernardino de Sahagún, *Historia general de las cosas de Nueva España,* Book VI, Chap. 21 (Mexico: 1946), I, 552. My translation.

[7] *Portrait of Mexico* (New York: 1937), p. 53.

— 15 —

LA LICANTROPIA ENTRE LOS ANTIGUOS MEXICANOS

La licantropía no es fenómeno exclusivo del Nuevo Mundo. Al contrario, podría afirmarse que ha sido, alguna u otra vez, practicada en los cuatro rincones del mundo. Entre los habitantes de las montañas de Naga, en la India, por ejemplo, se han dado casos muy parecidos a los que practicaban los *nahuales* (hechiceros) en el México antiguo. Tanto en aquella región de la India como en la isla Célebes, existe la creencia de que la transformación de hombre en animal puede ser ocasionada por el acto de comer los alimentos que hayan sido tocados por un licántropo. Un caso de esta naturaleza hemos encontrado en la literatura referente a los tarascos de Michoacán, caso del que ya tendremos ocasión de ocuparnos. En la isla de Java, como en México, la transformación es a menudo ejecutada como acto de venganza. Existe allí, además de la creencia en la licantropía hereditaria, la creencia en la licantropía voluntaria (muy común entre los nahuales o hechiceros de México) y en la involuntaria, forma menos común en México, pero también conocida. Los nahuales, como es bien sabido, tienen el poder de tomar la forma, a voluntad, de cierto animal, y algunas veces de distintos animales en diferentes ocasiones, según les convenga. La licantropía por lo general se encuentra asociada a la creencia en la *tona,* o sea la asociación del niño, al nacer, a un animal que le corresponde según el día de su nacimiento. Tanto en la India como en Africa, se han dado casos de la muerte del individuo al morir su *tona.*

En Europa, la licantropía era conocida entre los griegos y los romanos. Agriopas describe la transformación de un hombre en lobo, después de haber asistido a un sacrificio humano celebrado en honor del dios Júpiter Lycaeus. Petronio relata una típica transformación de una persona en lobo, y Herodoto menciona la transformación anual en lobo de algunos individuos pertenecientes a la tribu Nevri. En la literatura griega, nada más popular que la historia del asno de Apuleyo y el gallo pitagórico. Los romanos daban a la licantropía el nombre de *Versipellis,* y Virgilio (*Égloga* VIII) señala el efecto de los narcóticos en la transformación de una persona en lobo. Plinio también relata un caso de licantropía hereditaria, asociándolo al dios Júpiter Lycaeus. En otros países europeos, los casos de transformación en lobo también son frecuentes. Dichas transformaciones, por lo general, eran efectuadas cubriéndose el cuerpo de cierto ungüento mágico, o ciñéndose un cinturón hecho de piel de lobo, y algunas veces de piel humana. Casos muy conocidos de transformación involuntaria son los relatados por María de Francia, en el poema *Bisclaveret,* y el de San Patricio, quien transformó en lobo al rey Veretius. En algunas regiones de la isla Británica existía la curiosa creencia de que algunas viejas se transforman en liebre.

La licantropía involuntaria como castigo, tan popular en Europa durante la Edad Media (Dante transforma a los ladrones en serpientes), también era conocida en Armenia, en donde las mujeres pecadoras son transformadas en lobas por un espíritu que les da pieles de este animal; estas mujeres, según la creencia popular, se comen a sus propios hijos; creencia que, según parece, existía entre los antiguos tarascos, como muy pronto veremos.

Hemos notado que, por lo general, en Europa la transformación más común es la de hombre en lobo, y precisamente ese fenómeno dio origen al nombre *licantropía.* En el Asia, la transformación más común es la de hombre en tigre, y en Africa en hiena; dichos animales son los que más abundan en las respectivas regiones. Aunque la licantropía es bastante rara en la hechicería española, subsiste en ciertas regiones de España la idea de que los hechiceros tienen el poder de convertir a las personas en animales; sin embargo, los casos en los procesos de la Inquisición son muy raros. El escritor Salillas cuenta el caso de la tía Clavelina, bruja que vivía en el pueblo de San Bartolomé (Avila), de quien se decía que había hechizado a una persona convirtiéndola en gato, "costando no poco trabajo volverla a su primitivo estado".

La licantropía es, por supuesto, mucho más común en México que en España. La variedad de animales en que los hombres pueden transformarse es asombrosa; los más comunes, sin embargo, parece que son el águila, el tigre, el caimán, el coyote, la serpiente y el jaguar. El fenómeno era tan común que Las Casas dedica el capítulo xcii de su *Apologética Historia* al tema, intitulándolo, "De cómo los hombres pueden ser por arte de magia transformados en bestias", y nos cuenta el caso de los indios del Estado de Chiapas que se transformaron en tigres. Mas es la serpiente el animal favorito de los licántropos, y sobre todo de aquellos que practicaban su arte entre los aztecas.

Entre los antiguos mexicanos, la licantropía era práctica que se extendía a todos los aspectos de la cultura, desde el religioso hasta el folklórico. En el panteón azteca encontramos una diosa cuyo nombre—Cihuacóatl, la mujer-serpiente—indica la facultad de transformarse en serpiente o en moza; de ella, Mendieta nos dice: "Otra diosa tienen los mexicanos y los de su comarca, de la cual dicen o fingen (aunque afirmándolo por cosa notoria) que unas veces se tornaba culebra y otras veces se transfiguraba en moza muy hermosa".[1] Entre las tribus "de su comarca" tenemos noticia de la existencia de la diosa culebra entre los xaltocamecas; en los *Anales de Cuahutitlán* se dice de ellos que "en cuanto había guerra, humanamente les hablaba a menudo a los xaltocamecas su dios, que salía del agua y se les aparecía; se llama Acpaxapo; es una gran culebra; su rostro, de mujer; y su cabello enteramente igual al de las mujeres, así como el suave olor. Les anunciaba y decía lo que les había de acontecer".[2] El ejemplo más conocido del dios serpiente es, por supuesto, el de Quetzalcóatl, dios que, como su nombre y las representaciones que de él se conocen lo indican, era una serpiente emplumada. Su enemigo el dios Texcatlipoca, también, "por ser dios se hacía como los otros sus hermanos lo que quería, y ansí andaba fecho tigre y dio una coz a Quetzalcóatl, que lo derribó y quitó de ser sol".[3] No era la forma de tigre la única que este poderoso dios tomaba cuando decidía visitar a los mortales. Según Fray Bernardino de Sahagún (Lib. V, cap. xiii), muchas veces se transformaba en coyote y en *épatl* (zorrillo). Para el Dr. Hernández, estas transformaciones eran indignas del dios: "No les avergonzaba afirmar constantemente que Tezcatlipoca, que confesaban ser dios, tomaba aquí y allá formas de animales pequeños y sórdidos".[4] Y entre los antiguos tarascos, existía la creencia de que el dios Curicaberi tenía la facultad de transformarse en águila blanca, "que tenía una berruga grande en la frente".[5]

Ségun una antigua leyenda cosmogónica, existía entre los antiguos habitantes de México la curiosísima creencia de la transformación del hombre en mono. Dicha transformación, sin embargo, difiere de la licantropía propia en que aquí se trata de un cambio permanente. El fin de una de las cuatro edades cosmogónicas, reza la leyenda, fue causado por huracanes y grandes vientos; todos los habitantes de la tierra murieron, excepto unos cuantos que se transformaron en monos. Esta conseja la encontramos tanto entre los mayas como entre los toltecas, los aztecas, los chichimecas y los tlaxcaltecas. Muñoz Camargo, con la ingenuidad característica de la época, nos cuenta que

> hubo otro fin y acabamiento del mundo por aires y huracanes que fueron tan grandes, que cuanto había en él se asoló, hasta las plantas y árboles de las muy altas montañas, y que arrebató los hombres de aquellos tiempos y que fueron levantados del suelo hasta que se perdieron de vista, y que al caer se hicieron pedazos, y que algunas gentes de estas que escaparon, quedaron enredadas en algunas montañas y riscos escondidos, y que se convirtieron en monas y micos, y que olvidaron el uso de la razón, perdiendo el habla y quedaron de la manera que ahora los vemos, que no les falta otra cosa sino la habla... para ser hombres perfectos.[6]

Pasando del mundo mitológico al mundo de los hombres de carne y hueso, observamos que la licantropía no es privativa de cierta clase social; los casos se registran tanto entre los señores como entre los plebeyos. Entre los reyes del México antiguo existieron varios que ejercitaron la licantropía, siendo el más famoso el caso de Netzahualpilli, hijo de Netzahualcóyotl. Aunque no hemos hallado noticia alguna que indique que también Netzahualcóyotl practicaba la licantropía, sí sabemos que se le apareció en sueños a su enemigo, el rey tepaneca Tetzotzómoc, en forma de águila real y de tigre. Este notable sueño lo relata el cronista texcocano Alva Ixtlilxóchitl de la siguiente manera: "Cuenta el príncipe D. Alonso Axayaca en su historia y otros autores antiguos... que casi a los últimos días de año de 1426... soñó el viejo rey Tetzotzómoc, monarca tirano de esta tierra, dos veces a Netzahualcóyotl y que la una le soñó hecho águila real... y que otra noche siguiente lo soñó segunda vez hecho tigre".[7]

Si de Netzahualcóyotl no temenos noticias fehacientes sobre el asunto, no sucede lo mismo con su hijo Netzahualpilli, el rey encantado: "Fue hombre muy sabio y lo tuvieron sus vasallos por encantado desde el vientre de su madre, diciendo que una señora de Culhuacan lo había encantado por causa de las grandes persecuciones y trabajos que había tenido su padre". (Alva Ixtlilxóchitl, *ob. cit.* p. 330). Además, se le tenía por hechicero y nigromántico, como nos dice el P. Durán: "Muchas veces hemos tratado cómo el rey de Tezcuco Netzahualpilli estaba en opinión de nigromántico o hechicero, y la opinión más verdadera que hallo entre los naturales es que tenía sus pactos y alianzas con el demonio, el cual le declaraba muchas cosas futuras y porvenir".[8] Este poder de hechicero, según parece, fue don divino, pues ya desde niño, si hemos de creer lo que dice el cronista Torquemada, tenía el rey la habilidad de tomar la forma de animal.[9]

En verdad, no sólo los reyes podían transformarse en animal. Todo noble, nacido bajo el signo *ce ehécatl,* dice Sahagún, "sería embaidor, y que se trasfiguraría en muchas formas, y sería nigromántico, y hechicero y maléfico, y que sabría todos los géneros de hechicería y maleficios, transformándose en diversos animales" (Lib. IV, cap. xxxi). Habilidad que no llegaba a los guerreros, aunque sus almas, que iban al sol, se transformaban, al cabo de cuatro años, en chupamirtos (Hernández, *ob. cit.,* p. 49). En fin, hasta los maceguales, en cierta ocasión, tomaron forma de vida inferior a la del hombre: "En el año postrero que fue sol Chalchiutlicue, como está dicho, llovió tanta agua y en tanta abundancia, que se cayeron los cielos, y las aguas llevaron todos los maceguales que iban, y dellos se hicieron todos los géneros de pescados que hay".[10] Entre los aztecas, las mujeres grávidas y los niños, al fin del ciclo de 52 años, quedaban encerrados en los graneros, cubierto el rostro con una máscara de penca de maguey, para evitar que aquéllas se transformaran en animales fieros y éstos en ratones.[11]

Volviendo al tema, la licantropía propia, esto es, la transformación en animal, ya sea voluntaria o involuntaria, llevada a cabo por un licántropo, haremos primero algunas observaciones sobre la naturaleza de los nahuales, entre quienes, desde los tiempos más remotos, ha prevalecido el ejercicio de la licantropía en México. Ya hemos visto que los nobles nacidos bajo el signo de *ce ehécatl* tenían aptitudes para tomar forma de animal. Lo mismo sucedía con aquellas personas bajo el signo *ce quahuitl.* "A los que nacían en este signo—dice Sahagún—no los bautizaban, sino deferíanlo hasta la tercera casa que se llamaba Eycipactly . . . y que los que nacían en este signo, serían nigrománticos, embaidores o hechiceros, y que se transfiguraban en animales" (lib. IV, cap. xi). Los nahuales no eran, sin embargo, simples hechiceros. El término nahual, dice Brinton, "significa sabiduría, sobre todo la sabiduría mística, la sabiduría de lo secreto y lo recóndito en la naturaleza; las mentalidades no educadas fácilmente lo confunden con la magia y hechicería".[12] Después de la conquista, sin embargo, se asoció al nahual el concepto demonio, y de aquéllos que se transformaban en animales se decía que tenían pacto con el diablo. En nuestros días, según opinión de Brinton, el nahualismo no es una secta estrictamente derivada de las ceremonias aztecas ni de las supersticiones europeas, sino una mezcla de las dos, a menudo absurda y grotesca.

Pasando a la enumeración de casos concretos de licantropía entre los nahuales, tanto en la antigüedad como en épocas más recientes, citaremos primero el curiosísimo relato de Durán referente a los hechiceros enviados por el rey Moctezuma I en busca de Aztlán y de sus antepasados. Nada menos que sesenta nahuales toman parte en esta fantástica expedición hacia el pasado. Aquí, como en algunos de los casos de licantropía en Europa que hemos citado, la transformación se efectúa por medio del ungüento mágico que sirve para cubrirse el cuerpo. Mas dejemos la palabra al cronista Durán, quien, con su característica ingenuidad, nos dice:

> El rey... mandó luego que llamasen y buscasen por todas las provincias a todos los encantadores y hechiceros que pudiesen hallar, y fueron traídos ante él sesenta hombres que sabían de aquella arte mágica... Ellos partieron y llegaron a un cerro que se dice Coatepec, que está en la provincia de Tulla; allí todos juntos hicieron sus cercos y invocaciones al demonio, embijándose con aquellos ungüentos que para esto los semejantes suelen hacer... el demonio, forzado por aquellos conjuros y ruegos, y ellos volviéndose en forma de aves unos, y otros en forma de bestias fieras, de leones, tigres, adives, gatos espantosos... llevólos a aquel lugar donde sus antepasados habían habitado". (*Ob. cit.,* I, xxvii)

El viaje, sin embargo, fue costoso para los nahuales, ya que una tercera parte de ellos perdieron la vida:

> Ellos tomaron su presente y vueltos a hacer los cercos y conjuros y embijándose, como a la venida, se volvieron en las mesmas figuras y especies de animales que a la venida, y caminando en aquella forma llegaron al cerro Coatepec y allí se juntaron y tornaron en su figura racional, llegando unos antes y otros después y contándose, mirando los unos por los otros, hallaron veinte menos, y admirándose de verse así diezmados y que faltaba la tercia parte, dijeron algunos que las bestias fieras con que habían topado los habían comido y las aves de rapiña, y no debió ser sino que el demonio los tomó y diezmó en pago de su trabajo, porque dice la historia que fueron en diez días y que volvieron en ocho, camino de trescientas leguas.

Un caso de transformación ocasionada por los alimentos es el que encontramos entre los antiguos tarascos de Michoacán. La diosa Xaratanga, para castigar a los que se han atrevido a imitar a sus sacerdotes, se vale de la siguiente estratagema, que nos hace recordar el castigo que Dante impone a los ladrones en el octavo círculo del *Infierno:*

> En una fiesta desta su diosa Xaratanga, empezaron a escoger de las mieses que había traído Xaratanga... e hicieron una guirnalda como la que solía ponerse el sacerdote de Xaratanga... Y desplaciendo esto a la diosa, no se les pegó el vino, que todo lo hecharon y gomitaron, y levantándose y tornando algo en sí, dijeron a sus hermanas: "¿Qué haremos, hermanas, que no se nos pegó el vino?

> Muy malas nos sentimos. Id si quisiéredes a pescar algunos pececillos para comer y quitar la embriaguez de nosotros". Y como no tuvieron red para pescar, tomaron una cesta y la una andaba con ella a la ribera y la otra ojeaba el pescado, y las pobres ¿cómo habían de tomar pescado que se lo había ya escondido Xaratanga que era tan gran diosa? Y después de haber trabajado mucho en buscar pescado, toparon con una culebra grande, y alzáronla en la mano en un lugar llamado Uucucepú y lleváronla a su casa con mucho regocijo. Y los sacerdotes... las saludaron y dijeron: "Seáis bien venidas, hermanas, ¿traéis siquiera algunos pececillos?" Respondieron ellas: "Señores, no habemos tomado nada; mas no sabemos ques esto que traemos aquí". Respondieron ellos: "También es pescado eso, y es de comer, chamuscalda en el fuego para quitar el pellejo, y hacé unas buenas poleadas, y este pescado cortaldo en pedazos y echaldo en la olla y ponelda al fuego para quitar la embriaguez". Y haciendo aquella comida a medio día asentáronse en su casa a comer aquella culebra cocida con maíz, y ya que era puesto el sol empezáronse a rascar y arañar el cuerpo que se querían tornar culebras, y siendo ya hacia la media noche, teniendo los pies juntos, que se les habían tornado cola de culebra, empezaron a verter lágrimas, y estando ya verdinegras del color de las culebras.... (*Relación... de Mechuacan,* ed. cit., pp. 138-40).

En la misma obra se relata el caso de una madre a quien, por venganza, le transforman al hijo en tuza:

> Y vino una vieja que no se sabía quién era con sus naguas de manta basta de hivas y otra manta de lo mismo echada por el cuello, y las orejas colgando muy largas, y entró en casa de un hijo de Zinsuni, que tenía un hijo que criaba su mujer, y como la vio su mujer díjole: "Entra agüela", que ansí dicen a las viejas. Dijo la vieja: "Señora, ¿queréis comprar un ratón?" Dijo la señora: "¿Qué ratón es aquél?" Dijo la vieja: "Señora, un topo es, o tuza". Dijo le señora: "Dale acá, agüela". Y tomóselo de la mano, y era todo bermejo, muy grande y largo... y chamuscó la señora aquel topo, y lavóle y echóle en un puchero y púsole al fuego, y coció su hijo en aquel puchero.... (*Ibid.,* pp. 265-66)

Como ya hemos dicho, la licantropía por lo general se encuentra asociada a otra creencia común entre los antiguos mexicanos: la asociación del niño a un animal, llamado su *tona.* Después de haber dado a luz la criatura—dice Sahagún—, luego procuran de saber el signo en que había nacido, para saber la ventura que había de tener; a este propósito iban luego a buscar y a hablar al adivino que se llama Tonalpouhque, que quiere decir 'el que sabe conocer la fortuna de los que nacen'" (Lib. VI, cap. xxxvi). La creencia de que el individuo muere al morir su tona se encuentra bastante difundida, tanto en la India como en Africa. Los casos de este fenómeno que hemos recogido en la literatura mexicana son numerosos. Herrera, en sus

Décadas, cuenta el caso de un cacique que muere al morir su tona, un león (Déc. iv, t. II, p. 158a). Burgoa, en su *Geográfica descripción,* relata varios casos semejantes, siendo el de mayor interés, por los detalles, el caso del indio que muere al morir su tona: un lagarto, al cual mata el caballo de Fr. Diego Serranto (II, lxx, 315-16).

Estas creencias, por supuesto, no han desaparecido del todo. Aún en nuestro siglo, aunque esporádicamente, encontramos referencias a ellas. En 1906, don Valentín F. Frías nos decía:

> Los naguales o nahuales, son ya raros; pues sólo dos personas me han referido que los han visto, y me han dado razón de su figura y fechorías. —Me refirieron (uno de ellos hasta me enseñó al nahual) que éstos son indios viejos que se "empautan" (es decir que tienen pacto con el diablo), y salen al peso de la noche en figura de animal (supongo que será como lobo y coyote) y se andan por las calles llevándose lo que encuentran, pero especialmente aves de corral y ganado menor.[13]

Un caso más reciente de licantropía es el que concontramos en la novela *El Indio* de López y Fuentes.

En conclusión, se podría afirmar que la licantropía, popular en todas las naciones del mundo, ha sido más común en México que en España u otros países; debido, tal vez, a la influencia de los antiguos mexicanos, entre quienes era una creencia bien arraigada. Entre ellos se conocía la licantropía voluntaria, esto es, los nahuales podían tomar, cuando lo desearan, forma de animal. Los animales que preferían eran, como es de suponer, aquellos que abundaban en la fauna mexicana: tigres, coyotes, leones, serpientes, águilas. El método de transformación consistía en el uso del ungüento mágico. También se daban casos de transformación involuntaria; es decir, los nahuales tenían el poder de transformar en animal a cualquier persona. El objeto de dichas transformaciones era principalmente el castigo, y algunas veces la venganza. El método más común para llevar a cabo dichas transformaciones consistía en alimentar a la víctima con la carne del animal en que debía transformarse. Asociada a la licantropía hallamos la creencia en la *tona;* al nacer, a todo niño se le asignaba un animal, de acuerdo con los signos del *Tonalámatl,* o libro de las adivinanzas del futuro. Con frecuencia, al morir la *tona,* moría la persona.

La licantropía es una de las creencias más antiguas en el mundo, y tal vez se remonte a las épocas en que el hombre vivía íntimamente asociado a los animales irracionales. Las ventajas de poder transformarse en animal son obvias. No siempre, por supuesto, se debe al deseo de robar impunemente las aves de corral de los vecinos sin ser reconocido.

Notas

[1] Fr. Jerónimo de Mendieta, *Historia eclesiástica indiana* (México, 1870), p. 91. No hay que olvidar que según una leyenda mitológica griega el dios Zeus, en forma de serpiente, hizo una visita a Proserpina.

[2] *Códice Chimalpopoca: Anales de Cuauhtitlán y Leyenda de los Soles.* Traducción directa del náhuatl por el licenciado don Primo Feliciano Velázquez (México, 1945), p. 25. Los antiguos habitantes de Menfis (Egipto) adoraban a un toro, el dios Apis.

[3] *Historia de los mexicanos por sus pinturas* (México, 1941), iv, 213.

[4] Dr. Francisco Hernández, *Antigüedades de la Nueva España* (México, 1946), p. 128.

[5] *Relación de las ceremonias y ritos, población y gobierno de los indios de la provincia de Mechuacan,* en el vol. 53 de la *Colección de documentos inéditos para la historia de España* (Madrid, 1869), pp. 68-69.

[6] *Historia de Tlaxcala* (México, 1892), pp. 153-56.

[7] *Obras históricas de don Fernando de Alva Ixtlilxóchitl.* Publicadas y anotadas por Alfredo Chavero. 2 tomas (México, 1891-1892), I, 188.

[8] Fr. Diego Durán, *Historia de las Indias de Nueva España y Islas de Tierra Firme.* 2 tomos (México, 1867, 1880), I, 479.

[9] Fr. Juan de Torquemada, *Monarquía Indiana.* 3 vols. (Madrid, 1723), lib. II, cap. l xiv.

[10] *Historia de los mexicanos por sus pinturas,* p. 214.

[11] *Crónica mexicana,* escrita por D. Hernando Alvarado Tezozómoc... (México, 1878), nota de Orozco y Berra, p. 640.

[12] Daniel G. Brinton, *Nagualism.* A study in Native American Folklore and History. (Philadelphia, 1894), p. 57.

[13] Valentín F. Frías, "Folc-lor mexicano", en las *Memorias de la Sociedad Antonio Alzate,* XXIV (1906-1907), p. 362.

V. La mujer

A lo largo de la historia . . . la mujer ha sido más que un fenómeno de la naturaleza, más que un componente de la sociedad, más que una criatura humana, un mito. . . . El creador y el espectador del mito ya no ven en la mujer a alguien de carne y hueso, con ciertas características biológicas, fisiológicas y psicológicas; menos aún perciben en ella las cualidades de una persona que se les semeja en dignidad aunque se diferencia en conducta.

—Rosario Castellanos

— 16 —

ARQUETIPOS FEMENINOS EN LA LITERATURA MEXICANA

Dos arquetipos femeninos que con gran insistencia aparecen en la literatura mexicana y en torno a los cuales se agrupa una constelación de personajes son los de la mujer violada y la mujer virgen; son al mismo tiempo dos arquetipos que en la realidad se ven íntimamente asociados al desarrollo de la psicología del mexicano. El primero, la mujer violada, tiene sus orígenes durante los días de la conquista. Doña Marina, la intérprete de Cortés, es abandonada por el conquistador después de haberla hecho madre. Al mismo tiempo, se convierte en un segundo arquetipo, el de la mujer que traiciona, o abandona, a sus hijos. Doña Marina, la Malinche, da origen al malinchismo, o sea la exaltación de lo extranjero y el menosprecio de lo mexicano. Es el personaje opuesto a la Llorona, la mujer que busca a los hijos.

Doña Marina aparece con insistencia en la literatura mexicana, desde Bernal Díaz del Castillo hasta el presente. Su vida se convierte en leyenda primero y de ahí pasa a la narrativa y la poesía. Su naturaleza legendaria lo confirma lo que se dice en un famoso diccionario: "Las novelas forjadas de la sombra de esta leyenda son casi todas vacías de contenido histórico."[1] Una de las primeras novelas, tal vez la primera, en que aparece Doña Marina es la anómina *Jicontencal* publicada en Filadelfia en 1826. Allí la Malinche representa el espíritu del mal. Se le caracteriza como astuta, falsa, pérfida, disimulada, artificiosa y mañosa.[2] Se le mitifica asociándola a la imagen de la serpiente: se le llama "astuta sierpe" (1:115) y "sierpe venenosa" (1:186). Esta imagen de la serpiente nos permite asociar el arquetipo tanto a Eva como a Coatlicue, la diosa azteca, de cuya estatuas el P. Garibay dice: "Un sentido de maternidad mana de este monstruo monolito, pero hay un dejo de guerra y de muerte, a través de aquellos corazones y de aquellas serpientes" (1:115). Y Torquemada, dramatizando, hace hablar a Coatlicue en estos términos:

> Si vosotros me conocéis por Quilaztli, yo tengo otros cuatro nombres, con que me conozco. El uno es Cuacihuatl, que quiere decir 'mujer culebra'; el otro Cuahuicihuatl, que quiere decir 'mujer águila'; el otro Yaocihuatl, 'mujer guerrera'; el cuarto Tzizmichihuatl que quiere decir 'mujer infernal.' Y según las propiedades que se incluyen en estos cuatro nombres, veréis quién soy en el poder que tengo y el mal que puedo haceros.[3]

Octavio Paz ha identificado a la Malinche con la Chingada, y José Clemente Orozco, en la pintura, con Eva. "Si la Chingada—dice Paz—es una representación de la Madre violada, no me parece forzado asociarla a la Conquista, que fue también una violación, no solamente en el sentido histórico, sino en la carne misma de las indias. El símbolo de la entrega es doña Malinche, la amante de Cortés.... Doña Marina se ha convertido en una figura que representa a las indias, fascinadas, violadas o seducidas por los españoles."[4] Con el nombre de Eva la mujer violada aparece en la literatura antes que en la pintura. En 1885 Manuel Martínez de Castro había publicado la novela *Eva,* cuya protagonista es una mujer violada por un grupo de soldados. Eva vierte su odio sobre el macho, como lo harán más tarde la Negra Angustias, la heroína de Rojas González, y Toña Machetes, la de Margarita López Portillo.[5]

Como representante de la mujer violada y abandonada, Marina se convierte en el prototipo de la concubina indígena. Rosario Castellanos en su libro *Mujer que sabe latín* ha observado que "la concubina india fue tratada como un animal doméstico y como él desechada al llegar al punto de la inutilidad."[6] La misma autora ha dramatizado el problema de la india violada en la novela *Balún Canán* (1957), donde encontramos un personaje, don César, que es digno descendiente de los conquistadores; verdadero semental, tiene regados por todas partes hijos de madres indias, a quienes trata como simples proveedoras de placer. Y además, cree firmemente que, al violarlas, les hace un favor. "Las indias eran más codiciadas después. Podían casarse a su gusto. El indio siempre veía en la mujer la virtud que le había gustado al patrón."[7]

El arquetipo antagónico al anterior es el de la mujer pura, cuyo símbolo en México es la Virgen de Guadalupe. En la mentalidad indígena se le asocia a la Tonantzin, nuestra madre, aunando así los dos mitos, el europeo y el azteca, que convergen para formar este arquetipo que tanta fuerza ha tenido en la formación de la nacionalidad mexicana. La Virgen de Guadalupe, virgen morena que escogió a un indio, Juan Diego, para aparecérsele, es la imagen que nos ayuda a identificar lo mexicano. Si la Malinche da preferencia a lo extranjero, la Virgen de Guadalupe representa lo auténticamente mexicano. Pero también lo femenino frente a lo masculino. Cuando la Negra Angustias se posesiona del traje de su lugarteniente, descubre que en el sombrero hay algunas estampas. "Con la punta de los dedos desprendió la estampa del Señor de Chalma y dijo al Güitlacoche: —Este se lo pones a tu sombrero; yo no necesito machos que me cuiden... Búscame una estampita de la Virgen de Guadalupe."[8] Hay que observar, sin embargo, que el nombre Guadalupe no es raro entre los hombres.

El arquetipo de la virgen aparece ya en la literatura colonial. Los *Sirgueros de la Virgen sin original pecado,* la novela pastoril de Fr. Francisco Bramón publicada en México en 1620 es un canto a la Virgen. La obra termina con un "Auto del triunfo de la Virgen y gozo mexicano", en donde ya vemos la asociación del mito de la fundación del imperio azteca y el culto a la Virgen. Entre los personajes se encuentran la Virgen María y el Reino Mexicano. Este aparece "riquísimamente vestido, con una tilma de plumería y oro, costosamente guarnecida.... Llevaba, como los seis, en el brazo izquierdo un rico escudo con un vistoso plumero de muchas y diversas plumas, que más realzaban el adorno de la persona. En el escudo llevaba sus propias armas grabadas, que son una águila sobre un nopal, con estas letras: 'Pues tal luz le da María/ renovaréla en su día'."[9]

El culto a la Virgen trasciende el aspecto divino para convertirse en la adoración de seres humanos, como la madre, la novia y en general toda mujer pura, toda buena mujer. Así tenemos dos arquetipos contrapuestos, la buena y la mala mujer, arquetipos que tienen sus orígenes en la antigüedad mítica. Contrapuesta a la Malinche, en la novela *Jicontencal,* encontramos a Teutila, la mujer angelical, virtuosa, honrada matrona, buena esposa; "ángel bajado del cielo," la llama un personaje anónimo (2:174). Se le presenta como víctima inocente del tirano Cortés y guardada por "una astuta serpiente", doña Marina (1:190). Dedicada a la práctica de la beneficiencia, se convierte, como la Virgen de Guadalupe, en el refugio de los desamparados.

La Virgen, la madre, simboliza también la tierra. Aquí, otra vez, sobreviven mitos prehispánicos. Para los aztecas, la Mariposa de obsidiana, símbolo de la diosa Coatlicue, "es la tierra en su personificada maternidad—dice el P. Garibay—, que en su regazo abarca a vivos y muertos" (1,117). Entre las poesías en náhuatl que recogió Bernardino de Sahagún en Tepepulco se encuentra la siguiente:

Amarillas flores abrieron la corola.
¡Es Nuestra Madre, la del rostro con máscara!

. . . .

Blancas flores abrieron la corola.
¡Es Nuestra Madre, la del rostro con máscara!

. . . .

¡La diedad sobre los cactus redondos:
Nuestra Madre, Mariposa de obsidiana!

. . . .

Es Nuestra Madre, la Reina de la Tierra;
con greda nueva, con pluma nueva, se halla emplumada
(Garibay, 1, 117, 118)

De la Virgen se pasa fácilmente a la adoración de la madre, la sufrida madre mexicana. No hay mejor ejemplo en la literatura que la Luciérnaga, la protagonista de la novela de Azuela. Conchita simboliza a la madre ejemplar y esposa fiel. A pesar de que el marido, Dionisio, es un perdido, ella no lo abandona. "Es—dice Azuela—la esposa cristiana que sigue al compañero, así esté lacrado por las enfermedades, por la miseria, por el vicio, o por el crimen mismo. Si la misión de la luciérnaga es hacer más negra la noche con su lucecilla, la luciérnaga, cintilando, cumple con su misión."[10] Conchita, en fin, como toda esposa fiel, es abnegada, mustia, obediente, callada, sumisa y humilde. Torres Ríoseco la llama "alma humilde y grande, épica en su sencillez y en su silencio."[11] En una novela más reciente, *El desierto mágico* (1959) de Concha de Villarreal, encontramos como en *Jicotencal* a las dos mujeres, la buena y la mala, contrapuestas, técnica común en la narrativa. Tanto la pura, dedicada, humilde y recatada Engracia como la provocativa y venenosa Paula están enamoradas del maestro Ventura; la buena mujer triunfa, al darse cuenta el maestro de lo denigrante que son las relaciones ilícitas que lleva con Paula. No ocurre lo mismo en la novela de Rosa de Castaño, *Fruto de sangre* (1958), en donde Martín abandona a su sufrida, humilde mujer para vivir con Paula, la mala mujer del marido ausente. Y en *Yo como pobre* (1944), la novela de Margarita Mondragón, Julia, la mujer sufrida, al perder al marido y después al hijo se dedica a ayudar a la gente del miserable barrio donde vive.

Personajes afines al arquetipo mujer-virgen son la novia pura, la monja intocable y la maestra dedicada; y a la mujer violada, la novia asequible y la prostituta. El primer grupo lo componen las mujeres respetadas y el segundo las vilipendiadas. Un grupo intermedio entre estos dos extremos lo forman la coqueta, la solterona y la actriz.

La relación madre-novia es más que obvia en el "Nocturno a

Rosario" del poeta romántico Manuel Acuña, en el cual aparecen estos versos:

> Camino mucho, mucho, y al fin de la jornada
> la forma de mi madre se pierde en la nada
> y tú de nuevo vuelves en mi alma a aparecer.
>
> ¡Que hermoso hubiera sido vivir bajo aquel techo,
>
> . . .
>
> los dos una sola alma, los dos un solo pecho,
> y en medio de nosotros, mi madre como un dios![12]

Como en Acuña, en otros poetas la novia pura, cuyo prototipo es la bella durmiente, es intocable. Aun en López Velarde, Fuensanta es una mujer pura, lejana. La asociación Virgen-madre-novia la encontramos en el poema "Elogio a Fuensanta":

> Humilde te he rezado mi tristeza
> como en los pobres templos parroquiales
> el campesino ante la Virgen reza.
>
> Antífona es tu voz, y en los corales
> de tu mística boca he descubierto
> el sabor de los besos maternales.[13]

La novia pura, si se casa, se convierte en esposa fiel y madre abnegada. Si no se casa, se queda de solterona o se hace monja (beata) o maestra, arquetipos supeditados al de la mujer pura. La solterona es un personaje común en la literatura mexicana, donde aparece con frecuencia como protagonista; la encontramos en la novela *Polvos de arroz* (1958) de Sergio Galindo y en varios cuentos de Raquel Banda Farfán, Elena Garro y Carlos Fuentes. En "A la víbora de la mar" del último aparece una solterona que es engañada y robada de sus ahorros durante un viaje de vacaciones. La beata, que sustituye a la monja en el México contemporáneo, aparece con frecuencia en las novelas de Agustín Yáñez. En el cuento "Anacleto Morones" de Juan Rulfo encontramos una sarcástica caracterización de este arquetipo. La combinación beata-solterona es común. Mariana, en la novela *La vida y yo* (1954) de Blanca B. Mauries, es una beata solterona que siente, dice, "un profundo horror por los pecados del amor." Es curioso observar que la solterona, generalmente, no es perseguida por el hombre. A Dionisia, solterona ya a los veintitrés años, en un cuento de Banda Farfán, "los hombres la veían con la indiferencia con que puede verse a una vaca."

Si la mujer es coqueta, el hombre, en cambio, considera normal engañarla y seducirla. La coqueta, que es tildada de ser casquivana y liviana, puede convertirse en amante o prostituta. Conchita, en la novela *Senderos de pasión* (1948) de Dina Rico, se entrega a Armando, un hombre insignificante, aunque entregarse es considerado como pecado que no tiene perdón. La sociedad, por supuesto, la condena (con excepción de la madre) y la muchacha se suicida. Otro personaje, Leonor, hace esta observación: "Yo no podía comprender por qué, cuando delinquía una mujer, en lugar de ofrecerle una mano amiga, un hogar honesto—aun contra su propia voluntad—donde pudiera olvidar su pecado y redimirse, se la lanza al arroyo, obligándola, las más de las veces, a seguir rodando por la pendiente iniciada por el amor."[14] Una variante de la coqueta es la mujer que juega con su virginidad, deseando perderla. Es el caso de las Rorras Gómez en el cuento de Rojas González, y también el de Micaela en *Al filo del agua.*

La coqueta que ha caído a veces se hace maestra para redimirse. Así ocurre con Leonor, en la novela *Senderos de pasión,* quien se ha entregado al pintor Juan José. Al nacerle muerto el hijo, Leonor se dedica a la enseñanza para educar a los hijos de otras madres. No es raro que la maestra participe en causas sociales en beneficio del pueblo. Eso es lo que hace Dolores Martínez, la protagonista de la novela corta *La maestrita* (1949) de María Luisa Ocampo. Esta humilde, idealista y franca mujer, dedicada a enseñar al pueblo, se adhiere a la causa zapatista y lucha por el mejoramiento del campesino. Al caer prisionera, sin embargo, es fusilada sin piedad y sin que nadie la defienda. Esta dedicación de la maestra a las causas populares le vale la admiración del hombre. En la novela *El enganchador* (1951) de Carmelinda Pacheco de Haedo el peón Felipe exclama: "¡Bendita sea la maestra! ¡No hay persona más buena en toda la ribera! Ella nos enseña, nos anima . . . parece el sol que nos da luz, nos da calor y llena de esperanza nuestra alma."[15]

El paso de novia asequible a prostituta es uno de los más socorridos temas en la narrativa universal. En México el prototipo de este personaje es la Santa de Federico Gamboa. Santa se entrega al alférez Marcelino y la madre y hermanos la arrojan de la casa, a la prostitución. Su madre, Agustina, arquetipo materno,

> no la maldecía, porque impura y todo, continuaba idolatrándola y continuaba encomendándola a la infinita misericordia de Dios . . . pero sí la repudiaba, porque cuando una virgen se aparta de lo honesto y consiente que le desgarren su vestidura de inocencia; cuando una hija mancilla las canas de su madre, de una madre que ya se asoma a las negruras del sepulcro; cuando una doncella enloda a los hermanos que por sostenerla trabajan, entonces la que ha cesado de ser virgen, la mala hija y la doncella olvidadiza, apesta cuanto la

> rodea y hay que rechazarla, que suponerla muerta y que rezar por ella.[16]

A la entrega se le designa con el nombre de caída. En torno a la prostituta, arquetipo de la mujer caída, se ha creado un mito. En la historia original de la caída tanto Adán como Eva son arrojados del Paraíso. En el mundo, sin embargo, el hombre no cae cuando pierde su virginidad. La sociedad castiga a la mujer promiscua solamente, tanto dentro como fuera del matrimonio. No hay palabra más injuriosa que "puta"; tanto, que Gamboa, en la novela que se desarrolla en un prostíbulo, no la usa. La puta deja de ser mujer, como descubre Santa el primer día que llega al prostíbulo: "—No era mujer—piensa Santa—no; era una..." (p. 15).

Las otras posibilidades de la novia asequible son convertirse en amante o dedicarse a trabajar, generalmente como actriz, maestra o mecanógrafa; si pertenece a la clase media baja, como mesera, costurera o simple dependiente de tienda; si a la clase baja, como sirvienta. Gustavo Sainz ha captado la vida de la empleada de almacén de ropa en la novela *La Princesa del Palacio de Hierro* (1974), en donde aparecen la mayor parte de los arquetipos femeninos que hemos mencionado. La mecanógrafa es también la víctima del hombre. En la novela *Nosotras las taquígrafas* (1950) de Sarah Batiza vemos como esta mujer es siempre perseguida por los jefes.

¿Por qué, cabe preguntar, esta sumisión total de la mujer al hombre, por indigno que sea?

> Como casi todos los pueblos—dice Octavio Paz—los mexicanos consideran a la mujer como un instrumento, ya de los deseos del hombre, ya de los fines que le asignan la ley, la sociedad o la moral. Fines, hay que decirlo, sobre los que nunca se le ha pedido su consentimiento y en cuya realización participa sólo pasivamente, en tanto que 'depositaria' de ciertos valores. Prostituta, diosa, gran señora; amante, la mujer transmite o conserva, pero no crea los valores y energías que le confían la naturaleza o la sociedad. En un mundo hecho a la imagen de los hombres, la mujer es sólo un reflejo de la voluntad y querer masculinos.[17]

En *Mujer que sabe latín*... Rosario Castellanos, en cambio, culpa no sólo al hombre, como lo había hecho Sor Juana, sino también a la sociedad.

> Por eso—dice—desde que nace una mujer la educación trabaja sobre el material dado para adaptarlo a su destino y cultivarlo en un ente moralmente adaptable, es decir, socialmente útil. Así se le despoja de la espontaneidad para actuar; se le prohibe la iniciativa de decidir; se

> le enseña a obedecer los mandamientos de un ética que le es absolutamente ajena y que no tiene más justificación ni fundamentación que la de servir a los intereses, a los propósitos y a los fines de los demás. (p. 14)

No hay duda de que la literatura mexicana, como otras literaturas, refleja los prejuicios de la época. Pero, además, recrea arquetipos que participan de los prejuicios sociales del pasado. Los arquetipos femeninos, por lo tanto, conllevan las características y funciones, buenas y malas, que se le han atribuido a la mujer a través de los siglos. Dada la naturaleza de los arquetipos, no es fácil desterrarlos. Para hacerlo, sería necesario primero reconocerlos. Por eso creemos que el estudio de los arquetipos, además de ayudarnos a comprender mejor la obra literaria, puede ser útil desde el punto de vista social, ya que nos ayudaría a desterrar esos prejuicios. Considerando que la sociedad evoluciona, es de suponer que los arquetipos literarios cambiarán. Un sociólogo, Francisco González Pineda, ha dicho de la sociedad mexicana:

> En la evolución social y educativa reciente, la reclusión de la mujer va desapareciendo, y con ello la posibilidad de preservar a las hijas con el medio externo de barrotes y chaperones; las jóvenes van tendiendo, cada vez con mayor frecuencia, a experimentar lo sexual con mayor o menor libertad, con mayor o menor promiscuidad . . . Las clases medias se están quedando cada vez con más escasez de vírgenes para los casamientos idealizados de las novias de estas clases, y el hombre mexicano, a tanto agredir mujeres, está comprobando que ya no hay mucho que agredir y que se está quedando sin oportunidades para probar su masculinidad.[18]

Esos cambios sociales a los que se refiere González Pineda los podemos comprobar en la nueva literatura mexicana, aquella representada por los jóvenes entre quienes encontramos a José Agustín, Gustavo Sainz, José Emilio Pacheco, Juan García Ponce, Juan Tovar, René Avilés Fabila, Margarita Daltón, Esther Seligson, Carmen Rubín de Celís y otros, en cuyas obras ya encontramos la imagen de una nueva mujer mexicana.

Notas

[1] *Diccionario Porrúa de historia, biografía y geografía de México* (México, 1964), *s.v.* "Malinche".

[2] *Jicontencal,* 2 vols (Philadelphia, 1826), 1:133, 134, 168.

[3] Citado por Angel María Garibay en su *Historia de la literatura náhuatl,* 2 tomos (México, 1953), 1:251.

[4] Octavio Paz, *El laberinto de la soledad* (México, 1959), pp. 77-78.

[5] Manuel Martínez de Castro, *Eva. Memorias de dos huérfanos* (México, 1885); Francisco Rojas González, *La Negra Angustias* (México, 1944; 2a. ed. 1948); Margarita López Portillo, *Toña Machetes* (México, 1956).

[6] Rosario Castellanos, *Mujer que sabe latín...* (México, 1944), pp. 108-109.

[7] Rosario Castellanos, *Balún Canán* (México, 1957), 2a. ed., 1961, p. 80.

[8] Francisco Rojas González, *La Negra Angustias,* 2a ed. (México, 1948), p. 108.

[9] Francisco Bramón, *Los sirgueros de la Virgen sin original pecado* (México, 1944), pp. 108-109.

[10] Mariano Azuela, *La luciérnaga,* en *Obras completas,* 3 vols. (México, 1958-1960), 1:663.

[11] Arturo Torres Ríoseco, *Grandes novelistas de la América hispana,* vol. 1, "Los novelistas de la tierra" (Berkeley, California, 1941), p. 26.

[12] Manuel Acuña, "Nocturno a Rosario," en José Emilio Pacheco, *La poesía mexicana del siglo XIX. Antología* (México, 1965), pp. 263, 264.

[13] Ramón López Velarde, *Poesías completas y el minutero.* Ed. y Pról. de Antonio Castro Leal, 3a. ed. (México, 1963), p. 13.

[14] Dina Rico, *Senderos de pasión* (México, 1948), p. 40.

[15] Carmelinda Pacheco de Haedo, *El enganchador. A orillas del Grijalva* (Villahermosa, Tabasco, 1951), p. 46.

[16] Federico Gamboa, *Santa* (Madrid, 1910), p. 67.

[17] Octavio Paz, *El laberinto de la soledad,* 2a. ed. (México, 1959), pp. 31-32.

[18] Francisco González Pineda, *El mexicano. Psicología de su destructividad* (México, 1961), p. 163.

— 17 —

MUJER QUE SABE LATIN...

Numerosos son los refranes hispanos que nos revelan la actitud del hombre ante la mujer. La mayoría señala el predominio que aquél ha tenido sobre ésta: "La que se casa, en su casa"; "La mujer, en sus quehaceres, para eso son las mujeres"; "Ni gallo ni grulla, ni mujer que arguya"; "Mujer casada, la pata quebrada, y en casa". La mujer, de acuerdo con esos refranes, no debe de competir con el hombre en sabiduría, en política, o en el mundo de los negocios. Aquellos que se refieren a las capacidades mentales de la mujer son también comunes. He aquí una muestra: "La mujer más avisada, o sabe poco o nonada"; "La mujer que más sabe, sólo sirve para gobernar doce gallinas y un gallo"; "Mujeres y libros, siempre mal avenidos"; "No hay pluma que tenga peso, ni mujer que tenga seso"; "Cuando una mujer es famosa, casi siempre lo es por mala cosa"; "Mujer que sabe latín, ni tiene marido ni tiene buen fin".[1]

La primera parte del último refrán la utilizó Rosario Castellanos como título de una colección de ensayos que publicó en 1973 en torno a mujeres que se han distinguido compitiendo con el hombre en tareas intelectuales, sobre todo literarias.[2] El propósito del libro es demostrar el valor de más de 20 mujeres que han sabido triunfar en el mundo de las letras, dominado por el hombre. Allí nos habla de Virginia Woolf, Agatha Christie, Susan Sontag, Clarice Lispector, María Luisa Bombal, entre otras. pero también incluye ensayos generales sobre el tema de la mujer en el mundo contemporáneo. Destaca el primero, "La mujer y su imagen", en el cual con gran ironía se hace ver lo absurdo de las ideas que algunos hombres han expresado acerca de la inteligencia de la mujer. No son éstas, como las de los refranes, representativas de la sabiduría popular, sino el resultado de investigaciones científicas por eminentes hombres de ciencia, o doctas lucubraciones de grandes y sesudos filósofos. No se detiene Rosario Castellanos a repetir las conocidas diatrabas, como las llama, de Schopenhauer, ni los desahogos, tan esotéricos, nos dice, de Weininger; tampoco se digna hablar de "la sospechosa ecuanimidad" de Simmel; pero sí se detiene en Moebius, quien, "con tenacidad germánica organizó una impresionante suma de datos para probar científica, irrefutablemente, que la mujer es una 'débil mental fisiológica'" (p. 17). A pesar de su sabiduría, no le fue fácil a Moebius explicar en qué consiste la deficiencia mental de la mujer. Se conformó con decir que "es algo que equidista entre la imbecilidad y el estado normal, aunque para designar este último no disponemos de vocabulario apropiado" (p. 17).

Según Rosario Castellanos, en la vida común al término estupidez se le contrapone el vocablo inteligencia. Al estúpido le falta la capacidad crítica; el inteligente, en cambio, discierne bien. Para el hombre de ciencia la estupidez puede ser considerada como anomalía morbosa o reducción de la capacidad del discernimiento. Si allí pararan las cosas estaría bien. Pero, observa Rosario, se hace una asociación entre esas aptitudes y ciertas características corpóreas, como el tamaño del cráneo. "Y el cráneo de la mujer—dicen los hombres—es minúsculo" (p. 18). Además, el número de circunvoluciones es menor. Rudinger ("¿quién será ese ilustre señor?" se pregunta Rosario) encontró en una mujer bávara "un tipo de cerebro semejante en todo al de las bestias" (p. 18).

Según Rosario Castellanos, los hombres, aun cuando quieren defender a la mujer, la disminuyen. Cita como ejemplo el caso de M.A. de Neuville, "otro señor tan ilustre como Rudinger", quien, para demostrar que la mujer no es inferior, hizo una lista de inventos a ella atribuidos. ¿Y cuáles son esos inventos? He aquí una lista parcial: un peine que hace llegar el líquido directamente al cuero cabelludo "simplificando el trabajo del peluquero y de la doncella y permitiendo a los elegantes proveerse de peines de diferentes esencias"; una nueva envoltura para cigarrillos preparada con hojas de rosa comprimidas; un aparato escénico para la danza serpentina ejecutada por un animal: perro, mono, oso; un velódromo casero inventado por una señora "compadecida de los infortunados ciclistas que atropellan liebres en las calles mal empedradas" (p. 18); un mondadientes aromático y antiséptico con capa superficial soluble; una forma de atado para suecos de caucho que evita la confusión y el descabalamiento de los pares. Y así otros por el estilo.

Y aun en los casos en que la mujer ha demostrado que puede superar al hombre se trata de disminuir su éxito diciendo que la materia tratada no está a la altura de otras actividades. En el ensayo "Bellas damas sin piedad", dedicado a las escritoras de literatura policial, Rosario Castellanos observa que ese género ha sido cultivado con regularidad y a veces con éxito por mujeres. "Freud explicaría este fenómeno—apunta Rosario—como un proceso de sublimación... Los misóginos afirmarán que, siendo el policíaco un género menor, naturalmente que las mujeres no temen aproximarse a él porque una aspiración más alta desembocaría en el fracaso" (p. 73). Otros lo harán con la burla personal. De Agatha Christie se dijo que era la mujer que más se había beneficiado con el crimen desde los tiempos de Lucrecia Borgia.

Según Rosario Castellanos, el problema se encuentra en querer comparar la mujer al hombre, porque, "pese a todas las técnicas y tácticas y estrategias de domesticación usadas en todas las latitudes y en todas las épocas por todos los hombres, la mujer tiende siempre a ser mujer, a girar en su órbita propia, a regirse de acuerdo con un peculiar, intransferible, irrenunciable sistema de valores" (p. 19). Palabras que reflejan la actitud genuinamente femenina de Rosario y su concepto de lo que debe de ser el verdadero feminismo.

No es privilegio único del hombre, continúa diciendo Rosario, el haber llegado, vital, emocional, o reflexivamente, a situaciones límites, que es lo que distingue a una persona sobre las otras, sea hombre o mujer. Ejemplos de mujeres que lo han hecho los encuentra tanto en la vida como en la literatura: Sor Juana, Melibea, Ana Karenina, Hedda Gabler, la Pintada, la Celestina. "La hazaña de convertirse en lo que se es (hazaña de privilegiados sea el que sea su sexo y sus condiciones)—dice Rosario—exige no únicamente el descubrimiento de los rasgos esenciales bajo el acicate de la pasión, de la insatisfacción o del hastío sino sobre todo el rechazo de esas falsas imágenes que los falsos espejos ofrecen a la mujer en las cerradas galerías donde su vida transcurre" (p. 20).

A esas mujeres dedica Rosario Castellanos su libro, en el cual nos habla principalmente de las que han sabido distinguirse en la literatura. Y sobre todo de aquellas que han creado, en sus obras, personajes femeninos que han llegado a una situación límite. Nos detendremos a examinar a las hispanoamericanas. Como veremos, en su crítica Rosario Castellanos siempre enfoca el aspecto femenino de la obra, actitud que le da originalidad y unidad a este extraordinario libro titulado *Mujer que sabe latín*....

En el ensayo "La participación de la mujer mexicana en la educación formal" encontramos penetrantes observaciones en torno al drama *La virgen fuerte* de la escritora mexicana María Luisa Ocampo, cuya heroína es una mujer de carácter fuerte que ha vencido todos los obstáculos para dedicarse a curar a los enfermos; que ha renunciado a la vida amorosa para dedicarse a su profesión; pero que sufre, sin embargo, de una debilidad, su excesivo amor hacia los niños. Cuando se le presenta el caso de un niño que sufre dolores insoportables por la enfermedad incurable que padece, se decide por la eutanasia, lo que destruye su vida profesional y personal.[3] El tema del drama le sirve a Rosario para hacer agudas observaciones en torno a la vida de la mujer profesional a quien la sociedad no permite participar de la vida familiar y profesional al mismo tiempo. Aunque la protagonista de Ocampo ha renunciado a la vida amorosa, Rosario se pregunta ¿en cuántos casos la renuncia no es impuesta desde fuera por una sociedad que todavía no admite que el desarrollo de una serie de capacidades no va en detrimento de la práctica de una serie de rutinas? "¿En cuántos casos las mujeres no se atreven a cultivar un talento, a llevar hasta sus últimas consecuencias la pasión de aprender, por miedo a la soledad, al juicio adverso de quienes las rodean, al aislamiento, a la frustración sexual y social que todavía representa entre nosotros la soltería?" (pp. 32-33). Preguntas difíciles de contestar que se aplican no solamente a la mujer mexicana sino a la latinoamericana en general.

Muy pocos son los críticos que se han ocupado de esta pieza teatral de María Luisa Ocampo. Uno de ellos, al hablar de ella y de otra anterior, *Cosas de la vida,* las enjuicia de esta manera: "Ninguna de estas dos obras tiene algo verdaderamente mexicano, ni nada nuevo que decir. Cada una es ortodoxa en sus ideas respecto de la religión, del amor y del valor del trabajo. La única novedad introducida es el respeto social que pueden adquirir las mujeres que no se dejan vencer por los hombres".[4] ¿Por qué escogería Rosario Castellanos *La virgen fuerte,* nos preguntamos, para hablar de su heroína en un ensayo sobre "La participación de la mujer mexicana en la educación formal"? La respuesta a esa pregunta podría constituir una posible refutación de la anterior crítica.

En el ensayo "Clarice Lispector: la memoria ancestral" encontramos un ejemplo de la mujer que se descubre a sí misma en un momento de su vida durante el cual alcanza una situación límite. Tal personaje es G.H., la protagonista de la obra *La pasión según G.H.* de la famosa brasileña.[5] Un día la heroína de Lispector encuentra en la pared encalada del cuarto de la sirvienta, casi en tamaño natural, el contorno a carbón de una pareja desnuda acompañada de un perro. "A G.H. se le hace patente, en un relámpago aterrador—observa Rosario—, que la figura femenina la representa a ella tal como ha sido vista por los ojos de una criatura que pertenece a otras edades y que arrastra a G.H. hasta esas edades para identificarla con su representación" (pp. 130-131). G.H. "ha permitido que una mirada eche abajo la cuidadosa estructura de su apariencia actual y el vacío permite que emerja a la superficie lo que estaba enterrado por siglos de civilización, de acato a las leyes, de obediencia a las normas, de repetición de las costumbres" (p. 131). Y el personaje piensa: "Fue así como fui dando los primeros pasos en la nada. Mis primeros pasos vacilantes en dirección a la vida y abandonando mi vida. El pie pisó en el aire y entré en el paraíso o en el infierno: en el núcleo" (p. 131). Con esos pasos G.H. ha recobrado el gusto de las cosas; sus sentidos, viciados, mudos, despiertan ante lo maravilloso de la nueva vida.

¿A qué circunstancias se debe que la mujer haya podido triunfar en el mundo de las letras, a pesar de los obstáculos que el hombre ha arrojado en su camino? Citando a Virginia Woolf, en el ensayo "Corín Tellado: Un caso típico", Rosario Castellanos explica el caso así:

> . . . la primera profesión que pertenece al orden de la cultura, es decir, al mundo exclusivamente masculino y que tuvo la capacidad de ejercer la mujer, fue la literatura. Y esto por razones meramente prácticas.
>
> En primer lugar, el instrumento de expresión de los géneros literarios, es el lenguaje. Y desde muy temprana edad las mujeres aprenden, por lo menos, a hablarlo. Claro que del lenguaje oral al escrito hay una enorme diferencia cualitativa. Pero cuando la alfabetización dejó de ser un privilegio de ciertas clases y de ciertos grupos y comenzó a extenderse aun entre las clases populares, las mujeres aprovecharon esta ventaja y, en el caso de los países de religión protestante, otra: la frecuente lectura de la Biblia . . . Ahí estaba el dechado . . . ¿Qué faltaba? Papel, pluma. Dos artículos que no son difíciles de conseguir en el mercado . . . Sobraba el tiempo libre. La vigilancia de los padres y los tutores era fácil de burlar, gracias a los siglos de tradición y de práctica de este deporte. Claro que era indispensable el talento. Pero el talento mimético es quizá el único que ni los zoólogos ni los otros especialistas en el tema han negado que poseen las mujeres. (pp. 138-39)

Entre las hispanoamericanas que se han distinguido como escritoras Rosario Castellanos selecciona para hablarnos de ellas, adémas de María Luisa Ocampo y Clarice Lispector, a María Luisa Bombal, Silvina Ocampo, Ulalume González de León, María Luisa Mendoza y Sor Juana Inés de la Cruz. La esencia de la narrativa de Bombal la capta en una sola frase final: "Siempre. Nunca. Estas dos palabras claves en María Luisa Bombal anulan el tiempo, esa patraña urdida por los hombres para castigar a las mujeres con la vejez y para espantarlas con otra mentira: la muerte" (p. 149).

Lo que de Silvina Ocampo nos dice Rosario Castellanos es de interés porque puede aplicarse a sí misma, ya que a ninguna de las dos las ha tentado "ni el análisis psicológico ni el cuadro de costumbres, los Scilas y Caribdis en los que generalmente naufragan los libros escritos por mujeres" (p. 160). La búsqueda de Silvina Ocampo, en cambio, se ha orientado hacia otros rumbos. "Es la búsqueda de la aguja en el pajar, esto es, la de lo que estaba escondido bajo un material amorfo al que la pereza de nuestros ojos se niega a dar una estructura, una configuración, un orden" (p. 150). ¿Y cómo puede la escritora descubrir esa estructura, ese orden oculto que hay que dar a las cosas? Una respuesta parcial la encontramos en los comentarios en torno al libro de cuentos *A cada rato lunes* de Ulalume González de León.[6] "El descubrimiento del orden resulta aquí no la consecuencia de un proyecto larga y minuciosamente elaborado sino la sorpresa de un obsequio del azar. El orden del cuento hubiera permanecido oculto si el duende no hubiese hecho un guiño para señalarlo y si el escritor hubiera elegido vivir en vez de contar" (p. 159).

Al tema de la búsqueda de la forma vuelve en el ensayo dedicado a María Luisa Mendoza, cuyo subtítulo es "El lenguaje como instrumento", y en el cual analiza de una manera brillante el libro *Con él, conmigo, con nosotros tres.* "La obra maestra, desde luego—dice Rosario—, no es previsible o recetable. Puede surgir—y algunas veces ha surgido—de un chispazo instantáneo del genio." Pero por supuesto el escritor o la escritora no debe de sentarse a esperar que surja ese chispazo. Hay que tener paciencia, pero debe de ser una paciencia activa, "que no se limita a aguardar la aparición de la musa y a recibir sus dictados sino que propicia este momento y, en el momento en que se produce, se encuentra en aptitud para aprovecharlo" (p. 166).

He allí el secreto del genio creador de Rosario Castellanos, según lo demostró en su poesía y en su narrativa. De su formación literaria nos da, en los cuatro últimos ensayos, una visión parcial pero penetrante: lecturas y escrituras tempranas, libros favoritos y la trayectoria crítica de su poesía, recogida en 1972 en el volumen *Poesía no eres tú.*[8] El título no es, como podría creerse y explica el autor, una reacción tardía contra el romanticismo de Bécquer y sus contemporáneos. "Somos anacrónicos—dice—pero no tanto" (p. 203). Rosario Castellanos considera que su poesía continúa la tradición establecida en Hispanoamérica por Delmira Agustini, Juana de Ibarbourou y Alfonsina Storni. Pero sin imitarlas. "Cierto es—confiesa—que las leí con la aplicación de los aprendices. Cierto es que de la primera admiré las suntuosas imágenes y de la tercera la sonrisa irónica y de ambas el oblicuo y el directo ímpetu suicida. Cierto es que de la segunda aprendí que todo lo suyo me era ajeno. Pero mi problema nacía de otros orígenes y, consecuentemente, exigía otras soluciones" (p. 204). Fijémonos que Rosario no menciona aquí a Sor Juana, uno de sus autores favoritos. Pero su presencia es evidente, como vemos en lo que a continuación citamos: "En el momento en que se descubre la vocación yo supe que la mía era la de entender". Y continúa:

> Hasta entonces, de una manera inconsciente, yo había identificado esta urgencia con la de escribir. Lo que saliera. Y salían endecasílabos consonantes. De cuatro en cuatro y de tres en tres. Sonetos. Y su redacción me proporcionaba un alivio a la angustia como si, por un instante, me hubiera yo emancipado del dominio del caos. Reinaba el orden, irrisorio tal vez, seguramente provisional, pero orden al fin.
>
> Alguien me reveló que eso que yo hacía se llamaba literatura. Más tarde averigüé que hay una facultad universitaria en la que se estudian su historia y su técnica. Fui a inscribirme a ella. (p. 204)

Con más suerte que Sor Juana—los tiempos son otros—Rosario Castellanos se inscribe en filosofía y letras, de donde pasa a filosofía a secas. De la universidad recibe un título, pero no encuentra lo que busca, el arte de escribir. Para eso tiene que volver al ejemplo de otra hispanoamericana, Gabriela Mistral. Lo humano de la autocrítica de Rosario lo encontramos en estas sentidas frases:

> Elegí a Gabriela Mistral, a la Gabriela de las *Materias,* de las "criaturas" y de los *Recados.* A la lectora de la Biblia. Lectura a la que, desde luego, me apliqué yo también. La buena sombra de tan buenos árboles (y aún mucho de su follaje) cae sobre las páginas *De la vigilia estéril.*
>
> Infortunado título que permitió a mis amigos hacer juegos de palabras. ¿Estéril o histéril? Y yo era soltera contra mi voluntad y el drama del rechazo de los aspectos más obvios de la feminidad era auténtico. (p. 206)

Y así sigue Rosario. Sobre cada obra suya encontramos una breve pero íntima y sustanciosa observación que nos permite apreciarla mejor.

Y llegamos al revelador último ensayo, "La angustia de elegir", en torno a la sempiterna pregunta que se hace al escritor acerca de los diez libros que se llevaría consigo en el hipotético caso de que se marchara a una isla desierta. Primero contesta con ironía que el único libro necesario en una isla desierta sería el *Manual del perfecto náufrago,* "que alguien—dice—tiene que haber escrito alguna vez porque no se concibe un mundo con una carencia semejante" (p. 208). Pero no rehusa contestar la pregunta. Primero, nos dice, se ve tentada a llevar las obras de Proust, Thomas Mann, Balzac, Galdós, Galsworthy, todos ellos novelistas. Sin embargo, para un náufrago en una isla desierta la nostalgia no ha de ser solamente literaria, sino también del paisaje, de los modos peculiares de expresión y de comportamiento, esto es, de un estilo de vida. Así, pues, es necesario contemplarse en el espejo de la literatura mexicana, desde los poemas prehispánicos hasta el presente. Por esa razón se llevaría el *Popol Vuh,* el *Chilam Balam,* los augurios de los Xahil, de lo prehispánico; a Sor Juana y Juan Ruiz de Alarcón entre los coloniales; las cartas de la marquesa Calderón de la Barca, representante del siglo diecinueve; y no falta la *Muerte sin fin* de Gorostiza, los poemas de Pellicer y de algunos jóvenes. Lista que refleja no sólo gustos personales, sino también un profundo conocimiento de las letras patrias, de los autores significativos. A su lista nosotros haríamos solamente un cambio. En vez de la poesía de alguno de los jóvenes incluiríamos la obra completa de uno de los más grandes escritores mexicanos del siglo veinte, Rosario Castellanos.

Notas

[1] Consultar el *Refranero general* de la Real Academia Española compilado por Luis Martínez Kleiser (Madrid: Real Academia Española, 1953).

[2] Rosario Castellanos, *Mujer que sabe latín...* (México: Secretaría de Educación Pública, 1973; Sep-Setentas, 83). Los números entre paréntesis remiten a las páginas de esta edición.

[3] María Luisa Ocampo, *La virgen fuerte.* Pieza estrenada en 1942 en Tampico, Tamps. Publicada en la colección *Teatro Mexicano Contemporáneo,* No. 29 (México, 1943).

[4] John B. Nomland, *Teatro mexicano contemporáneo (1900-1950)* (México: Instituto Nacional de Bellas Artes, 1967), p. 237. María Luisa Ocampo, *Cosas de la vida* (México: Secretaría de Educación Pública, 1926).

[5] Clarice Lispector, *A paixão segundo G.H.* (Rio de Janeiro: Editôra do Autor, 1964). Versión castellana de Juan García Gayo (Caracas: Monte Avila, 1969).

[6] Ulalume González de León, *A cada rato lunes* (México: Joaquín Mortiz, 1970).

[7] María Luisa Mendoza, *Con él, conmigo, con nosotros tres* (México: Joaquín Mortiz, 1971).

[8] Rosario Castellanos, *Poesía no eres tú* (México: Fondo de Cultura Económica, 1972).

— 18 —

LA SOLDADERA EN LA NARRATIVA DE LA REVOLUCION

La soldadera es, no cabe duda, uno de los pocos personajes anónimos originales creados por los narradores de la Revolución mexicana de 1910-1917. Y sin embargo, como los humildes, ha permanecido olvidada, al margen de la historia. En vano escudriñamos las memorias, autobiografías, crónicas e historias de la Revolución en busca de su perfil; en vano la crítica de la novela de la Revolución, en donde se habla de ese ser representativo no sólo de la mujer mexicana del pueblo, sino también de la mujer universal que se sacrifica por rescatar algo de la vida normal que el hombre destruye con sus absurdas e insensatas guerras. Porque la soldadera sigue a su juan no sólo por amor; también para salvar del torbellino de la revolución la vida familiar, que se desmorona.

La Revolución mexicana es tal vez la primera en la cual la mujer ha tenido una participación activa indispensable. Se le encuentra en los ejércitos asistiendo a los soldados como mujer que lleva a cuestas a los hijos; como amante en pos del novio; o como simple enfermera o cocinera. Pero todas ellas, por primera vez en la historia, con las armas en la mano y conscientes de que pelean por una vida mejor.

Esta participación activa en la lucha es lo que distingue a la soldadera revolucionaria de su antepasada la soldadera en los ejércitos mexicanos del siglo diecinueve. Porque al prototipo ya lo encontramos en la novela de esa época. En 1865 Luis G. Inclán, en *Astucia* introduce un personaje, Elisa, del cual se dice que se enredó con un oficial que "la alquilaba a sus compañeros . . . y fue descendiendo de grado en grado hasta ser soldadera, distinguiéndose entre las de su clase por la *Rota Cuartelera,* que así era públicamente nombrada".[1] Y también aparece en la novela *Tomóchic* de Heriberto Frías, obra publicada en el periódico *El Demócrata* entre 1892 y 1893 y en la cual se le dedica un corto pero significativo capítulo, ya que es allí, por primera vez en la literatura mexicana, donde aparece la soldadera de cuerpo entero, aunque pintada con imágenes degradantes.

> Las mujeres, las *soldaderas* que esclavas, seguían a sus *viejos* y luego avanzaban para proveerse de comestibles... Aquellas hembras sucias, empolvadas, haraposas; aquellas bravas perras humanas, calzadas también con huaraches, llevando a cuestas enormes canastas repletas de ollas y cazuelas, adelantándose, al trote, a la columna en marcha, parecía una horda emigrante.[2]

Como vemos, la soldadera en los ejércitos de Porfirio Díaz era una simple bestia de carga, no superior a los animales. Sin embargo, vistas desde la perspectiva de uno de los personajes de Frías, el oficial Miguel, la soldadera es un ser ambivalente. Parece que la salida del cuartel y la participación en las jornadas y las batallas la ennoblece, aunque siga siendo una simple esclava.

> ¡Las soldaderas! . . . Miguel les tenía miedo y admiración: le inspiraban ternura y horror. Parecíanle repugnantes. Sus rostros enflaquecidos y negruzcos, sus rostros de harpías y sus manos rapaces, eran para él una torturante interrogación siniestra... Las vio lúbricas, desenfrenadas, borrachas, en las plazuelas, en los barrios de México, donde pululaban hirviendo en mugre, lujuria, hambre, y chínguere y pulque....

En el frente, sin embargo, Miguel ve con otros ojos a esas mujeres desechadas por la sociedad. Con la siguiente creación verbal Frías anticipa la creación plástica de Orozco, el muralista que más se ocupa de la soldadera. "Y he aquí que ahora las contemplaba, maravillado, casi luminosas... Y sus toscas figuras adquirían relieve épico, por su abnegación serena, su heroísmo firme, su ilimitada ternura ante los sufrimientos de sus *juanes,* de sus *viejos,* de aquellas víctimas inconscientes que sufriendo vivían y morían..." (p. 11).

La imagen del perro, asociada a la soldadera, aparece también en un contemporáneo de Frías, el cuentista Angel de Campo, *Micrós;* si bien la asociación de imágenes es indirecta, no es menos significativa. En la ciudad de México, dice *Micrós* en el relato "El fusilado", prosa de 1894 que ya apunta hacia la narrativa de la Revolución, van a fusilar al corneta Margarito López. Se describe la llegada de la tropa, al parejo de la cual van "troteando, con el rebozo caído y el muchacho a la espalda, con grandes sombreros anchos, las soldaderas... escoltadas por sus perros".[3]

La definición de la soldadera como simple proveedora de alimentos para la tropa es la que encontramos en los diccionarios de la época. En un curioso librito publicado en 1892 en España su autor, José Sánchez Somoano, identifica a la soldadera como la *mujer* del soldado, ambos indígenas. Así se desprende de la siguiente cita: "Al soldado mexicano le dan dos reales fuertes, o sea una de nuestras pesetas columnarias, equivalentes a cinco reales, los cuales entrega a su soldadera o mujer para que le sirva la comida; y como el alimento del indio es barato, se tratan a cuerpo de rey".[4] Para Ramos i Duarte, que publicaba su *Diccionario de mejicanismos* en 1895, la soldadera no es, como lo es para Somoano, la mujer del soldado, sino la concubina, del soldado. Ambas definiciones, por supuesto, son verdaderas, como hemos visto por las citas de Inclán y Frías. Ambos prototipos reaparecen en la narrativa de la Revolución, pero sin identificarlos desde la perspectiva racial. Ya no, sin embargo, como simples buscadoras de alimentos o compañeras pasivas de los soldados, sino con las armas en la mano peleando al lado de su hombre; característica que les da originalidad y las distingue de sus antepasadas. Al mismo tiempo, la creación de ese personaje, casi siempre anónimo, por los novelistas de la Revolución destruye el mito de la mujer mexicana como producto pasivo de la actividad masculina. La soldadera es un ser que actúa por sí mismo y en el que hay en su relación con el hombre tanta actividad y acción como en el hombre mismo.[5] Porque esa humilde mujer del pueblo, al tomar las armas, pelear y exponer su vida en el frente, no sólo cobra igualdad, sino que a veces supera al soldado en valor, resistencia, agresividad y astucia.

El novelista español Vicente Blasco Ibáñez, que fue a México en 1919 con el propósito de recoger materiales para una novela, *El águila y la serpiente,* que nunca publicó, dio una anticipación de sus impresiones y de lo que sería la obra en la serie de artículos periodísticos recogidos bajo el título *El militarismo mejicano* (1920). Allí, no con el propósito de enaltecer a la soldadera, sino de rebajar el valor del soldado mexicano, dice: "El ejército de allá es de ambos sexos, y no se sabe quién vale más, si los hombres o las mujeres".[6] Aunque Blasco nos habla en términos elogiosos de la soldadera, sus juicios no son siempre favorables, ya que, según él, se encuentra en el ejército no por su voluntad, sino por la del soldado. "El mejicano—dice—es sentimental, enamoradizo, y va a todas partes con su mujer . . . Cada soldado representa una mujer que sigue al regimiento, y las más de las veces varios chicos" (p. 192). Su pintura de la soldadera no difiere mucho de la de Somoano y los novelistas del siglo pasado. "Porque las soldaderas, llamadas también *galletas,* son de una fidelidad inquebrantable para su hombre, pero pasan sin vacilación alguna a unirse con otro cuando el anterior ha muerto" (p. 194).

Todavía, para Blasco Ibáñez, la soldadera es una simple proveedora de alimentos:

> Lo que se aprecia en la mujer es su habilidad para encontrar la comida y presentarla; su aguante para el trabajo y la fatiga . . . Pero es en la guerra, en pleno campo, donde la soldadera da pruebas de todo el poder de resistencia y abnegación que hay en su organismo. . . . Durante las marchas, las soldaderas van a vanguardia, adelantándose varios kilómetros a las tropas, para que los hombres, al llegar, encuentren encendido el fuego y lista la comida. Pueblos y aldeas temen más a las mujeres de los soldados que a los mismos soldados. . . . Las soldaderas caminan días enteros con un niño de la mano, [y] otro invisible que espera el momento de aparecer . . . Por donde ella pasa, no queda árbol con fruta, campo con verdura, corral con gallina, ni establo con cerdo. (p. 196)

Esa visión negativa de la soldadera presentada por Blasco no es, por lo general, la que encontramos en la narrativa de la Revolución. Los novelistas de esa época, como ya ha apuntado Carlos Fuentes, introducen en la narrativa hispanoamericana el personaje ambiguo. La soldadera, para ellos, no es ni buena ni mala; es un ser humano que reacciona de acuerdo con las circunstancias. En la novela *Campamento* (1931) de Gregorio López y Fuentes hay una escena en la que un capitán anónimo (en verdad todos los personajes en esta obra son anónimos) duda del valor de la soldadera en el ejército. En torno a una hoguera, entabla este diálogo con un sargento: "Las mujeres—dice el capitán—son un estorbo tremendo. No resisten las jornadas fuertes. Se enferman fácilmente de insolación. Y en los trances difíciles orillan a la tropa a los más grandes sacrificios".[7] El sargento defiende a las soldaderas y contradice al capitán: "¡Si viera usted cómo atienden a los heridos! Yo caí herido de un plomazo en la mera cabeza. Si no ha sido por unas soldaderas me quedo en manos del enemigo. Ellas me llevaron arrastrando hasta los carros cuando el enemigo ya entraba por la otra garita" (p. 33). El capitán insiste en que las mujeres son un estorbo para el ejército y le dice al sargento: "En las columnas ligeras las viejas son un engorro" (p. 33). El debate es interrumpido por la entrada de una soldadera joven y orgullosa y la cuestión queda sin resolver. Pero el lector no puede menos que darle la razón al sargento. Y, a la vez, rechazar la despectiva caracterización que Jorge Ferretis presenta en su novela *Tierra caliente,* en donde todavía encontramos los rasgos negativos:

> Naturalmente, de trecho en trecho podían hallarse también mujeres acostadas bajo las cobijas de sus *juanes:* en México no se concibe un movimiento armado sin soldaderas, esos andrajos maldicientes y amorosos que trotan a pie tras de los regimientos; que se agarran a los techos de los carros en los trenes militares; que dan a luz en los magnos combates lo mismo que en el villorio hospitalario y quieto . . .[8]

También existen entre los escritores de la Revolución aquellos que, como el personaje de Frías, tienen juicios ambivalentes acerca del valor de la soldadera. Entre este grupo encontramos a Esteban Maqueo Castellanos, el autor de la novela *La ruina de la casona* (1921), en donde habla de "esos tenaces parásitos de nuestro ejército: las viejas, las soldaderas, las de todos modos intrépidas soldaderas".[9]

Los anteriores juicios son expresados por hombres, ya sean narradores omniscientes o personajes ficticios. Hay que esperar hasta que hable una mujer, para darse cuenta de los cambios que ellas deseaban que la Revolución realizara. Cuando el profesor que le enseña a leer le dice a la coronela Angustias Farrera que el oficio que ha escogido no es propio de mujeres, que deje a los hombres arreglar el mundo, la heroína de Rojas González contesta: "—Hum, entonces ellos lo arreglarán a su mero gusto y volveremos a incontrarnos con las cosas igual que están ahoy. ¿Quién sino los hombres han enchuecado todito hasta hacer del mundo lo que es: un desbarajuste al que ni Dios le jalla la punta? . . .". El profesor insiste: "¿Cree usted que las mujeres tienen la fórmula para arreglar las cuestiones que hoy en día afligen a la especie humana?" La respuesta de Angustias no es enteramente satisfactoria, a la luz del pensamiento contemporáneo. Se conforma con decir que "el día en que las mujeres téngamos la mesma facilidad que los calzonudos, pos entonces habrá en el mundo más gentes que piensen, y no es lo mismo que piense uno a que piensen dos . . ."[10] A pesar de lo débil de esa respuesta, en el diálogo vemos que según Angustias la misión de la mujer revolucionaria es nada menos que arreglar el mundo, ese mundo descompuesto por el hombre.

Desgraciadamente, coronelas como Angustias no hubo muchas en el ejército revolucionario. La mayor parte de las soldaderas seguían a la tropa para mantener las funciones de proveedoras de víveres, madres de familia y protectoras de los juanes. Ese es el verdadero arquetipo. El narrador de la Revolución que mejor las pinta es Rafael Muñoz. En sus cuentos casi siempre aparece la soldadera como mujer indispensable para el buen funcionamiento de la tropa. En el cuento "Agua" vemos, con los soldados, "cien soldaderas llevando en la espalda sus muchachos, sus ollas, sus comales, sus cobijas, levantando el ánimo de los hombres silenciosos con sus canciones, sus chistes léperos, sus frases cariñosas".[11] Muñoz hace destacar a una de esas soldaderas, Victoria, como representante del grupo. Es la mujer o compañera del sargento Urrutia, y se distingue por ser "la más animosa" y también, hay que añadir, la más valiente, ya que sacrifica la vida por proveer a su hombre de agua.

Antes de llegar a donde está el sediento sargento, una bala le rompe el cántaro y "ahí mismo donde estaba la arena húmeda, se recostó Victoria para siempre, con una flor roja en la blusa cubierta de polvo" (p. 50).

La soldadera de Muñoz es la que más fielmente representa el arquetipo creado por los narradores de la Revolución. Pero hay variantes. En oposición a la mujer que se sacrifica encontramos a la que va con la tropa por razones personales. En el polo opuesto a Victoria se encuentra La Pintada de Azuela, descendiente de la Elisa de Inclán. En la segunda parte de *Los de abajo,* donde por primera vez en la narrativa de la Revolución aparece la soldadera, hay una escena en la que encontramos a Demetrio y su gente celebrando la victoria de Zacatecas. En el restaurante donde se encuentran los acompañan "mujeres de tez aceitunada, ojos blanquecinos y dientes de marfil, con revólveres a la cintura, cananas apretadas de tiros cruzadas sobre el pecho, grandes sombreros de palma a la cabeza, [que] van y vienen como perros callejeros entre los grupos".[12]

Ya vemos en Azuela a la nueva soldadera, la soldadera revolucionaria, la soldadera bien armada que lucha al lado de los hombres; pero todavía, como en *Tomóchic,* captada con un símil denigrante. Azuela, en su estudio sobre Heriberto Frías, confiesa que cuando escribió *Los de abajo* en 1915 no había leído *Tomóchic.*[13] Y lo creemos. La imagen del perro para designar a los (y las) de abajo era común entre los escritores de la época. Uno de esos perros, o perras, de Azuela es La Pintada. Mujer de Chihuahua, se había unido al ejército villista en Tierra Blanca, en donde tuvo lugar una batalla en noviembre de 1913. Se le presenta como "muchacha de carrillos teñidos de carmín, de cuello y brazos muy trigueños y de burdísimo continente" (O.C.,I, 371). Es mujer que tiene conciencia de sus derechos como revolucionaria, como los tendrá más tarde la coronela Angustias. Les dice a los soldados de Macías:

> —¡Qué brutos!...¿Pos de dónde son ustedes? Si eso de que los soldados vayan a parar a los mesones es cosa que ya no se usa. ¿De dónde vienen? Llega uno a cualquier parte y no tiene más que escoger la casa que le cuadre y ésa agarra sin pedirle licencia a naiden. Entonces ¿pa quién fue la revolución? ¿Pa los catrines? Si ahora nosotros vamos a ser los meros catrines. (O.C., I, 373)

Suponemos que La Pintada se unió al ejército revolucionario por voluntad propia. En cambio, la otra mujer de abajo que figura en la novela, Camila, es engañada por Cervantes, quien la saca de su rancho y la entrega a Demetrio. Camila es representativa de la mujer campesina que los soldados levantan en las comunidades por las que pasan. Aunque van contra su voluntad, pronto se adaptan a la vida que es característica de las soldaderas. Variante de la mujer que se ve obligada a seguir a un soldado es aquella que va por voluntad propia, pero contra la voluntad de sus padres o parientes. Este arquetipo con frecuencia se convierte en prostituta, como en el caso de una de las Rorras Gómez en el cuento de Rojas González. Dos hermanas gemelas son violadas por la tropa de García Chávez, el año de 17, en la región de Los Altos de Jalisco. "Cuando salieron del hospital de Guadalajara, a la otra Rorra la hizo formal su novio, dándole un nombre honrado.... Ésta [otra] no quiso volver a su novio. Se dio a la vida... ¡Aquí la tienen ustedes de cuerpo presente!"[14]

Había soldaderas tanto entre los revolucionarios como entre los federales. Sin embargo, hay una marcada diferencia. Los ejércitos federales—de Díaz y Huerta primero, de Carranza y Obregón después—representan la tradición militar a base de una rígida disciplina y una cerrada organización; los soldados son reclutas, viven en cuarteles, obedecen las órdenes de los oficiales. En cambio, los ejércitos revolucionarios, los de Villa y Zapata sobre todo, más que ejércitos son grupos de guerrilleros, la mayor parte de ellos campesinos sin entrenamiento militar formal; más que ejércitos, son cuerpos de voluntarios con una más que flexible organización. La mayor parte de ellos, villistas y zapatistas, con frecuencia se unían al ejército con familia y todo. En *Los fusilados,* novela zapatista de Cipriano Campos Alatorre, vemos uno de esos grupos de soldados en marcha. Algunos van armados, otros no. Hay una mujer embarazada que da a luz en uno de los altos que hace el batallón. Cuando otra vez se ponen en marcha la soldadera teme que la abandonen. "—En nombre de Dios, por su santa madre, no me vayan a dejar sola —gemía la mujer recién parida". El marido implora al capitán que los ayude: "—¡Mi vieja, mi vieja!—exclamó un sargento en tono suplicante.— ¡Mi capitán, qué hago!... ¡Yo no puedo dejar a mi vieja!" El capitán Fragoso, aunque reacciona como otros oficiales, es más humano. Primero le dice al sargento: "—No deberían traerlas así... por acá... A veces no sirven más que de estorbo". Pero agrega: "Trépala en mi caballo y date prisa. La estación no está muy lejos. Tal vez allá la podamos atender".[15] La soldadera, por supuesto, muere. Cuando el marido viene a avisarle al coronel, Magaña, éste brutalmente le dice: "Bueno, hijo, son cosas de la bola. Vélenla y mañana la entierran" (p. 22). Lo opuesto ocurre en el cuento "La guacha" de Celestino Herrera Frimont, en donde el soldado es el que muere y la mujer, su guacha, la que estoicamente lo vela. "El débil llanto de su hijo sacudió a la guacha, en su doloroso quietismo y acariciando siempre la cara fría y sangrienta de su hombre, hundió el roñoso pezón en la boca infantil, ávida en su demanda".[16]

El aspecto armado de la Revolución terminó en 1920 con la muerte de Carranza y el triunfo de Obregón. Mas no fue hasta 1925 que el general Joaquín Amaro reformó el ejército federal y prohibió la presencia de las soldaderas en los establecimientos militares por considerarlas como la principal causa del vicio, las enfermedades, el crimen y el desorden entre las tropas.[17] De esa fecha en adelante la soldadera desaparece del escenario histórico; pero no del ficticio en la narrativa de la Revolución, donde queda plasmada como personaje femenino prototípico, personaje representativo de la mujer del pueblo durante la convulsión, mujer que sigue al marido, novio o querido por amor, deber, deseo de aventura o de reformar el mundo. Mujer del pueblo, sí, pero no necesariamente indígena, como con frecuencia se dice. Las caracterísiticas raciales no forman parte del retrato: son mujeres mexicanas, son madres que llevan al hijo a cuestas o en el vientre y todas las posesiones terrenales sobre la espalda; y lo más importante, son mujeres que llevan el rifle en la mano y las cananas sobre el pecho; son, en fin, las heroínas anónimas que no tuvieron la fortuna de contar con un Bernal Díaz del Castillo que escribiera su verdadera participación en la Revolución mexicana.

Notas

[1] Luis G. Inclán, *Astucia* (París-México: Librería de la Vda. de Ch. Bouret, 1908), II, 144.

[2] Heriberto Frías, *Tomóchic* (México: Editorial Porrúa, 1968), p. 11.

[3] Angel de Campo, *Pueblo y canto* (México: Ediciones de la Universidad Nacional Autónoma de México, 1939), p. 66.

[4] José Sánchez Somoano, *Modismos, locuciones y términos mejicanos* (Madrid, 1892), p. 94.

[5] Ver Francisco González Pineda, *El mexicano; psicología de su destructividad* (México: Editorial Pax-México, 1961), p. 141.

[6] Vicente Blasco Ibáñez, *El militarismo mejicano* (Madrid: Prometeo, 1920), p. 192.

[7] Gregorio López y Fuentes, *Campamento* (Madrid: Espasa-Calpe, 1931), pp. 32-33.

[8] Jorge Ferretis, *Tierra caliente* (Madrid: Espasa-Calpe, 1935), p. 23.

[9] Esteban Maqueo Castellanos, *La ruina de la casona* (México, 1921), p. 578.

[10] Francisco Rojas González, *La negra Angustias* (México: E.D.I.A.P.S.A., 1948 [2a. ed.]), p. 160.

[11] *Relatos de la Revolución. Antología de Rafael F. Muñoz.* Selección y Prólogo de Salvador Reyes Nevares (México: Sec. de Educación Pública, 1974), p. 48.

[12] Mariano Azuela, *Los de abajo,* en sus *Obras completas* (México: Fondo de Cultura Económica, 1958-1960), I, 370-371.

[13] Mariano Azuela, *Cien años de novela mexicana* (México: Ediciones Botas, 1947), p. 210.

[14] Francisco Rojas González, "Las Rorras Gómez", en sus *Cuentos completos* (México: Fondo de Cultura Económica, 1971), p. 22.

[15] Cipriano Campos Alatorre, *Los fusilados* (Oaxaca: Ediciones Sur, [1934]), pp. 18, 19.

[16] Celestino Herrera Frimont, "La guacha", en Luis Leal, *Cuentos de la Revolución* (México: UNAM, 1976), p. 78.

[17] Ver Edwin Lieuwen, *Mexican Militarism* (Albuquerque: The University of New Mexico Press, 1968), p. 94.

VI. Temas varios

> La literatura es selva encantada y movediza que a cada paso embaraza los intentos de la exploración.
>
> —Alfonso Reyes

— 19 —

NACIONALISMO Y COSMOPOLITISMO EN LA NARRATIVA MEXICANA

En la crítica que se ocupa de la narrativa mexicana son frecuentes los juicios sobre una narrativa nacionalista y otra cosmopolita. Dicha crítica se basa en un hecho histórico: las luchas que de cuando en cuando surgen entre los llamados nacionalistas y los que escriben obras inspiradas por autores extranjeros, imitativas de formas universales, o que no reflejan el ambiente cultural y los problemas mexicanos. Es nuestra tesis que si bien el conficto entre críticos (y a veces autores) nacionalistas y cosmopolitas es un hecho histórico, las obras literarias mismas no son, en pureza, ni nacionalistas ni cosmopolitas. Lo que no implica, por supuesto, que en algunas no predomine lo nacional, y en otras lo universal. La narrativa mexicana actual, como la nación misma, es el resultado de una síntesis de influencias nacionales y extranjeras. Mas antes de entrar en materia nos parece necesario trazar brevemente el desarrollo de dicha síntesis. Nos concretaremos a la narrativa, aunque lo mismo podría decirse de otros géneros.

Entre las obras de ficción que se escribieron en México antes de 1910 no hay otras más mexicanas que *El Periquillo Sarniento* (1816), *Astucia* (1865), *Los bandidos de Río Frío* (1889-1891), *La linterna mágica* (1889-1892) y *Santa* (1903), para mencionar las más representativas. Aun en ellas encontramos influencias extranjeras: la de Lesage en Lizardi, la de los folletinistas franceses en Payno, la de los costumbristas españoles en Cuéllar, la de Zola en Gamboa. ¿Y qué decir de los modernistas, cuyos cuentos y crónicas son fieles reflejos de las correspondientes formas francesas? Dice Mariano Azuela: "A fines del largo y cansado período de gobierno de Porfirio Díaz, nuestro país alcanzó una de sus etapas de mayor cultura. Pero los hombres de letras, los artistas, los investigadores, los sabios, todo el mundo vivía con sus ojos fijos en Europa. Europa nos fascinaba y no había guía ni modelo que no fuera importado del extranjero".[1]

El concepto de una literatura nacional, como es bien sabido, nace durante la época del romanticismo. En México es Ignacio Manuel Altamirano quien primero aconseja a los escritores jóvenes que se dejen de imitar lo europeo. Dice Altamirano:

> Mientras nos limitemos a imitar la novela francesa, cuya forma es inadaptable a nuestras costumbres y nuestro modo de ser, no haremos sino pálidas y mezquinas imitaciones, así como no hemos producido más que cantos débiles imitando a los trovadores españoles y a los poetas ingleses. Las poesías y las novelas mexicanas deben ser vírgenes, vigorosas, originales, como lo son nuestro suelo, nuestras montañas, nuestra vegetación.[2]

Altamirano, sin embargo, admiraba la narrativa de los románticos alemanes, a quienes tradujo y cuya influencia se nota en sus propias obras de ficción. Además, sus consejos no dieron fruto. Los realistas siguieron imitando a los españoles y los modernistas a los franceses. La influencia de la narrativa francesa, ya presente en Lizardi, comienza a sentirse a partir de 1864, año que Maximiliano y Carlota llegan a México, y obtiene su más alto nivel durante el profiriato. En el corto período que va de 1887 a 1896 se publicaron en un solo periódico, *El Siglo XIX,* nada menos que 255 cuentos traducidos del francés.[3]

El siglo XIX es el siglo del predominio de las influencias extranjeras. Aun los grandes escritores virreinales como Ruiz de Alarcón y Sor Juana estaban olvidados. Lo mismo ocurre con Lizardi, el creador de la literatura nacional. Hay que esperar hasta después de 1910 para que surja el deseo de volver a las raíces, el deseo de crear una verdadera literatura mexicana. Esto, por supuesto, como resultado del cambio social y político que es conocido en la historia como la Revolución mexicana. El movimiento nacionalista en las artes obtiene su más alta expresión durante la década de los mil novecientos treinta, tanto con las novelas de la Revolución como con los murales de Orozco y Rivera, la música de Carlos Chávez y hasta las películas de Cantinflas.

Este furor nacionalista provoca una reacción cosmopolita, que se manifiesta en las obras de un grupo de distinguidos escritores, entre quienes encontramos los nombres de Alfonso Reyes, Pedro Henríquez Ureña, Xavier Villaurrutia y Salvador Novo. Alfonso Reyes es el mejor ejemplo de lo benéfico que pueden ser las influencias extranjeras, cuando se les asimila y se les da expresión original. Y a pesar de su prestigio, Alfonso Reyes no se escapó de la crítica nacionalista, que lo motejaba de antimexicano.

Pedro Henríquez Ureña es el representante de una nueva tendencia en las letras americanas: la tendencia hacia la síntesis; la síntesis de lo extranjero y lo nativo, lo popular y lo erudito, lo revolucionario y lo conservador. A él le debemos la presencia entre los hombres de letras de una actitud diferente ante la literatura, y en verdad hacia la cultura en general: en el mundo de las letras no hay fronteras, no hay clases sociales, no hay ideologías políticas. La literatura es una, universal, ecuménica.

Las influencias extranjeras, en la novela, disminuyen durante los años de la Revolución, mas tampoco desaparecen. Si es verdad que Azuela, Guzmán, Romero, López y Fuentes, Magdaleno y Muñoz escriben una narrativa que nace de la tierra, que canta las hazañas de los revolucionarios, que glorifica la lucha del pueblo por la tierra y la justicia, que se inspira en temas y motivos populares, también es cierto que los estridentistas y los contemporáneos, es decir, los escritores vanguardistas, no ceden a la tendencia nacional. En sus obras no desaparece la influencia extranjera.[4] Pero tampoco se entregan, como los modernistas, a la estética europea. Mejor sería decir que los vanguardistas en sus obras tratan de captar lo que en el mexicano hay de universal. Ortiz de Montellano, representante del grupo, se interesó en lo que la novela de la Revolución aporta a la literatura. "Como señalamos—dice—, los beneficios, la influencia de la revolución mexicana en el arte debemos buscarla más que en los frutos inmediatos que arrancan del árbol de los hechos nuestros novelistas, en la semilla que un nuevo sentido de los valores espirituales, con vistas al tono verdadero de la sensibilidad mexicana, a la cultura y a las ideas universales, pueden aportar sus obras".[5]

En la narrativa, los vanguardistas no logran traspasar las fronteras nacionales, como lo hicieran los escritores de la Revolución. Pero tampoco puede decirse que sus obras de ficción fueran leídas dentro del país, como lo era su poesía. La influencia de Azuela y Guzmán es la que predomina hasta la década de los cuarenta, cuando una vez más los narradores vuelven a inspirarse en las obras de escritores extranjeros, esta vez dando preferencia a los norteamericanos, entre ellos a Faulkner, Hemingway y Dos Passos. Mas el proceso es distinto. Ya no se imita, como en épocas anteriores, olvidándose de lo que hay en casa. La presencia de los narradores de la Revolución es muy poderosa todavía y no pueden ser ignorados. Lo que tenemos ahora es una síntesis de ambas novelas, la mexicana y la extranjera, como es el caso en la obra de José Revueltas, *El luto humano* (1943), inspirada, en cuanto a la forma, en Faulkner, pero de contenido nacional.[6] Octavio Paz, crítico perspicaz, inmediatamente notó que estábamos en presencia de algo nuevo, diferente. "Revueltas—dijo—es el primero que intenta entre nosotros crear una obra profunda, lejos del costumbrismo, la superficialidad y la barata psicología reinantes".[7] *El luto humano* es la primera novela mexicana en la cual se trata de dar expresión a un tema de la Revolución a través de una técnica experimental. Si bien esa novela es una obra malograda, como Paz anotó inmediatamente después de su publicación, la lección que enseña es de fundamental importancia. Yáñez y Rulfo, menos apasionados, menos comprometidos, pero más conscientes del arte de la novela, perfeccionan la forma y logran captar la esencia de la Revolución y darle expresión en obras artísticamente logradas.

Cuando en 1961 se publicó la traducción francesa de *Al filo del agua* (1947) Octavio Paz hizo estas observaciones, que citamos porque giran en torno al tema que nos ocupa:

> Yáñez es uno de los escritores mexicanos que con mayor decisión se han enfrentado a un conflicto (falso a mi juicio), que desde hace años preocupa a los hispanoamericanos: la pretendida oposición entre el universalismo (o cosmopolitismo) de la literatura moderna y la realidad local. ¿Se puede ser moderno sin dejar de ser de su tierra? La obra de Joyce, el más irlandés de los irlandeses (hasta en sus fobias), el más cosmopolita de los modernos (hasta convertir a Dublín en Babel), cancela la disputa. . . . El nombre de Joyce no es una intrusión accidental; vino a mi memoria porque, si no me equivoco, fue un ejemplo decisivo para Agustín Yáñez. Digo ejemplo y no influencia, aunque haya sido lo uno y lo otro, porque lo determinante no fue la asimilación de ciertos procedimientos sino la actitud ante la realidad: tradición católica y realismo descarnado; gusto por los fastos del lenguaje y por los laberintos de la conciencia; avidez de los sentidos y sabor de ceniza en los labios; y en fin, cierta ferocidad amorosa ante el lugar natal.[8]

Otro ejemplo decisivo, no mencionado por Paz, fue el de John Dos Passos. El autor mismo ha confesado: "Me propuse aplicar a un pueblo pequeño la técnica que Dos Passos emplea en *Manhattan Transfer* para describir la gran ciudad".[9] Al mismo tiempo, Yáñez reconoce la influencia de los novelistas mexicanos. A la pregunta de Carballo, "¿Cree usted que los novelistas de ahora estén respaldados por una tradición?", Yáñez contesta: "Buena parte de la novela actual tiene rasgos comunes con el modo de narrar de *Micrós* y de Rabasa, y estos rasgos pueden remontarse a narradores anteriores" (p. 304). Uno de los rasgos de la novela mexicana, según Yáñez, es el profetismo, que es "la visión superada de una realidad precisa. A este respecto, piénsese en Lizardi" (p. 304).

Impelidos por el deseo de darle a la novela un tono nacional, mexicano, los narradores, según Yáñez, llegan a abusar del lenguaje:

> Algunos novelistas llegan al empleo de barbarismos, que no creo son necesarios para escribir una novela de este tipo. Lo que más importa son las formas sintácticas. Refiriéndome a ellas le diré que me parece muy feliz la manera de novelar de Juan Rulfo. Una de sus características mexicanas estriba en los valores sintácticos, más que en la deformación aislada de los vocablos. Siempre he sostenido, y he tratado de practicar, esa fisonomía idiomática nacional con puntos de apoyo en la sintaxis y no en la deformación del idioma. (p. 303)

Si lo nacional del *Pedro Páramo* (1955) de Rulfo se encuentra en el lenguaje, en la estructura aflora la influencia de Faulkner y otros narradores extranjeros.[10] En verdad, su conocimiento de la narrativa europea y norteamericana es asombroso. Lee y admira a los norteamericanos Dos Passos y Hemingway; a los rusos Andreyev y Korolenko; a los nórdicos Selma Lagerlöff, Björnson, Knut Hamsun, Sillanpää y Halldór Laxness;[11] al brasileño Guimerães Rosa,[12] y por supuesto a los nuevos novelistas hispanoamericanos. A Octavio Paz el *Pedro Páramo* de Rulfo le hace evocar las novelas *The Plumed Serpent* de D.H. Lawrence y *Under the Volcano* de Malcolm Lowry, ambas de ambiente mexicano. Dice que

> Juan Rulfo es el único novelista mexicano que nos ha dado una imagen—no una descripción—de nuestro paisaje. Como en el caso de Lawrence y Lowry, no nos ha entregado un documento fotográfico o una pintura impresionista sino que sus intuiciones y obsesiones personales han encarnado en la piedra, el polvo, el pirú. Su visión de este mundo es, en realidad, visión de otro mundo.[13]

A pesar de que, sin duda, la obra de Rulfo contiene elementos cosmopolitas, cuando se trata de poner un ejemplo de la narrativa nacional se citan sus cuentos, contrastándolos con los de su contemporáneo, Juan José Arreola, cuyas obras, *Varia invención* (1949) y *Confabulario* (1952), se inspiran en libros de autores extranjeros. En 1954 Emmanuel Carballo, comparando las obras de Arreola y Rulfo, comentaba:

> Ahora que el nacionalismo en el arte se ha entregado a golpe de demagogia y de ineptos enfoques, confundiéndose muchas veces con el folklore y otras con una baja patriotería, ha nacido una nueva regla para enjuiciar los productos literarios. Una obra es buena—se juzga ante todo—no por el hecho de realizar valores estéticos sino por ser eminentemente mexicana. Se ha trastocado la azotea con los cimientos. La mexicanidad como cualquier nacionalismo bien entendido no es una preocupación consciente, una finalidad, sino una manera de ser y de actuar en la vida. El escritor que en realidad lo es no se evade de su circunstancia, por el contrario al expresarse la expresa. Igualmente se puede ser mexicano por alusión que por omisión. Y esto es lo que muchos lectores y críticos no se han dado

> cuenta al comentar a Arreola. Los pone fuera de pista que sus cuentos rara vez traten asuntos mexicanos. Su nacionalismo no reside en la anécdota sino en la manera de tratarla: es más un nacionalismo de reacciones que de acciones.[14]

La crítica de los nacionalistas sin duda afectó a Arreola, quien se propuso escribir una obra de ambiente mexicano. El resultado fue la excelente novela, *La feria* (1962), en la que demuestra su profundo conocimiento de lo mexicano, sea el lenguaje, las costumbres o la sicología de los habitantes.

La crítica nacionalista también se ceba en la obra de Carlos Fuentes, a quien se le acusa de imitador de los novelistas extranjeros. Para ellos *La región más transparente* (1959) es un pastiche, una falsa y revuelta imagen de las formas y las técnicas de Joyce, Dos Passos y otros, que fracasa en su intento de dar expresión a los temas ya expuestos por Paz en *El laberinto de la soledad* (1950).[15] Otra novela de Fuentes—también de contenido y tema mexicanos—, *La muerte de Artemio Cruz,* es criticada por la misma razón, la presencia de las formas extranjeras. "Lo innegable—asevera uno de sus críticos—es que ambos, Joyce y Lowry, están palmariamente presentes en *La muerte de Artemio Cruz,* si bien la emulación de Joyce se me antoja más frecuente y literal que la de Lowry".[16]

Las novelas de la última época de Fuentes son criticadas, no por los nacionalistas, sino por los jóvenes, para quienes el autor de *Zona sagrada* (1967), *Cambio de piel* (1967) y *Cumpleaños* (1969) ha dejado de tener vigencia. Los jóvenes no lo critican porque imita o deja de imitar a otros novelistas (mexicanos o extranjeros), sino porque esas novelas ya no abren nuevos caminos. Un novelista representante de esta nueva generación, José Agustín, se expresa así de la última obra citada:

> La novela no interesa desde un punto de vista anecdótico, porque sólo existe una trama diluida en palabras que obvian conceptos; es aburrida en cuanto a su proposición filosófica, porque sus intenciones están platicadas, obviadas; todo es gratis: no existe el proceso que conduzca al fin: el incesante fluir; está mal vigilada desde un punto de vista riguroso de lenguaje (necesario, pues elimina paja y aprehende mejor al lector para que éste colabore activamente). . . Lo terrible del caso es que el desarrollo de *Cumpleaños* a la larga va en contra de lo que propugna Fuentes: no ya una pluralidad sin fronteras, sino una onda limitadísima: sitúa las bases de su esencia en unas palabras a la larga previsibles (su mayor intensidad está en el monólogo pedantísimo, pero interesantísimo, del viejo, traducido por Nuncia).[17]

Esta crítica que Agustín hace de Fuentes es reveladora de la actitud de los jóvenes novelistas frente a la obra de arte. Ya no les interesa si el novelista imita a este o aquel autor, mexicano o extranjero; sólo cuenta el valor estético de la obra. No se rechaza *Cumpleaños* porque el ambiente y los personajes son ingleses, sino por la falta de hondura temática, por la falta de amplitud en el mundo que crea, por la falta de ambigüedad lingüística. La crítica a base del grado de mexicanismo que la obra contenga ha sido superada.

Y lo curioso es que el mismo Carlos Fuentes, en su ensayo sobre la nueva novela hispanoamericana, ya rechaza la idea de que la novela hispanoamericana debe de ser regional.

> Los latinoamericanos son hoy contemporáneos de todos los hombres. Y pueden, contradictoria, justa y hasta trágicamente, ser universales escribiendo con el lenguaje de los hombres de Perú, Argentina o México. Porque, vencida la universalidad ficticia de ciertas razas, ciertas clases, ciertas banderas, ciertas naciones, el escritor y el hombre advierten su común *generación* de las estructuras universales del lenguaje.[18]

Como ejemplo del cosmopolitismo obtenido por el escritor hispanoamericano Fuentes cita la novela *Morirás lejos* (1967) de José Emilio Pacheco, en la cual se desarrolla "un tema—dice Fuentes—que tradicionalmente hubiera parecido vedado para un novelista latinoamericano" (p. 33). En verdad, ningún escritor hispanoamericano había tratado de escribir una novela sobre el exterminio de los judíos en los campos de concentración nazi, o sobre la destrucción de Jerusalén por las legiones romanas de Tito. Pero también es cierto que a ningún escritor en el mundo se le había ocurrido sincronizar las dos historias desde una perspectiva contemporánea, como lo hace Pacheco. Que la acción transcurra en la ciudad en México en la mente de los dos personajes nos interesa no tanto porque refleja la nota nacional, sino porque, en el proceso, relaciona la ciudad de México con el ambiente internacional, en el espacio y en el tiempo.

Universales también son los temas y asuntos que desarrolla Salvador Elizondo en las novelas *Farabeuf* (1965) y *El hipogeo secreto* (1968), lo mismo que en los cuentos *Narda, o el verano* (1966) y *El retrato de Zoe y otras mentiras* (1969). Con *Farabeuf* introduce la antinovela en la narrativa mexicana. Antinovela en el sentido de que *Farabeuf* no es una novela de aventuras, ni de personajes, ni sicológica. Si bien Elizondo es un ávido lector de la literatura universal,[19] para escribir *Farabeuf* se inspiró, más que en fuentes literarias, en las artes plásticas europeas; y teniendo como modelo, por supuesto, el *nouveau roman*. En su autobiografía Elizondo nos dice:

> Una experiencia singular vino a poner un acento todavía más desconcertante en mi vida; un hecho que en resumidas cuentas fue el origen de una obra que emprendí algunos meses después y que se vería publicada con el título de *Farabeuf, o La crónica de un instante*. Este acontecimiento fue mi conocimiento, a través de *Les Larmes d'Eros* de Bataille, de una fotografía realizada a principios de este siglo y que representaba la ejecución de un suplicio chino... Por otra parte, la realización de [una] película hizo que llegara a mis manos el célebre *Précis de Manuel Operatoire* del Dr. H.L. Farabeuf cuyas maravillosas ilustraciones de técnicas amputatorias tenían un papel importante en mi película. Estos grabados, de una pulcritud incisiva sorprendente, complementaron gráficamente las imágenes que se habían formado en mi mente a partir de la fotografía de la tortura china y me sirvieron en la escritura de *Farabeuf* para establecer ciertas dimensiones de atmósfera y de contrapunto de imágenes que dieron a la novela cierto carácter y cierto estilo inusitados en las corrientes más tradicionales de la narración castellana.[20]

Una influencia literaria, la de Ezra Pound, complementa la documentación sobre la cultura china. "Mi lectura exhaustiva y apasionada de Ezra Pound—dice Elizondo en su autobiografía—me había encaminado, también, hacia el descubrimiento de ciertos aspectos de la cultura china que tendían a complementar esa otra inquietud, más profunda, que acerca de este pueblo maravilloso había despertado en mí la foto del suplicio" (p. 45).

Para Elizondo lo más importante en la narrativa es lo que él llama "la escritura", por medio de la cual se captan permanentemente las experiencias vitales. Opuesto al grupo de escritores que dan preferencia a "la escritura" existe otro, llamado "la Onda", que fue iniciado en 1964 por José Agustín con la novela *La tumba*. La narrativa de estos escritores se distingue por el interés que en ella encontramos en dar expresión a las últimas manifestaciones de la nueva cultura, la cultura de los jóvenes—sean mexicanos, norteamericanos o europeos—en obras que reflejan una adaptación al nuevo ambiente que han creado y que dependen menos de la tradición literaria. Les caracteriza el tono antisolemne, el uso del lenguaje de los adolescentes, la importancia que dan a la nueva música de los roqueros y la tipografía peculiar que usan, como por ejemplo la substitución del guión por el punto. La actitud social, que un crítico ha llamado "importamadrista", es de desprecio hacia la cultura burguesa de los mayores. En fin, nos hallamos frente a una narrativa que propone una denuncia y una impugnación de lo establecido.

Además de Agustín, autor también de las novelas *De perfil* (1966) y *Abolición de la propiedad* (1969), lo mismo que de los relatos *Inventando que sueño* (1968), pertenece al grupo Gustavo Sainz, quien se dio a conocer en 1965 con la novela *Gazapo*. Su segundo libro, *Obsesivos días circulares* (1969) es una novela en donde se abandona la estética de "la onda" para escribir más a la manera de los que se interesan en "la escritura". La fábula está estructurada teniendo en cuenta el *Ulises* de Joyce, y se da importancia a lo que el autor llama *texturas*, esto es, el dibujo

> que sobre la página hace la velocidad de la prosa o el uso de mayúsculas o paréntesis o portugués o latín, y sobre la mente, también, un dibujo que el tono narrativo hace en nosotros. La suma de éstos integra la estructura de la novela en un sentido muy epidérmico, pero bastante legible ya también. Digamos que lo primero que dice *Obsesivos días circulares*, lo dice desde (o con) su estructura.[21]

A la generación de "la Onda" pertenecen también, entre otros,[22] Margarita Daltón (1943), Parménides García Saldaña (1944), Héctor Manjarrez (1945), Manuel Farill (1945), Xorge del Campo (1947), Jorge Aguilar Mora (1946), Orlando Ortiz (1945) y Humberto Guzmán.[23]

García Saldaña es el autor de la novela *Pasto verde* (1968), en la cual se burla no sólo de la sociedad burguesa decadente, sino de la misma juventud que no puede escapar de ese medio ambiente paralizado. En el cuento "Good Bye Belinda", inspirado en la canción *Under My Thumb* de "The Rolling Stones" y que integra la colección *El rey criollo* (1970), encontramos este trozo, típico del estilo de Saldaña y de los escritores de "la Onda":

> Entramos al Gato A-Travieso.
> *Desquintada ja ja jajá*
> *Desquintada ja ja jajá*
> El Krasykat estaba a reventar de rebecos y golfas, prisioneros del rock n' roll, como de dieciséis a veintitantos años. Las ociosas con mallas, peinadas a la Bardot, esperando a que las ligaran, o las que tenían pareja destrampándose. Los rebecos, con suéteres de colores eléctricos, melenudos y copetudos, sin pelar a nadie. Digo, yo al principio me sentía mal, como que creía que Belinda Lee era otra clase de chamaca, que no era de la onda de las que estaban allí. Y además me encabronaba que unos pinches nacos greñudos se la estuvieran comiendo con los ojos. Pero me hice el que le valía madre. Nos sentamos a una mesa y pedimos una limonada cada quien.

Otro joven novelista, Alberto Dallal, en una reseña al libro de Saldaña, se pregunta:

> ¿No convendría analizar la influencia de la problemática juvenil norteamericana (drogas, libertad sexual, oposición a lo establecido, etcétera) en términos de una realidad juvenil mexicana que por

> razones históricas (económicas, políticas y sociales) no puede asimilar automáticamente, ni mucho menos aplicar toda una gama de valores sin los peligros del colonialismo y su propio vacío social?

La pregunta queda en pie. Pero la tarea no es para el crítico de la literatura; el sociólogo es el llamado a contestarla. Lo que el crítico sí puede decirnos es que en la narrativa de los jóvenes aparece, a veces, un mundo en el que la influencia norteamericana es notoria, aunque, como es el caso en la novela *Larga sinfonia en D y había una vez...* (1968) de Margarita Daltón, la escena se desarrolle en Londres. Trátase allí (aunque sin éxito) de reconstruir la visión que tres jóvenes, bajo la influencia de las drogas, tienen del mundo, un mundo visto a través de algunas manifestaciones de la cultura norteamericana.[24]

No toda la narrativa mexicana actual se amolda a las pautas señaladas por los escritores de la Onda. Allí tenemos las obras de Fernando del Paso, Juan Tovar y René Avilés Fabila, para señalar solamente tres nombres representativos de los narradores que siguen escribiendo sobre temas y asuntos mexicanos, aunque sin caer en el costumbrismo o regionalismo de sus precursores. La novela de Fernando del Paso, *José Trigo* (1966), estructurada como una pirámide tolteca, mitifica la historia de los Ferrocarriles Nacionales y la ciudad de Tlatelolco.[25] Y es precisamente lo ocurrido en Tlatelolco en 1968 lo que inspira a los narradores a escribir una vez más sobre temas y asuntos mexicanos. Y es Octavio Paz, otra vez, quien primero analiza el incidente, desde el punto de vista de las causas y las consecuencias, en el ensayo *Posdata* (1970). Y curioso que el tercer ensayo del libro se titule "Crítica de la pirámide" y que Paz diga: "La pirámide es una imagen del mundo; a su vez, esa imagen del mundo es una proyección de la sociedad humana".[26] Palabras que podrían utilizarse para analizar la densa novela de Del Paso.

Los hechos ocurridos en Tlatelolco el 2 de octubre de 1968 (fecha en que, según Paz, terminó una época de la historia de México) señalan la aparición de una nueva conciencia en el escritor mexicano. El cosmopolitismo, se pregunta, ¿ha sido una máscara con la cual se ha tratado de encubrir un pasado poco comprendido pero que late subterráneo? Dice Paz:

> México-Tenochtitlán ha desaparecido y ante su cuerpo caído lo que me preocupa no es un problema de interpretación histórica sino que no podamos contemplar frente a frente al muerto: su fantasma nos habita. Por eso creo que la crítica de México y de su historia—una crítica que se asemeja a la terapéutica de los psicoanalistas—debe

iniciarse por un examen de lo que significó y significa todavía la visión azteca del mundo. (p. 127)

Ya los narradores comienzan a escribir obras que dramatizan lo ocurrido en Tlatelolco. Entre ellos René Avilés Fabila, quien, en la novela *El gran solitario de palacio* (1971) presenta, en un plano trágico, el conflicto entre los estudiantes y el gobierno; y en un plano satírico, la dictadura de un presidente al que cada seis años se le hace una operación plástica para que siga en sus funciones de monarca.[27] Con esta novela Avilés Fabila abandona la temática característica de la narrativa de "la Onda". En el "Borrador de un reportaje", antepuesto a la obra, se refiere a sus contemporáneos con estas palabras:

> Otros [narradores] son Juan Vicente Melo, Fernando del Paso, Vicente Leñero, José Emilio Pacheco, Juan García Ponce, José Agustín, Juan Tovar, Jorge Ibargüengoitia. Hay otros, sólo que por su edad y por la estrechez de sus obras, dudo que logren transponer las fronteras nacionales, salvo por accidente. José Agustín y Gustavo Sainz, más conocido el segundo, pero muchísimo más importante el primero por sus facultades creadoras, inauguraron la corriente de la literatura de adolescentes—influenciados por Salinger—que ha prendido entre los escritores que tienen menos de veinticinco años y que ahora son un verdadero problemón, sobre todo para los que ya están hartos de que los personajes citen a los Beatles y hablen *slang*.[28]

El acontecimiento en Tlatelolco, como tema narrativo, no es, por supuesto, patrimonio de los jóvenes. Un novelista ya establecido, Luis Spota, publicó en febrero de 1972 la novela *La plaza,* que en dos meses alcanzó tres ediciones. El secuestro, juicio y ejecución de uno de los culpables, por un grupo de parientes de jóvenes que murieron en Tlatelolco, le sirve a Spota para entretejer la historia de lo ocurrido, según documentos recogidos de varias fuentes. No estamos aquí muy lejos de la novela realista de denuncia social a la manera de *La sombra del Caudillo* de Martín Luis Guzmán, si bien aquí aflora la influencia de la nueva narrativa hispanoamericana (se habla de *Rayuela*). Ambas son novelas documentales; sin embargo, la distancia estética creada por Guzmán a través del estilo encubre mejor el aspecto testimonial. Pero las une la semejanza del acontecimiento que las motiva y hasta la fecha en que ocurre: 3 de octubre en Huitzilac, 2 de octubre en Tlatelolco.

El hecho que tanto los jóvenes interesados en el Movimiento como los escritores que pertenecen a generaciones anteriores se interesen en lo ocurrido en Tlatelolco indica el profundo efecto que el acontecimiento ha tenido sobre los narradores, y en general sobre todos los intelectuales. Antes de 1968 la tendencia en las letras era no preocuparse por los problemas nacionales o de identidad nacional; la preocupación predominante era la de querer incorporar la literatura mexicana a la mundial. Los jóvenes no querían ser identificados como partidarios de causas esencialmente mexicanas, o acusados de escribir bajo la influencia de los escritores nacionales. Querían que la literatura mexicana fuera considerada como una aportación a la literatura de occidente. No les interesaba escribir exclusivamente para los mexicanos, o los países de habla hispana, sino para ser traducidos y leídos en otros países. La influencia procedía, más que de los escritores nacionales (si excluimos a los cosmopolitas como Reyes, Paz, Fuentes y Arreola), de Borges y Cortázar entre los hispanoamericanos, y de todos los extranjeros, pero sobre todo de los norteamericanos. Con pocas excepciones sus obras tienen las características de las obras sin fronteras, de las obras universales. Nada queda de lo regional, y menos de lo nacional.

A partir de 1968, sin embargo, notamos un cambio. Un cambio que se manifiesta tanto en la poesía como en el ensayo y la narrativa. El escritor se preocupa por desentrañar el verdadero significado del nuevo México, del México que para celebrar una Olimpiada tiene que iniciarla con un sacrificio humano. Esa es la preocupación que se manifiesta en *Posdata* de Paz, en *Tiempo mexicano* (1971) de Fuentes, en la poesía de Montes de Oca, en las novelas de Avilés Fabila, Spota y Luis González de Alba (*Los días y los años,* 1971), y en varios cuentos. Es significativo que lo ocurrido en 1968 haya tenido lugar en la Plaza de las Tres Culturas. Carlos Fuentes dice que México es un país con poderosas reservas culturales que puede serlo todo, "indio, mestizo, occidental, sin abocarse a la fatalidad, sino creando la libertad, de sus tres grandes herencias".[29] Y lo mismo podríamos decir de su narrativa, que es, al mismo tiempo, tradicional e innovadora, nacional y cosmopolita.

Notas

[1] Mariano Azuela, *Cien años de novela mexicana* (México: Ediciones Botas, 1947), p. 134.

[2] Ignacio Manuel Altamirano, *La literatura nacional,* ed. de José Luis Martínez (México: Edit. Porrúa, 1949), I, 13-14.

[3] Ver Malcom D. McLean, *Contenido literario de "El Siglo XIX",* sobretiro del Boletín Bibliográfico de la Sría. de Hacienda, núm. 113 (15 febrero, 1965).

[4] Ver Merlin H. Forster, "La revista *Contemporáneos*, ¿hacia una mexicanidad universal?", *Hispanófila*, 17 (1963), 117-222, y John S. Brushwood, "*Contemporáneos* and the Limits of Art", *Romance Notes*, V, 2 (1964), 105.

[5] Citado por Forster, p. 122.

[6] Ver James E. Irby, *La influencia de William Faulkner en cuatro narradores hispanoamericanos* (México: UNAM, 1957), pp. 40-131.

[7] Octavio Paz, "Letras de México: Una nueva novela mexicana", *Sur* 105 (julio, 1943), 93-96. La cita en la p. 96.

[8] Octavio Paz, "Novela y provincia: Agustín Yáñez", recogido en *Puertas al campo* (México: UNAM, 1966), pp. 142-147. La cita en la p. 144.

[9] Entrevista con Emmanuel Carballo recogida en *Diecinueve protagonistas de la literatura mexicana del siglo XX* (México: Empresas Editoriales, 1965), pp. 281-324. La cita en la p. 291.

[10] Ver Irby, obra citada, pp. 132-163.

[11] Ver Luis Harss, *Los nuestros* (Buenos Aires: Sudamericana, 1966), pp. 334-335.

[12] Véase la entrevista que se le hizo a Rulfo publicada en el *Jornal do Brasil*, Río de Janeiro (25 sept., 1971).

[13] Octavio Paz, "Paisaje y novela en México" en *Corriente alterna* (México: Siglo XXI, 1967), pp. 16-18. La cita en la p. 18.

[14] Emmanuel Carballo, "Arreola y Rulfo cuentistas", *Revista Universidad de México*, VIII, 7 (marzo, 1954), pp. 28-29, 32. La cita en la p. 29, la. col.

[15] Véase la carta del Lic. Eulogio Cervantes en *Excélsior* (30 de agosto, 1961), p. 8-A.

[16] Manuel Pedro González, "La novela hispanoamericana en el contexto de la internacional", en *Coloquio sobre la novela hispanoamericana* (México: FCE, 1967), pp. 37-109. La cita en las pp. 91-92.

[17] José Agustín, "Happy reencarnation to you", *La Vida Literaria*, I, 2 (marzo, 1970), pp. 12-13.

[18] Carlos Fuentes, *La nueva novela hispanoamericana* (México: Joaquín Mortiz, 1969), p. 32.

[19] Véase su *Cuaderno de escritura* (Guanajuato: Universidad de Guanajuato, 1969).

[20] Nuevos escritores mexicanos presentados por sí mismos. *Salvador Elizondo*. Prólogo de Emmanuel Carballo (México: Empresas Editoriales, 1966), pp. 43-45.

[21] En Graciela Mendoza, "Entrevista con Gustavo Sainz", *El Nacional* (8 de febrero de 1970), "Revista Mexicana de Cultura", p. 3. Para un examen más detallado de las obras de estos dos autores, Agustín y Sainz, véase nuestro estudio, "La nueva narrativa mexicana", en *Nueva Narrativa Hispanoamericana*, II, 1 (enero de 1972), pp. 89-97, y especialmente pp. 92-95.

[22] No es posible aquí hablar de todos los novelistas o cuentistas que integran este grupo. Los interesados consulten las dos antologías de Margo Glantz. *Narrativa joven de México* (México: Siglo XXI, 1969) y *Onda y escritura en México: jóvenes de 20 a 33* (México: Siglo XXI, 1971).

[23] Margarita Daltón ha publicado dos libros, *Larga sinfonía en D y había una vez*... (México: Editorial Diógenes, 1968) y *Al calor de la semilla*, cuentos (México: Bogavante, 1971). Héctor Manjarrez es autor de una colección de cuentos, *Acto propiciatorio* (México: Joaquín Mortiz, 1970) y una novela, *Lapsus* (México: Joaquín Mortiz, 1971). Manuel Farill ha publicado una novela, *Los hijos del polvo* (México, 1968). Xorge del Campo es el autor de una plaqueta de cuentos, *Hospital de sueños* (México: Instituto Nacional de la Juventud, 1969). Jorge Aguilar Mora se inicia con la novela *Cadáver lleno de mundo* (México: Joaquín Mortiz, 1971). Orlando Ortiz ha

publicado una novela, *En caso de dudas* (México: Editorial Diógenes, 1968), y una colección de cuentos, *Sin mirar a los lados* (México: Bogavante, 1969). Humberto Guzmán tiene ya dos libros de cuentos, *Los malos sueños* (México: Inst. Nac. de la Juventud, 1968) y *Contingencia forzada* (México: Federación Editorial Mexicana, 1971).

[24] Un ejemplo de la influencia de la cultura popular norteamericana (en este caso la música) sobre esta generación es el libro de José Agustín, *La nueva música clásica* (México: Inst. Nac. de la Juventud, 1968).

[25] Para un examen más amplio de esta novela véase nuestro estudio, arriba citado (nota 21).

[26] Octavio Paz, *Posdata* (México: Siglo XXI, 1970), pp. 110-11.

[27] Avilés Fabila ya había practicado la novela satírica en *Los juegos* (México: [Manuel Casas, Impresor], 1967). Ha publicado también tres colecciones de cuentos, *Alegorías* (México: Inst. Nac. de la Juventud, 1969), *Hacia el fin del mundo* (México: FCE, 1969) y *La lluvia no mata las flores* (México: Joaquín Mortiz, 1970).

[28] René Avilés Fabila, *El solitario de palacio* (Buenos Aires: Compañía General Fabril Editora, 1971), p. 11.

[29] Carlos Fuentes, *Tiempo mexicano* (México: Joaquín Mortiz, 1971), p. 42.

— 20 —

PICAROS Y LEPEROS EN LA NARRATIVA MEXICANA

El pícaro mexicano es un descendiente directo de su congénere el español. Sin el pícaro de la novela del siglo de oro el mexicano no existiría. Pero que sea su descendiente no significa que sea exactamente igual. El lépero, como personaje original en la narrativa mexicana, no tiene antecedentes españoles. Sin embargo, su presencia ha contagiado el carácter del pícaro mexicano, y por tanto su estudio es necesario para comprender la índole de éste; sin el lépero ese pícaro sería más parecido a sus parientes españoles; el cruce del lépero con el pícaro produce en la narrativa mexicana un nuevo personaje, distinto de sus antepasados literarios.

Los primeros pícaros que aparecen en la literatura mexicana son aquellos que cronistas como Bernal Díaz del Castillo describen en sus obras, donde también encontramos truhanes y chocarreros; entre éstos es famoso Maese Rodas, verdadero precursor del Periquillo de Lizardi en la práctica de la medicina sin conocimientos ni licencias.[1] Hacia fines del siglo de la conquista aparece en México un poeta popular nacido en España, Mateo Rosas de Oquendo, que se mueve entre pícaros y fregonas. En su *Carta de las damas de Lima a las de México* (1598?) encontramos el uso de las palabras *pícaro* y *picaño*:

Y después como hombre mozo
salió al campo a refrescarse
entre pícaros y fregonas
en su picaño lenguaje.[2]

La presencia del pícaro indio en la sociedad novohispana—que primero convive con sus primos el español y el criollo y con el tiempo se ha de unir a ellos para procrear al lépero—es lo que da originalidad al personaje central de la picaresca mexicana. Entre los indios mexicanos que Fray Bernardino de Sahagún tan bien describe, encontramos chocarreros, rufianes, truhanes y otros hampones. "El chocarrero—dice—es atrevido, desvergonzado, alocado, amigo del vino y enemigo de la buena fama". El rufián, en cambio, es "mozo desbaratado, anda como hechizado o muy beodo, fanfarronea mucho, ni puede guardar secreto, es amigo de mujeres, perdido con algunos hechizos, o con algunas cosas que sacan al hombre de su juicio, como son los malos hongos, y algunas yerbas que desatinan". Y el viejo putañero, en fin, dice Sahagún, "es de poca estima y de mala fama, alocado, tonto y necio".[3] La influencia de esos personajes sobre los españoles y criollos la observó el mismo Sahagún, si bien atribuye sus malas costumbres, como era común durante esa época, al clima tropical:

> No me maravillo de las tachas y dislates de los naturales de esta tierra, porque los españoles que en ella habitan, y mucho más los que en ella nacen, cobran estas malas inclinaciones muy al propio de los indios: en el aspecto parecen españoles, y en las condiciones no lo son. Los que son naturales españoles, si no tienen mucho aviso, a pocos años andados de su llegada a esta tierra se hacen otros, y en esto pienso que lo hace el clima o constelaciones de esta tierra. (X, xxvii)

A pesar de la presencia, en la sociedad, del pícaro y otros tipos semejantes, en la literatura de la Nueva España no encontramos auténticas novelas picarescas, aunque sí es verdad que los *Lazarillos* y los *Guzmanes* eran muy leídos. El primer personaje que puede ser considerado como pícaro es Alonso Ramírez, el protagonista de la obra que en 1690 publicó Carlos de Sigüenza y Góngora. Alonso es un pícaro a medias, ya que a partir del momento que se embarca en Acapulco para darle una vuelta al mundo deja de comportarse como tal. Nacido en Puerto Rico, pasa a vivir a México, donde sirve a varios amos. Su código moral, sin embargo, no es el del pícaro: no se vale de su ingenio para vivir sin trabajar. Es, como ha dicho Raúl Castagnino, un pícaro a la inversa.[4] A pesar de haber residido en México y de tener gran devoción a la Virgen de Guadalupe, a quien da gracias por haberlo salvado de los piratas ingleses, Alonso Ramírez no es un personaje representativo del pícaro mexicano. A través de su sicología se transparenta el carácter de su creador, el erudito polígrafo. Además, cuando llega a la ciudad de México por segunda vez—después de haberle dado una vuelta al mundo—, es dueño de un esclavo, hecho que lo destierra de la cofradía picaresca. Y es significativo también que la crítica mexicana no considera los *Infortunios de Alonso Ramírez* como novela picaresca, y ni siquiera como novela. Antes de 1918, año en que Luis González Obregón publica un estudio sobre la novela colonial,[5] los pocos críticos que se habían ocupado del tema no incluyen el libro de Sigüenza entre las novelas. La obra era considerada como libro de viajes, o autobiografía de un personaje que se ha creído que es histórico. Alfonso Reyes, en 1948, al hablar de Sigüenza, dijo: "Sus *Infortunios de Alonso Ramírez,* un natural de Puerto Rico, son una biografía, apenas novelada o a lo sumo, de aquella existencia real y tormentosa. Ramírez habla en primera persona y nos cuenta lo que padeció en poder de los piratas ingleses que lo apresaron en las Filipinas, y después, las aventuras de su navegación".[6]

El lépero, como personaje de novela, aparece primero en la obra del queretano José Mariano Acosta Enríquez, *Sueño de sueños* (1801?), en donde también encontramos una conciencia de la sátira y la picaresca; se menciona el *Rinconete y Cortadillo* de Cervantes (p. 125) y el *Gil Blas de Santillana* (p. 150) de Lesage.[7] El narrador, en un sueño, acompaña a Quevedo, Cervantes y Torres Villarroel en un viaje por los espacios de la muerte, en el cual desfilan varios personajes literarios y populares. En la procesión aparece una comitiva de léperos; uno de ellos dice: "Esas que acaban de pasar son las de la hoja, tras de quienes vamos los léperos, que por ser muy parcias los tres que presentes estamos, siempre andamos juntos y somos los tres de la vida airada, pero no porque seamos iracundos ni amigos de la ira, como creen algunos, sino porque nos gustó siempre andar paseando y tomando aire" (p. 183). Quevedo, que acompaña al narrador, hace esta observación:

> Esta es gente alegre y aguda y viven como dicen, a la birlonga, sin dárseles un pito de nada; así se aplicaran al trabajo y tuvieran vergüenza, que de otra manera anduvieran las cosas, pero ya se hace gala de la ociosidad, zanganería y leperuscada en el mundo. Esto lo digo así porque decir lépero y zángano es tenido por una misma cosa, y de lépero se deriva leperusco, y a los leperuscos también llaman macutenos, y advierte que esta gente y este estilo en que te voy hablando no es de mi tiempo, ni de la tierra donde viví, sino del tuyo y de la tierra que habitas. (p. 183)

Ese lépero de Acosta Enríquez, que en el *Sueño* nos parece una sombra, cobra vida en las novelas picarescas de José Joaquín Fernández de Lizardi, cuya contribución al género es la creación de prototipos picarescos originales; además del lépero, allí tenemos al catrín, a la pícara pomposa y al pelado, todos ellos genuinamente representativos de la nueva sociedad mexicana. Las diferencias entre estos tipos han sido estudiadas por Agustín Yáñez, quien dice:

> El *pícaro* reacciona con ingenio, muchas veces inmoral y anti-moral, no exento de hipocresía, para amoldarse a las circunstancias y poder vivir sin trabajos; el *lépero*—incapaz de nada noble, ni siquiera de los recursos ingeniosos del *pícaro*—reacciona con villanía y bajeza; y el

pelado propiamente dicho reacciona sin otra malicia que su voluntad arbitraria, su cansancio de postergación y su miseria orgullosa, no para insertarse o acomodarse en ajeno estilo de vida, como el *pícaro,* o para desahogar su cloaca como el *lépero,* sino para defender su género de existencia y su aspiración autonomista y autárquica. El *pícaro* es cobarde y mendaz; el *lépero* alevoso y montonero; el *pelado,* valiente e individualista.[8]

La crítica no ha sido benévola con el héroe de Lizardi. Antes de que apareciera el estudio de Yáñez se consideraba al Periquillo como una simple imitación del Guzmán o del Gil Blas. El primer crítico de Lizardi, el bibliógrafo Beristáin, apunta en su *Biblioteca Hispano-Americana* (1816-1821) que el Pensador "tiene entre los dedos la Vida de Periquillo Sarniento, que según lo que he visto de ella, tiene semejanza con la del Guzmán de Alfarache".[9] Otro contemporáneo de Lizardi, M. Terán, publicó en el *Noticioso General* una crítica en la que compara al pícaro mexicano con el Gil Blas de Lesage.[10] Entre estos dos prototipos de la picaresca europea se ha venido colocando al Periquillo, sin considerar que pueda representar el tercer ángulo, el ángulo americano del triángulo picaresco: Guzmán, Gil Blas, Periquillo. Y no son los críticos europeos los que consideran a Periquillo como una copia de los pícaros europeos, sino los mismos mexicanos. Ignacio Manuel Altamirano, defensor de lo mexicano frente a lo europeo, observa que las aventuras de Periquillo "están narradas con método y conservan su interés hasta el fin, como las de *Gil Blas,* con el que tiene mayor semejanza".[11] Guillermo Prieto, otro crítico nacionalista, consideraba al héroe de Lizardi imitativo del de Lesage, pero añade, "con reminiscencias del pícaro Guzmán de Alfarache, o del Lazarillo de Tormes".[12]

Los críticos Francisco Pimentel y Carlos González Peña, en sendos estudios sobre Lizardi en los que tratan de demostrar los defectos del *Periquillo,* indirectamente y sin proponérselo señalan los rasgos que dan originalidad a la obra. Pimentel quiso demostrar que por varias razones la novela de Lizardi no se deriva de Lesage; una de esas razones es el uso del lenguaje vulgar, ausente en el *Gil Blas.* Después de citar un ejemplo del estilo de Lizardi, Pimentel añade:

> Lo que sí debió haber omitido Fernández de Lizardi, sin perjuicio de la obra y en obsequio del buen gusto, es la palabra asquerosa *cursiento,* que usa después del párrafo antes citado; bien pudo haber dicho 'descompuesto del estómago', u otra frase semejante que no causara asco . . . En *Gil Blas* no se encuentra el defecto que ahora censuramos y esta diferencia entre *Gil Blas* y *Periquillo* . . . demuestra no ser exacto, como algunos suponen, que Fernández Lizardi imitó especialmente la obra de Lesage.[13]

Además del uso de un lenguaje vulgar, del pueblo, distingue a la novela de Lizardi la tendencia del pícaro a sacar lecciones de moral de toda aventura cotidiana, por insignificante que sea. Esa característica es precisamente lo que induce a González Peña a decir que el *Periquillo* no desciende de la novela picaresca española, en la cual sus autores no se propusieron, como lo hace Lizardi, filosofar, ni moralizar, ni enseñar, sino deleitar a los lectores. La única excepción sería el *Guzmán de Alfarache,* novela que según González Peña "está lejos de constituir un modelo en el género, y es la única en la cual las moralidades tengan sitio preponderante".[14] Aunque Periquillo es un

> pícaro hampón tan desordenado y andariego como sus parientes de hispana tierra... tenía el feo hábito de no contentarse con la narración de variados sucesos... No hubo acción, aventura o palabras de su vida que no le moviera a convertirse en predicador de los más ledos y fútiles. Tenía la obsesión del dómine; era un *Fray Gerundio* disfrazado de tuno.[15]

Alfonso Reyes ya se ha encargado de refutar la tesis de González Peña. En su estudio "El *Periquillo Sarniento* y la crítica mexicana", después de citar lo dicho por González Peña, comenta: "Creemos, por el contrario, que la Novela Picaresca es responsable de nuestro *Periquillo;* que de aquellos *Guzmanes* vienen estos *Periquillos.* Sin la novela picaresca, ¿qué habría escrito nuestro *Pensador*?" (IV, 170-71). Pero lo que es más significativo, para nosotros, es lo que añade en seguida: "Lizardi ha venido a ser, con el tiempo, un símbolo histórico; ahí están, todavía, los *léperos* que pintó su pluma".

El mismo año que González Peña escribía su estudio, otro crítico mexicano, Luis G. Urbina, también se ocupaba de Lizardi, pero con mayor simpatía. Como Reyes, acepta la idea de que el héroe de Lizardi desciende de la picaresca española. Después de decirnos que el Periquillo "es un truhán de la familia de *Lazarillo* y de *Guzmán de Alfarache*", añade una observación original:

> Es un mestizo; pero en él se reconocen los ímpetus de la sangre española. Es audaz, pendenciero, jugador, amigo de la holganza y del vicio; y no obstante, un fondo de generosidad y nobleza lo hace simpático. Indudablemente que Fernández de Lizardi había leído las novelas picarescas; y asimismo, aquel genial resumen galo: el *Gil Blas.* Usa de los procedimientos narrativos de estas obras, a las cuales se asemeja por la copia brutal pero vigorosa y franca de la vida, sin engañifas, sin ambajes, sin tapujos ni hipocresías.[16]

Otros críticos se han ocupado de trazar las influencias de la picaresca europea en la obra de Lizardi.[17] Pero hay que recordar que la novela del Pensador pertenece a una nueva época, una época durante la cual las ideas de Rousseau se dejan sentir,[18] una época que comienza a ser cambiada por la nueva ciencia, por las nuevas ideas políticas en torno a la libertad, la igualdad y la fraternidad. *El Periquillo* fue escrito después de las revoluciones norteamericana y francesa, después de que Hidalgo y Morelos habían comenzado a luchar por la independencia política de México. Ya Agustín Yáñez se ha encargado de demostrar la mexicanidad del héroe de Lizardi, al decir:

> Periquillo no choca contra sí mismo cuando viaja por geografías irreales, a la manera de Persiles, ni arrebatado entre una chusma de bandidos, ni converso en el claustro de la Profesa: hay vivencias inmutables a través de las más variadas situaciones: no otra cosa que el mismo sentimiento de la vida, como fisonomía nacional sujeta a múltiples circunstancias, pero siempre bajo un común denominador étnico . . . Este, sin duda, es el motivo del éxito popular, inmarcesible, del *Periquillo:* su riqueza vital, sus diferencias de contenido y su acoplamiento absoluto con los estilos de vida mexicanos, rechazan el cargo de una imitación picaresca servil: el molde no afecta las íntimas esencias.[19]

Si acaso la crítica vacila en su interpretación del *Periquillo,* no ocurre lo mismo con el Pito Pérez de José Rubén Romero, considerado como el arquetipo del pícaro mexicano de nuestros días, personaje que reúne las características tanto del pícaro como del lépero, además de añadir otras que no encontramos en la historia de la picaresca. Pito Pérez es un personaje al margen de la sociedad, motivado no por el hambre sino por la bebida, que ingiere para olvidar. La gran diferencia entre Pito Pérez y el pícaro tradicional la encontramos en la actitud tan diferente que tienen ante la sociedad. El antihéroe de Romero es un ser con conciencia social, esto es, Pito Pérez sabe que la sociedad lo ha desechado y la culpa por mantenerlo en un estado de pobreza y miseria indigno de los hombres libres que viven en una democracia. Periquillo quiere reformar al pueblo dándole consejos de buena conducta e instándolo a que se amolde al orden establecido; quiere al mismo tiempo mejorar las escuelas, los hospitales, las cárceles. Pito Pérez, en cambio, lanza un reto a esa sociedad y antes de morir, en vez de legarle consejos, como Periquillo, le deja un acre testamento condenando los procedimientos que mantienen al hombre en la miseria hasta el punto de convertirlo en pícaro degradado. Sobre la libertad, igualdad y fraternidad de Lizardi dice Pito en su testamento; "¡Qué farsa más ridícula! A la Libertad la asesinan todos los que ejercen algún mando; la Igualdad la destruyen con el dinero, y la Fraternidad muere a manos de nuestro despiadado egoísmo". Pito se da cuenta de que la sociedad lo ha sacrificado: "¡Humanidad, te conozco; he sido una de tus víctimas! De niño, me robaste la escuela . . . de joven me quitaste el amor, y en la edad madura, la fe y la confianza en mí mismo. ¡Hasta de mi nombre me despojaste para convertirlo en un apodo estrafalario y mezquino".[20]

Al aparecer *La vida inútil de Pito Pérez* en 1938 era natural que la crítica hiciera comparaciones entre el héroe de Lizardi y el de Romero. Ya en 1939 Gastón Lafarga, en su libro *La evolución literaria de Rubén Romero* hace ésta: "Las ideas de Periquillo son de dos órdenes: crítica social y enmienda de errores e injusticias. Periquillo carece de filosofía. Se mueve dentro del marco de la realidad como ante un espejo que reproduce junto a su imagen, la imagen de la sociedad de su tiempo". En cambio, continúa Lafarga, "el testamento de Pito Pérez condena a la humanidad entera, que juzga su verdugo. Condena a los ricos por ladrones y soberbios; a los pobres por cobardes. Pito Pérez quisiera ser vengado y, no pudiendo cooperar a la venganza, injuria a la humanidad".[21]

Ambas novelas picarescas, el *Periquillo* y *Pito Pérez,* marcan un hito en el desarrollo de la novela mexicana; ambas aparecen en momentos críticos en la historia de México: la primera al filo de la Independencia, y la segunda durante los años que el presidente Cárdenas lucha por cambiar la estructura social del país. Periquillo y Pito Pérez son representativos de dos momentos significativos en la historia de México: el primero representa el anhelo de libertad política y reforma de la vida social; el segundo, la completa decepción con la humanidad. Así ambos novelistas se valen de un personaje que, sacado de la tradición narrativa hispana, les sirve admirablemente para dar expresión primero a los anhelos sociales y después a la angustia de ver que esa sociedad no tiene redención; con el héroe optimista de Lizardi se inicia la novela picaresca mexicana, y con el antihéroe pesimista de Romero tiene su renacimiento.

Notas

[1] Bernal Díaz del Castillo, *Historia verdadera de la conquista de la Nueva España* (México, 1944), III, 187. Ver también Luis González Obregón, "La fortuna de Maese Roa", en sus *Croniquillas de la Nueva España* (México, 1936), pp. 76-82.

[2] A. Paz y Melia, "Cartapacio de diferentes versos y diversos asuntos compuestos o recogidos por Mateo Rosas de Oquendo", *Bulletin Hispanique,* VIII (1906), 154-62, 257-78; IX (1907), 154-85. La cita en IX, 167.

[3] Fr. Bernardino de Sahagún, *Historia general de las cosas de Nueva España* (México, 1946), X, xi.

[4] Ver Raúl H. Castagnino, "Carlos de Sigüenza y Góngora o la picaresca a la inversa", *Razón y Fábula,* 25 (mayo-junio, 1971), 27-34.

[5] Luis González Obregón, "De otros tiempos. Los novelistas de la colonia", *El Universal Ilustrado,* México (agosto 2, 1918), p. 4. Recogido de *Croniquillas*... pp. 166-72.

[6] Alfonso Reyes, *Letras de la Nueva España* (México, 1948), p. 92.

[7] José Mariano Acosta Enríquez, *Sueño de sueños,* en Bernardo María de Calzada, *Gil Blas de Santillana en México* [y] José Mariano... Prólogo y selección de Julio Jiménez Rueda. "Biblioteca del Estudiante Universitario", México, 1945. Las páginas que citamos entre paréntesis se refieren a esta edición. Ver José María González de Mendoza, "La fecha del *Sueño de sueños*" en sus *Ensayos selectos* (México, 1970), pp. 95-98.

[8] Agustín Yáñez, "El Pensador Mexicano", cap. V de *Fichas mexicanas* (México, 1945), No. 39 de las *Jornadas* de El Colegio de México, pp. 60-94; la cita en la p. 74.

[9] José Mariano Beristáin y Souza, *Biblioteca Hispano-Americana Septentrional* (México, 1947), III, 129, *sub* Lizardi.

[10] Ver Alfonso Reyes, "El *Periquillo Sarniento* y la crítica mexicana", *Revue Hispanique,* XXXVIII (1916), 232-42; recogido en *Simpatías y diferencias,* 3a. serie (Madrid, 1922) y en *Obras completas de Alfonso Reyes,* IV (México, 1956), 169-78.

[11] Ignacio Manuel Altamirano, *La literatura nacional,* 3 vol., ed. de José Luis Martínez (México, 1949), I, 43.

[12] Los juicios de Prieto sobre Lizardi fueron recogidos por Luis González Obregón en *Don José Joaquín Fernández de Lizardi* (México, 1888); la cita en la p. 54.

[13] Francisco Pimentel, "Novelistas y oradores mexicanos", *Obras completas,* V (México, 1904), 283.

[14] Carlos González Peña, "El Pensador Mexicano y su tiempo", en *Conferencias del Ateneo de la Juventud* (México, 1910), p. 100.

[15] *Ibid.*

[16] Luis G. Urbina, "Estudio Prelimiar", *Antología del Centenario* (México, 1910), I, cxl.

[17] Ver, por ejemplo, el estudio de Carlos Lozano, "El *Periquillo Sarniento* y la *Histoire de Gil Blas de Santillane*", *Revista Iberoamericana,* XX, 40 (sept., 1955), 263-74.

[18] Ver Bernabé Godoy, *Corrientes culturales que definen al "Periquillo"* (Guadalajara, México, 1938), y J.R. Spell, "The Intellectual Background of Lizardi as Reflected in *El Periquillo Sarniento*", PMLA, LXXI, 3 (June, 1956), 414-32.

[19] Obra citada, p. 68.

[20] *La vida inútil de Pito Pérez,* en José Rubén Romero, *Obras completas* (México, 1963), p. 409.

[21] Gastón Lafarga, *La evolución literaria de Rubén Romero* (México, 1939), pp. 144 y 145.

— 21 —

RECUERDOS DE CIUDAD JUAREZ EN ESCRITORES DE LA REVOLUCION

Uno de los primeros libros, y tal vez el primero, en que se discute la Revolución mexicana y se habla de Ciudad Juárez es el titulado *Madero sin máscara,* publicado en 1911 por el capitán de artillería Rafael Aguilar. El raro folleto lo utilizó Roque Estrada, quien en 1912 escribió en Guadalajara su libro *La Revolución y Francisco I. Madero.*[1] En el capítulo "Nuestra primera gira", leemos: "El señor Madero, su esposa, Sara P. de Madero, su mecanógrafo, Elías de los Ríos, y yo—dice Estrada—, salimos en el tren diurno rumbo a la ciudad de Querétaro, en la segunda quincena del mes de diciembre de 1909" (p. 145). Después de visitar las principales ciudades del centro y noroeste del país, llegaron a la frontera, durante los primeros días de enero de 1910. Estrada continúa: "Salimos por Nogales a territorio americano y entramos por Ciudad Juárez al mexicano . . . En Ciudad Juárez conocí al señor don Abraham González: de mediana ilustración, de un talento práctico admirable, de una energía poco común y, por ende, de una serenidad a toda prueba" (p. 167).

La revolución armada surge, como lo había estipulado Madero en su Plan de San Luis, el 20 de noviembre de 1910. "La clase rural de Chihuahua—dice Roque Estrada—fue en los primeros dos meses el único foco serio insurreccional y es quizá a sus ciudadanos en armas a quienes la República debe el no inmediato fracaso de una obra de ingente necesidad colectiva" (p. 383).

Madero se encontraba, por entonces, en los Estados Unidos, donde había de permanecer hasta febrero de 1911. "Terminada mi comisión en Coahuila—dice el capitán Aguilar—salí de San Antonio para El Paso, con objeto de indicar al señor Abraham González que procurara arreglar la entrada del señor Madero a territorio nacional lo más pronto posible . . ." (Estrada, p. 388). Mientras tanto, Pascual Orozco había hecho una brillante marcha sobre Ciudad Juárez, a cuyas inmediaciones llegó el día 2 de enero de 1911. La notable marcha de Orozco no dio el resultado que de ella se esperaba. El 5 de febrero llegó con sus fuerzas el colonel Antonio M. Rábago y Orozco, viendo la imposibilidad de tomar la ciudad, tuvo que retirarse.

Madero, en El Paso, formó un Consejo Estratégico integrado por José de la Luz Soto, Rafael Aguilar, Eduardo Hay, José Garibaldi, Raúl Madero y Roque González Garza (Estrada, p. 394). Acompañado de dicho Consejo, pasó Madero a territorio mexicano, en un lugar muy cerca de Ciudad Juárez, la noche del 13 al 14 de febrero de 1911 (Estrada, p. 396). La primera batalla en la cual participó Madero fue la de Casas Grandes, el 6 de marzo del mismo año. Habiendo sido derrotado el ejército revolucionario y Madero herido en un brazo, la columna insurgente se retiró a la Hacienda de Bustillos. Allí se le une Francisco Villa. Al poco de permanecer en Bustillos, la columna revolucionaria se pone en marcha, presentándose frente a Ciudad Juárez en los primeros días de la segunda quincena de abril, después del pequeño encuentro de Bauche.

Martín Luis Guzmán, en el capítulo XI de la primera parte de sus *Memorias de Pancho Villa,*[2] cuenta cómo Pascual Orozco y Villa formulan un plan en abril de 1911 para tomar Ciudad Juárez. Una vez que obtienen el consentimiento de Madero, Orozco y Villa ponen en ejecución su plan de ataque. He aquí como lo cuenta Guzmán, quien pone las palabras en boca de Villa:

> Nuestras disposiciones fueron: que él [Orozco] entraría por el río con quinientos hombres hasta tomar la Aduana; que José Orozco, con doscientos hombres más, avanzaría por donde ya estaban agarrados los federales y los nuestros, y por último que yo atacaría por la parte del sur, o sea por donde se encuentra la estación del Ferrocarril Central. . . .
>
> Aquel día, 8 de mayo de 1911, no se debiera olvidar entre los hombres revolucionarios. Porque Orozco y yo, que éramos en verdad los jefes directos de las tropas de la Revolución, habíamos conseguido trabar los hechos de manera propia para nuestra acción. (I, 151)

El capítulo siguiente, número XII, y casi todo el número XIII, dedica Guzmán a referir acontecimientos ocurridos en Ciudad Juárez.

Villa continúa relatando así:

> Para el ataque a Ciudad Juárez, yo hice mi derrotero por el lomerío que va a dar al panteón. Estuve toda la noche cerca del dicho panteón, metido con mis fuerzas en uno de los arroyos que por allí pasan. En aquel sitio me puse a meditar cómo haría yo lo más conveniente para poder entrar bien en lucha con el enemigo a las cuatro de la mañana. . . . Yo hice mi plan. Y lo que sucedió fue que a dicha hora, es decir, a las cuatro de la mañana del 9 de mayo de 1911,

> logré llegar con mi gente hasta cerca de las bodegas de Ketelsen, un comercio que así se llama, y allí rompí el fuego.
>
> Porque conforme nos sintieron por aquella parte, nos gritaron el "quién vive" desde la escuela que está frente a las dichas bodegas. Allí había una ametralladora que me causó algunas bajas y me desbarató un poco mis filas. Yo entonces traté de seguir. Pero como luego viera que estaba flanqueado, pues en el corralón que nombran de los Cowboys había fortificada tropa de caballería que me hacía fuego... decidí sin más replegarme hasta la estación del Ferrocarril Central.
>
> En el patio de aquella estación había muchos durmientes apilados. Con que me atrincheré. Y fuerte ya detrás de aquel abrigo, pude con calma desarrollar mi ataque contra la escuela y demás fortificaciones que he indicado... Los federales... procedieron a replegarse en dirección de su Cuartel General. Nosotros avanzamos entonces por el interior de las casas, que nos servían de parapeto y nos amparaban. Conforme progresaba nuestro avance, nosotros íbamos horadando pared a pared para pasar de una casa a otra. Aquella fue muy larga y muy dura pelea nocturna, con la que amanecimos y continuamos a la luz del alba... era ya otro día siguiente, 10 de mayo de 1911, muy cerca de las diez, cuando los federales, ya en franco repliegue hacia su Cuartel General, me dejaron todos los heridos y prisioneros que me habían hecho la madrugada del día 9 en mi avance hacia las bodegas de Kételsen. (I, 153-156)

Villa sigue avanzando hasta lograr atrapar a los enemigos en el cuartel general. El general Juan N. Navarro, jefe de las fuerzas federales, decide rendirse. "La rendición de Ciudad Juárez—continúa Villa—se efectuó a las tres de la tarde del día 10 de mayo de 1911. De los jefes sitiadores, el primero en entrar al cuartel donde estaba el general Navarro fue el teniente coronel Félix Terrazas, de mis fuerzas, con una parte de la gente mía" (I, 158).

Rafael Aguilar, en su *Madero sin máscara,* nos relata lo que pasaba entre las fuerzas federales:

> Entre tanto, la situación de la defensa [de Ciudad Juárez] era crítica: un capitán, faltando al honor militar, abandona su puesto y queda una entrada libre para los rebeldes. El coronel Tamborrel hace esfuerzos heroicos para rechazar el asalto, pero las condiciones son cada vez peores... Por desgracia los soldados y aun algunos oficiales, descontentos con su jefe el General Navarro, no estaban dispuestos a combatir. La sentida muerte del maestro Tamborrel quita a la defensa lo que pudiera llamarse su alma, y el general Navarro se muestra incompetente para continuar las operaciones. Aglomera a sus soldados en el cuartel. Por fortuna para la defensa, la artillería rebelde no es temible. El notable cañón que construyera Garibaldi, se inutiliza volando el cierre después de unos cuantos disparos, y el del mecánico Aranda, aunque funcionó bien, no estaba en condiciones balísticas que aseguraran su tiro.
>
> Con gran sorpresa se sabe el miércoles 10 a la 1.52, que el general

> Navarro se ha rendido con su Estado Mayor y 400 soldados, entregando al enemigo el armamento intacto y una enorme cantidad de cartuchos. Apenas puede creerse la noticia de la caída de Juárez, y la única causa que resalta evidente es la ineptitud completa del general Navarro. (Estrada, pp. 467-469)

Teodoro Torres, en su libro *Pancho Villa* (1924) añade un detalle acerca de la muerte del coronel Tamborrel:

> En una de esas furiosas embestidas pereció el coronel Tamborrel, uno de los jefes más bravos e inteligentes del ejército, del arma de artillería. Tamborrel estuvo cerca de su batería desde que comenzó el combate; no la dejó ni un momento y ni la muerte tuvo el poder de separarlo de aquel lugar, pues lo encontraron con los brazos en cruz, caído sobre la cureña del cañón, abrazado al arma que el gobierno le había confiado.[3]

La batalla de Ciudad Juárez fue la más sangrienta de la revolución maderista. La ciudad sufrió cuantiosos daños. Roque Estrada nos dejó una breve descripción de la ciudad después del combate. Se encontraba en El Paso, alojado en el Albert Hotel. Al terminar la batalla pasa a Ciudad Juárez. Oigámosle:

> Sánchez Azcona aparece—kaki plomo, polainas amarillas y sombrero texano—*insurrecto*... como a las nueve de la mañana salimos del hotel... No sin cierta sorpresa miro que Azcona ocupa un flamante automóvil de alquiler... me explica: no pasan tranvías a Juárez... Partimos. Bonita impresión la que me causaron en el extremo mexicano del puente internacional los guardias: insurrectos: kaky, sombrero texano con listón tricolor, cananas en cintura y hombros atravesadas sobre el pecho. Observo curioso muchas huellas de proyectiles en las paredes y uno que otro edificio maltrecho y derruido... Paramos frente a un edificio, la Aduana. El edificio y sus alrededores sin huellas ningunas de combate. Grupos de insurrectos aquí y allá. La puerta guardada por dos centinelas. Sánchez Azcona pagó al chauffer... ¡cuatro dólares!... Los centinelas nos dejaron pasar sin tropiezo. El Presidente no había llegado... [Poco después aparece Madero] en la puerta—delgado, traje bayo, calzado amarillo y sombrero panameño... Empezaba el Consejo cuando apareció en el Salón el ya general Orozco—camisa con cuello pegado marinero y corbata, pantalón de fondo claro y rayas oscuras, corte americano, y sombrero texano sin listón tricolor. Me pareció simpático y con cierto aire de respeto en su rostro exageradamente serio. No era el de facciones vulgares que exhibía el fotograbado periodístico.... Orozco llegó acompañado de un señor trigueño, de baja estatura y duras y acentuadas facciones: su padre, según supe luego. (Estrada, pp. 457-460)

El representante de Madero en Washington era el licenciado José Vasconcelos. En su *Ulises Criollo* nos dice:

El efecto moral de la toma de Juárez fue grande; hacía falta sacarle el provecho que la situación precaria del movimiento exigía. Tan pronto cayó la Aduana en poder de los rebeldes, la diplomacia de Porfirio Díaz gestionó el cierre de la frontera. Nuestra misión en Washington era obtener un reconocimiento de beligerancia con la reanudación del tráfico internacional. Si triunfaba la Embajada porfirista, los maderistas que acababan de conquistar a Ciudad Juárez no podrían aprovisionarse de municiones de guerra ni de víveres. Los intereses del comercio fronterizo yanqui estaban a nuestro favor... Los dos días que tardó en salir una declaración favorable del Departamento de Estado, fueron los más intensos de mi estancia en Washington. La reapertura del puente internacional por el lado yanqui implicaba el reconocimiento de nuestro partido.[4]

Después del triunfo se suscita un conflicto entre Madero y sus jefes. Estos, sobre todo Orozco por razones personales, piden la cabeza del general Navarro. "Este—dice Estrada—se encontraba en muy crítica situación y se creía como casi seguro que sería ejecutado por los tumultuosos. Madero se resolvió a salvar la vida de aquel General y con relativo peligro de su persona fue él mismo a sacarlo de su alojamiento la noche del 11 o 12 de mayo, para llevarlo a la margen del Bravo, en donde se despidieron Presidente y General, pasando luego este último el río a nado con dirección a territorio americano" (p. 472). Antes de que Madero diera libertad a Navarro, sin embargo, había ocurrido un drama digno de figurar en los anales de la historia universal. Existen varias versiones del incidente, todas diferentes. Comenzaremos citando la de Roque Estrada, ya que nos dice que se la contó el propio Madero:

El C. Presidente Provisional me hizo el honor de relatarme lo siguiente:

Se encontraba él en el edificio de la Comandancia (Oficinas de la Presidencia Provisional) en compañía de sus Consejeros; intempestivamente se presentó el Gral. Orozco y le dijo en tono autoritario: "Está usted preso, señor Madero". "Eso jamás—le contestó—primero muerto. Queda Vd. destituído". Orozco insistió en su orden y como el señor Madero pretendiera salir, le sujetó por los hombros; Madero logra desasirse y sale. Ya afuera de la Comandancia unas manos le sujetan agresivamente por la solapa del saco: Francisco Villa; pero el señor Madero logra desasirse nuevamente después de una breve lucha, e inmediatamente dirige la palabra a un grupo de insurgentes que permanecía en formación frente al edificio. Después de algunas palabras dichas fogosamente, concluyó por preguntar a quién obedecían: a Orozco o a él; y la contestación le fue favorable entre vivas al Presidente Provisional. Incontinente ordenó la aprehensión de Villa y su fusilamiento. Villa fue detenido por paisanos y gente de tropa y conducido a la cárcel. (pp. 475-476)

No conforme con relatar la versión de Madero, Roque Estrada a continuación agrega otra:

> El señor Abraham González me hizo el honor de relatarme lo siguiente:
>
> Orozco se presentó en el salón del Consejo e intimó a Madero a que se diese por preso; Madero logra salir del salón a pesar del obstáculo que Orozco le ponía con su propia persona, pero no de una manera agresiva. Con Orozco penetraron algunos de los oficiales, quienes sujetaron bruscamente a algunos de los Consejeros que pretendieron desbandarse ante aquella amenazante sorpresa. Solamente Gustavo Madero se encaró a Orozco pistola en mano, y Orozco sacó hasta entonces su revólver amenazadoramente. Abraham González se abraza a Orozco y logra imposibilitar sus movimientos. Regresó el señor Madero y por influencias del señor González y de algunas otras personas la calma se restableció y Madero y Orozco cruzan algunas palabras y concluyen por abrazarse. (p. 476)

Estrada, evidentemente partidario de Orozco, agrega estas palabras: "Parece que la intención de Orozco era únicamente separar al señor Madero de sus Consejeros, a quienes culpaba de lo que él creía desacierto en los actos del Gobierno. Es indudable que las intenciones de Orozco no eran macabras, porque en su mano estuvo el haberlas realizado sin grave peligro" (p. 477). Veamos, sin embargo, la versión de Villa, recogida por Martín Luis Guzmán en sus *Memorias*. Según Estrada, el incidente ocurrió el 13 de mayo, al día siguiente de que el general Navarro había sido puesto en libertad por Madero (ver pp. 475, 478, 479). Según otras versiones, el incidente ocurrió el día 12, antes de que Navarro fuera puesto en libertad. He aquí como lo relata Guzmán:

En una entrevista que Villa tuvo con Pascual Orozco éste le propone que pidan a Madero que el general Navarro, en castigo de los fusilamientos cometidos en Ciudad Juárez, sea fusilado. Al día siguiente, esto es, el 12 de mayo de 1911, Villa se presenta en el Cuartel General con cincuenta hombres. Orozco ya le esperaba allí con toda su gente. "Llegando yo—dice Villa—fui a saludar al señor Madero. Entonces Orozco me llama aparte para hablarme a solas. Me dice él:

> —Voy a pedir ahora mismo que nos entreguen a Navarro para fusilarlo. Si me contestan que no, usted desarma en seguida la guardia del señor Presidente.
>
> Yo le respondí: —Está bien.
>
> Y Pascual regresó al lado del señor Madero.
>
> Después de un momento, asomándose por la puerta, me grita:
>
> —¡Desármalos!

> O sea, que yo comprendí que el señor Madero se oponía al fusilamiento de Navarro, y según lo convenido no tuve ningún reparo en cumplir mi palabra: sin más, ordené el desarme de la guardia del señor Presidente, y así se hizo.
>
> Acabando apenas mi gente de consumar aquella operación, salió precipitadamente el señor Madero y se enteró de mi actitud.
>
> Me dijo él: —¡Cómo, Pancho! ¿También tú estás en mi contra?" (I, 167-8)

Villa se retira a su cuartel y tres días después descubre el complot de Orozco, quien, según Villa, había recibido dinero de algunos agentes de don Porfirio y se había comprometido a asesinar a Madero. "A Orozco—cuenta Villa—le faltó a última hora valor para cumplir su compromiso, o para cumplirlo en todas sus partes, y que conociendo mi carácter arrebatado... concibió que hiciera yo el desarme de la guardia para que el señor Madero se imaginara que yo era el principal promotor del fusilamiento" (I, 170).

No sabemos si la versión de Villa es verdadera. Sin embargo, vamos a citar en su abono lo que dice Roque Estrada, partidario de Orozco:

> Todos tenemos afán de explicación y el modo de explicarse los sucesos anteriores se hacía consistir en lo siguiente:
>
> Desde que llegaron los señores Esquivel Obregón y Braniff [agentes de don Porfirio Díaz] tuvieron acceso completamente libre en el campo insurrecto. Al señor Esquivel Obregón se le vio muchas veces platicar con los principales jefes insurgentes, como Orozco, Blanco y Villa. Se supo después que Esquivel Obregón, Braniff y Orozco se vieron y platicaron varias veces en el Hotel Sheldon, de El Paso; y sobre estos incidentes la imaginación bordó diversas suposiciones más o menos motivadas o más o menos aventuradas. Se dijo que Esquivel Obregón pretendió sobornar a Orozco de varios modos, ya persuasivamente, ya por medio de ofertas, que, se dijo, fueron rechazadas. Lo que pasara entre Orozco, Obregón y Braniff es casi imposible saberlo. ¿Por medio de la habilidad del hombre de claro talento, induciría Obregón a Orozco a proyectar el pretendido Golpe de Estado y esa habilidad logró hacer que el joven General insurgente concibiese un proyecto con toda sinceridad y buena fe, creyéndolo necesario, salvador y patriótico? No se puede asentar la seguridad, pero tampoco la imposibilidad. (pp. 477-478)

Veamos ahora otra versión, la de José Vasconcelos en su *Ulises criollo,* distinta de las anteriores. El motivo aquí no fue la libertad que Madero había dado al general Navarro, ni el soborno de Orozco por los agentes porfiristas, sino el haber nombrado Madero a Carranza como Ministro de la Guerra, acto que desagradó a los jóvenes jefes revolucionarios.

Los dos cabecillas más afamados, Pascual Orozco y Francisco Villa reunieron sus tropas, pusieron cerco a la Aduana y llegaron con sus escoltas hasta el bufete mismo en que Madero despachaba como Presidente Provisional de México. Asaltándolo por sorpresa creyeron fácil intimidar a su Jefe y le exigían en tono imperioso la revocación del nombramiento de don Venustiano. No contaban los rufianes con el temple del hombre a quien habían jurado lealtad. Se levantó Madero de su asiento, negándose a discutir con sus subordinados, y éstos lo tomaron preso. Al llegar a la puerta de la calle contempló Madero las fuerzas de caballería que rodeaban el edificio. Entonces, con iluminación propia de su genio, adivinó la situación y el recurso salvador. Apostrofó a los soldados exigiéndoles obediencia exclusiva en su carácter de Presidente Provisional; les señaló el peligro que amenazaba a todos si se rompía la unidad en el mando, y tomando con una mano el brazo de Villa y con la otra el de Orozco, y lanzándolos lejos de sí, exclamó: —¡Allí tenéis a estos traidores; prendedlos!

Apresados por sus propios soldados, fueron a dar a la cárcel los dos futuros caudillos. La autoridad de Madero creció notoriamente... poco después indultó a Orozco y a Villa. El primero no perdonó; esperó la ocasión del nuevo zarpazo; el segundo se convirtió en fiel de Madero y luchó por su reivindicación póstuma. (pp. 432-433)

Otro autor, Mariano Azuela, hizo uso del incidente para crear una escena de su obra póstuma, *Madero, biografía novelada.* Su versión no difiere mucho de la de Guzmán. Oigámosla:

Salía [Madero] apresuradamente de su despacho y se quedó sorprendido de ver un grueso cordón de gente armada rodeando su campamento. Pascual Orozco y Francisco Villa dieron un paso al frente en actitud francamente altanera.

—¿Qué significa esto? —preguntó Madero sin intimidarse.

—Señor Madero —dijo Pascual Orozco y un tanto cohibido—, usted nos está traicionando...

—¡Explíqueme, general Orozco! —respondió Madero estupefacto.

—Usted tiene escondido en su propia casa al general Navarro...

—¿Y bien?

—El general Navarro es nuestro prisionero. Venimos por él y si no nos lo entrega, hemos decidido aprehenderlo a usted por desleal...

—General Orozco, ¿ha olvidado con quién está hablando? —respondió Madero cada vez más digno.

—Ultimadamente, lo que mi hijo pide —dijo entonces con insolencia el viejo Orozco dando tres pasos al frente— es que cumpla y haga cumplir el Plan de San Luis Potosí... El general Navarro fusiló tantos de los nuestros como de los del coronel Francisco Villa y hay que fusilarlo.

La actitud serena de Madero venía produciendo un efecto decisivo

> en la de Francisco Villa. Bajó humillado los ojos, después de ver con rencor a los dos Orozcos.
>
> —¿Qué cláusula del Plan de San Luis priva al Presidente Provisional de la República del derecho de indultar al que le plazca?
>
> Luego mirando con tristeza a Villa le dijo:
>
> —¿Tú también contra mí, Pancho Villa?
>
> Y Villa irguió todo su cuerpo y dijo con voz definitiva:
>
> —Aquí no se hará sino lo que el señor Presidente ordene.
>
> Los soldados estallaron en un viva a Madero, los dos Orozcos dieron media vuelta, lívidos y los tres tejones, que al principio contemplaban con regocijo la escena, se marcharon con la cola entre las piernas.[5]

¿Quiénes son estos "tejones" de que nos habla Azuela? Tal vez los representantes de Díaz que se encontraban en Ciudad Juárez para tratar la paz con Madero. A la caída de la ciudad el gobierno federal vio que era inútil seguir peleando. El resultado fue "El tratado de Ciudad Juárez", firmado el 21 de mayo de 1911, a las diez y media de la noche, "frente a la Aduana de Ciudad Juárez—nos dice Escobar—, a la luz de cerillas y linternas de automóvil, por encontarse cerrada la puerta del edificio" (p. 481). Conforme a ese documento, firmado por el licenciado Francisco S. Carbajal, representante de Díaz, y por Madero, Francisco Vázquez Gómez y Pino Suárez como representantes de la Revolución, el presidente Díaz y el vicepresidente Corral debían de renunciar antes de que terminara el mes y el secretario de Relaciones Exteriores, Francisco León de la Barra, se haría cargo interinamente del Poder Ejecutivo.

Para celebrar los tratados de paz, la noche del 21 de mayo se verificó en el Teatro Juárez una velada, siendo invitado de honor el Presidente Provisional. Tres días después el general Díaz abandonaba el país. Antes de partir para la Capital, Madero lanzó un manifiesto, firmado en Ciudad Juárez el 26 de mayo de 1911. El documento da principio así:

> Conciudadanos: Cuando, según el plan de San Luis Potosí de 5 de octubre pasado, os invité a tomar las armas para reconquistar nuestras libertades y derechos políticos, todos acudisteis a mi llamado y en seis meses, debido a vuestro heroico esfuerzo, hemos derrocado el régimen dictatorial que por cerca de 35 años oprimió a nuestra Patria.
>
> El triunfo ha sido completo y en lo sucesivo la justicia será igual para el rico y para el pobre, para el poderoso y para el humilde; la Libertad cobijará con sus anchos pliegues a todos los mexicanos, y todos, unidos fraternalmente, trabajaremos por el engrandecimiento de nuestra Patria.

Con la despedida de Madero de Ciudad Juárez se cierra una

gloriosa etapa de su historia. Sin embargo, no ha de pasar mucho tiempo sin que otra vez se vea envuelta en los acontecimientos políticos que han de determinar la trayectoria del pueblo mexicano. El 22 de febrero de 1913 Madero es asesinado. Villa, que se encontraba en El Paso, con ocho hombres cruza la frontera y emprende su tenaz lucha en contra de Huerta. En su libro *Villa en pie* (1937) el Dr. Ramón Puente nos dice:

> A las seis y media, al caer de la tarde del día 6 de mayo de 1913 atraviesan el Río Bravo, Ochoa, Morales, Sapién, Jáuregui y Silva, en unos caballos que toman alquilados de una pensión, y vadean el Río por el paso de "El Cordobés", frente al panteón del Venado. Villa, Dosal, Tostado y Saavedra llegan a Ciudad Juárez en tranvía, y en la casa de Isaac Arroyo esperan unos caballos, ensillados y listos para salir rápidamente porque han sido adquiridas esas bestias sin la volundad de sus dueños; una de ellas, la que montara Villa, pertenece al coronel Mancilla, Jefe de la Guarnición de la Plaza.[6]

La indignación en el país por la muerte de Madero era tanta que Villa y sus ocho compañeros pronto logran hacerse de recursos y gente para combatir a Huerta. En septiembre de 1913 culmina su lucha con la toma de Torreón. Después de tomar Torreón, Villa prepara la conquista de Chihuahua y Ciudad Juárez. Entre sus oficiales hubo desacuerdo en cuanto a la estrategia: ¿Debían tomar Chihuahua o Ciudad Juárez? El coronel Juan N. Medina, Jefe del Estado Mayor de Villa, optaba por Ciudad Juárez. Toribio Ortega, en cambio, aconsejaba a Villa, según Martín Luis Guzmán, así: "—Medina quiere atacar Juárez, y no Chihuahua, porque en Juárez tiene amigos y popularidad, y como él es hombre jactancioso y de muchas ambiciones, espera que allá lo reciban como si él fuera el vencedor" (II, 54).

Villa decide atacar a Chihuahua. El ataque ocurrió del 5 al 8 de noviembre de 1913. Pero Medina tenía razón. La plaza estaba muy bien fortificada y el ataque de Villa fracasó. Sin embargo, por medio de audaz estrategia logra capturar Ciudad Juárez.

"El 13 de noviembre —relata Villa en la obra de Guzmán— según oscurecía avancé yo con mis tropas rumbo al norte...

"Amanecimos en la Fundición del Cobre. Y lo que sucedió fue que la fortuna me trajo como a las cinco de aquella tarde un tren cargado de carbón. Venía de Juárez el dicho tren, y como supimos a tiempo cómo iba a pasar, le pusimos emboscada y lo agarramos". (II, 54-65).

Villa también captura a un telegrafista de la estación del Sauz. Al día siguiente obliga al telegrafista que envíe a Juárez este telegrama:

"Estoy descarrilado en este kilómetro. No hay vía telegráfica a Chihuahua ni camino de ferrocarril... Dígame sus órdenes sobre lo que debo hacer". El telegrama iba firmado por el conductor del tren, "un hombre de apellido Velázquez" (II, 67). Velázquez por fin recibe órdenes de Ciudad Juárez de que regrese con el convoy. Villa manda a algunas de sus tropas por tierra hacia Ciudad Juárez y él con sus soldados se esconde en los vagones que habían contenido el carbón.

> Conforme llegué a Samalayuca —continúa relatando Villa—, dicté mis providencias para el ataque a Ciudad Juárez y di las contraseñas a la tropa. Dispuse cómo bajaríamos de manera violenta al llegar nuestro tren a la estación. Ordené que el general Rodríguez avanzara por la derecha para apoderarse del cuartel de las tropas orozquistas, que eran las más peligrosas y que, según sabíamos, estaban distribuídas desde la calle de Zaragoza hasta el Hipódromo. Porque aparte de aquellas fuerzas irregulares, las del mayor Topete estaban de acuerdo en darnos su ayuda... Mandé que por la izquierda entrara Maclovio, para atacar el cuartel de los federales... Dispuse que por el centro el capitán primero Enrique Santos Coy fuera a la toma de la Jefatura de Armas y al cierre de los puentes nombrados internacionales. (II, 69-70)

El plan se ejecutó como lo había provisto Villa y sus tropas se apoderan de la ciudad, que defendía el general Francisco Castro.

> Fue aquella acción de mis tropas —dice Villa— muy grande hazaña en el desarrollo de la Revolución, y ocurrió el 15 de noviembre de 1913, es decir, mes y medio después de haber yo tomado Torreón... Y según yo creo la importancia militar y política de aquel hecho de armas ha de estimarse muy alta. Porque la caída de Juárez, por sorpresa y cuando a mí me creían todos en el Centro de Chihuahua, desconcertaba y quebrantaba al enemigo.... (II, 73)

El general encargado de defender Ciudad Juárez era Francisco Castro. En el cuento "El repatriado", Rafael F. Muñoz nos ha dejado descripción de dicho general. Cuando el muchacho repatriado pasó por Ciudad Juárez, "llegó hasta donde estaba el general Francisco Castro, pequeño, cetrino, de vientre abultado sobre el que daba la vuelta, en diagonal, la correa que sostenía el carcaj de la pistola. Rodeado de oficiales, daba órdenes para que los soldados subieran a los trenes".[7]

A este mismo general Castro, Villa le debía un gran favor. Antes de tomar la ciudad, esto es, cuando todavía se encontraba en el tren de carbón, pero ya cerca de Ciudad Juárez, Villa llamó a Juan N. Medina y le dijo:

—Amiguito, usted es jefe de mi estado mayor. En Juárez va usted a encargarse de mantener el orden y, sobre todo, de tener mucho ojo puesto tocante a lo que se nombran las relaciones internacionales. Y hay una cosa muy importante para mí, y que yo le recomiendo y de la cual usted me responde. El jefe de las fuerzas enemigas de Juárez es el general Francisco Castro. Yo le debo un gran favor. En Jiménez, cuando Victoriano Huerta iba a fusilarme, me ayudó con su simpatía en aquella hora de mi angustia. Si ahora cae prisionero este general, usted se encarga de que se le respete en su vida y le facilite la fuga. ¿Me entiende, señor coronel? (I, 71)

El plan de Villa respecto al general Castro se cumple. Guzmán, por boca de Villa, sigue relatando así: "El general Francisco Castro se ocultó aquella mañana en la casa del licenciado Urrutia. Informado yo, mandé que no se le molestara. La noche de ese mismo día atravesó él la Acequia y se fue a los Partidos, a la casa del cónsul alemán, nombrado Máximo Weber".

Ya a salvo la vida del general, Villa se dedica a organizar la ciudad: "Lo primero que hicimos en Ciudad Juárez fue nombrar autoridades del pueblo... Tomé lo que había en los bancos, respetando las cuentas particulares. Empecé a echarme compromisos con las casas comerciales de El Paso para vestir y equipar todas mis fuerzas." (II, 73-74).

El 22 de noviembre de 1913 Villa sale de Ciudad Juárez con sus tropas para dar batalla a los federales, quienes se acercaban por el sur. Los encuentra y los derrota en Tierra Blanca. La batalla se libró del 23 al 25 de noviembre.

Durante todas aquellas acciones —dice Villa— recibía yo de Ciudad Juárez los bastimentos y demás recursos que me eran necesarios. Me llegaban trenes con agua, con pan, con pastura. Me llegaban municiones y ametralladoras. En algunos automóviles particulares, de Juárez y del Paso, venían enfermeros y botiquines para mis heridos... En Ciudad Juárez, según yo supe luego, había familias que abrían sus casas para convertirlas en hospitales. Así lo hizo una familia de nombre Stock Mayer, y otra apellidada Membrila, y otra llamada Contreras de Rojas, o Díaz de Rojas, ahora no me recuerdo. Y también en la ciudad americana del Paso nos aprontaban alguna ayuda. El comercio de aquella ciudad llegó a regalarnos manta y medicinas para los heridos. Algunos de sus moradores, como el administrador de la Aduana, nombrado Zacarías Cobb, y un hombre revolucionario de nombre Kiriacópulus, y una panadería de un señor de nombre que ahora no recuerdo, nos ayudaron mucho. El dicho Zacarías Cobb, sobre todo, fue en aquella hora de nuestra lucha instrumento de muy grande auxilio. (II, 100)

Después del triunfo Villa vuelve a Ciudad Juárez, donde sus

tropas hacen un bien arreglado desfile. Villa quiere nombrar gobernador del Estado a Medina, pero éste rehusa, diciendo que en los puestos políticos es juicioso colocar hombres de la propia tierra, no hombres forasteros como él, que no era de Chihuahua. Sin embargo, Carranza dispuso que se nombrara gobernador del Estado al general Manuel Chao. Surge un desacuerdo entre Villa y Medina y éste renuncia a su puesto y se refugia en El Paso por algún tiempo.

"Estando yo en Ciudad Juárez [continúa Villa] recibí los trescientos mil pesos que me había prometido el señor Carranza. Me los trajo un muchachito, de nombre Luis Aguirre Benavides" (II, 110). Poco después visita a Villa el licenciado Francisco Escudero, representante de Carranza. El general Eugenio Aguirre Benavides, que era entonces jefe de las armas de Ciudad Juárez, ofreció a Villa y a Escudero un banquete. Escudero se presentó, como dice Villa, "con vino en la cabeza" e insultó a Villa, terminando así las buenas relaciones entre los de su bando y los de Carranza.

Villa no permanece en Ciudad Juárez mucho tiempo. "Según es mi recuerdo—dice—salí yo de Juárez el día 3 de diciembre, y al cabo de cinco jornadas hice mi entrada a Chihuahua" (II, 120). En Chihuahua Villa entra con todas sus tropas; en Ciudad Juárez sólo había dejado dos brigadas, la Brigada Hernández y la Brigada Zaragoza. Pocos días después de tomar Chihuahua Villa hace un viaje a Ciudad Juárez, con el propósito de entrevistarse con el general norteamericano Hugo L. Scott, de Fort Bliss (II, 121). De Juárez, Villa vuelve a Chihuahua, en donde se prepara para el avance sobre Ojinaga. Debido a la ausencia de Villa, que había vuelto a Juárez, la División del Norte fue derrotada. Con las dos brigadas que había dejado en la ciudad, Villa en persona se dirige hacia Ojinaga el 6 de enero de 1914. Cinco días después quita la plaza a los huertistas. "Un coronel americano que mandaba del otro lado del río y que se nombraba Juan J. Pershing—dice Villa—, pidió mi permiso para venir a saludarme en nuestro territorio. Yo le dije que sí, y pasó. Nos saludamos cariñosamente. Me felicitó por la grande acción de mis soldados"(II, 136-137). De Ojinaga, Villa se vuelve a Chihuahua, esta vez en automóvil. Pocos días después hace otro viaje a Juárez para surtirse de equipos y medicinas, pues los Estados Unidos ya habían resuelto abrir el tráfico de la frontera.

> Estando yo en Juárez —sigue diciendo Villa—, en mi cuartel de la calle de Lerdo, una noche se me presenta un inglés, dueño de una hacienda que se llama, según es mi memoria, Hacienda de Santa Gertrudis. Aquel inglés, nombrado Guillermo Benton, había cometido muchos crímenes al amparo de los Terrazas. Como yo supiera

> que era hombre malo y que había dado su ayuda a las tropas huertistas y coloradas, tenía dispuesto quitarle aquella hacienda, con orden de que se le pagara el justo valor, y había ordenado a dicho Benton que se fuera de México. . . .
>
> Conforme entró donde yo estaba, el Benton me dijo:
>
> —Vengo a verlo en exigencia de la devolución de mis tierras.
>
> Le contesté yo: —Amigo, sus tierras no se las puedo devolver. . . . Y se me va usted de México y nunca vuelve por aquí.
>
> El entonces, levantándose con grande arrebato de violencia, me expresó estas palabras: —Yo no vendo mi hacienda a ningún precio, ni soy hombre que se deje robar por un bandido como usted. De modo que ahora mismo va a devolverme lo que me pertenece.
>
> Y sin más, hizo por sacar la pistola para que nos agarráramos allí a los balazos. Pero advirtiéndolo yo a tiempo, cuando él quiso obrar, ya estaba yo encima de él y lo tenía cogido y desarmado. Y entonces Andrés L. Farías y los hombres de mi guardia lo cogieron y se lo llevaron. (II, 140-141)

Villa manda fusilar a Benton, lo que le crea un enredo internacional. Primero lo interroga el cónsul americano de Ciudad Juárez, en nombre del ministro de Estado en Washington, Mr. Bryan. Después viene a verle Jorge C. Carothers, quien le pide copia del juicio que sentenció a muerte a Benton. Así lo hizo Villa. Antes de salir para Chihuahua, lo llama Juan N. Medina desde el Paso y le dice que él no tiene que dar explicaciones a los Estados Unidos de la muerte de Benton, que es negocio internacional, del cual ha de ocuparse Carranza, jefe del gobierno (II, 150-151).

Debido a sus triunfos militares, muchos son los políticos que visitan a Villa. "Cuando estaba yo en Ciudad Juárez—dice—allí me visitaban todos aquellos señores, y desde que las comunicaciones con Chihuahua fueron regulares y seguras, hasta Chihuahua me traían ellos su vista" (II, 182). Entre los que le visitan se encontraban el licenciado Luis Cabrera; un señor Gustavo Padrés, que venía de Sonora, a quien Villa nombró presidente municipal de Ciudad Juárez; el licenciado Federico González Garza y su hermano Roque González Garza, "muy buenos hombres revolucionarios, y de mi cariño por su amor al señor Madero. Al dicho licenciado lo nombré secretario asesor de mi compadre Fidel Avila, jefe de las armas en Ciudad Juárez, y a don Roque, su hermano, le di la presidencia del Consejo de Guerra de mi división" (II, 185).

Como resultado de los triunfos de Villa, Carranza decide establecer su gobierno en el Estado de Chihuahua. Según Villa,

> Conforme el señor Carranza dispuso su viaje a Chihuahua, empezaron a llegar a Ciudad Juárez sus principales oficinas y los hombres políticos que las manejaban.

> Un muchachito, llamado Adolfo de la Huerta, se presentó en aquella población con el cargamento de todo un tren de señores oficinistas. Venía entre ellos uno, de nombre Carlos Esquerro, al que se le entregaron por mi orden los locales de la Aduana. Como el dicho señor viera allí, en la primera de las oficinas, un retrato mío, chiquito, que alguien había colgado de aquellas paredes para lisonjearme, él, sin más, mandó quitar el retrato de donde estaba y puso en aquel lugar otro, muy grande, del señor Carranza. Inmediatamente me vinieron a mí con el cuento, pero yo les dije:
>
> —Señores, no hago yo ningún aprecio de los serviles del señor Carranza, ni de los míos. Además, mi retrato no se necesita en Ciudad Juárez, porque habiendo yo tomado esa plaza con ayuda de mis fuerzas, allí todos me conocen de carne y hueso y me tienen siempre en su memoria. (II, 189-190)

También llegó a ver a Villa Martín Luis Guzmán; Villa lo ayudó con una contribución para que publicara un periódico en Ciudad Juárez en defensa de los ideales revolucionarios. "Le di una carta—dice Villa—para que mi Agencia Financiera en Juárez le entregara mi primera contribución para el periódico que él iba a publicar, y también la contribución de Manuel Chao" (II, 190).

Otro escritor que visitó a Villa fue José Vasconcelos. "Me decía el licenciado Vasconcelos, un señor de ese nombre, que vino a verme no recuerdo bien si aquellos días o después de la toma de Torreón: —Usted es el héroe de esta guerra, señor general, y creo yo que por eso llevan buen camino las esperanzas de nuestra patria" (II, 192).

Villa permanece en el Estado de Chihuahua hasta marzo de 1914. Durante ese mes se dirige hacia el sur. No ha de volver a Ciudad Juárez hasta después de sus triunfos en la región lagunera de Coahuila (Gómez Palacio, Torreón, Saltillo) y la toma de Zacatecas, que decide el triunfo definitivo de la Revolución. En julio de 1914 Villa regresa a Chihuahua con el grueso de sus tropas. "Decidí esos días emprender viaje a Ciudad Juárez, adonde me llamaban muchos negocios, y donde quería hacer entrega, yo con mis propias manos, de la Tesorería del señor Carranza" (III, 328). Villa entrega la Tesorería al ingeniero Alberto J. Pani, que a la sazón se encontraba en El Paso. Pani le deja a Villa un millón de pesos. Con ese dinero, y con unos billetes que le iban a estampar en Nueva York, Villa se proponía establecer en Chihuahua un banco para los pobres. Sin embargo, Pani le hizo ver que no convenía a la Revolución, porque otros revolucionarios también lo harían y sería cuento de nunca acabar. La idea, del banco para los pobres, según cuenta Villa, se la había dado el poeta Santos Chocano. Por esos días Villa también hace llamar a Juan N. Medina, que todavía se encontraba en El Paso, alojado en el

Hotel Sheldon. Medina fue nombrado Presidente Municipal de Ciudad Juárez (III, 349). Antes de aceptar, Medina puso tres condiciones: que no hubiera más confiscaciones; que no se repitiera el caso de la familia Samaniego,

> que trayendo del otro lado del río el cadáver de la señora para que reposara en tierra mexicana, en el puente se atajó a los hombres llorosos que la conducían... por ser enemigos de la Revolución. Y tercero, señor, que el producto de las casas de juego, que ahora va todo en ayuda de las exigencias militares, se me deje, por lo menos en parte, para el aseo y buena compostura de la ciudad. (IV, 6)

Todavía se encontraba Villa en Chihuahua el día en que Huerta abandonó el poder, esto es, el 23 de julio de 1914. Para el 20 de agosto ya Carranza se había apoderado de la ciudad de México. El 26 o 27 de agosto, sale Villa, acompañado de Alvaro Obregón, hacia Sonora, por la línea de Juárez y los Estados Unidos.

> Sabedores de nuestra llegada a Ciudad Juárez, Juan N. Medina y Tomás Ornelas... nos acogieron con muy afectuosos recibimientos... Conforme traspusimos el puente de Ciudad Juárez al Paso, los americanos también nos dieron muestras de su simpatía... Nos trajo el saludo de todo aquel gobierno míster Zacarías L. Cobb... También se nos presentó, con las felicitaciones afectuosas de los pobladores mexicanos de aquellas comarcas de la frontera, un señor de nombre Samuel Belden, que representaba allí al señor Carranza, sin saber yo si el dicho señor era hombre de los que se nombran tejanos, o si era americano, o de nuestro país. Conforme a mi memoria, se expresaba él como persona de mucho trato con nuestro Primer Jefe, y Alvaro Obregón le hacía muestras de sus mejores consideraciones. (IV, 84-85)

El propósito del viaje de Villa a Nogales, Sonora, fue el de hacer las paces entre Maytorena y Calles. Después de haber llegado a un acuerdo, Villa y Obregón volvieron a Ciudad Juárez. En El Paso Míster Cobb le entregó a Villa un telegrama del ministro Bryan, en el cual lo felicitaba por los buenos resultados de su misión de paz. De Ciudad Juárez Villa y Obregón pasan a Chihuahua. Obregón sale de Chihuahua rumbo a México el 4 de septiembre. Pronto Villa descubre que Obregón no le es leal. Poco después, Villa desconoce el gobierno de Carranza y mueve sus tropas hacia Zacatecas y Aguascalientes. A mediados de octubre de 1914 Villa asiste a la Convención de Aguascalientes. Carranza desconoce la Convención y ésta se dispone a combatirlo con la ayuda de Villa. Cuando le nombran jefe de las tropas de la Convención, Obregón y Pablo González resuelven combatirlo. Para fortalecer su ayuda al gobierno de la Convención, Villa gira contra su Agencia Financiera de Ciudad

Juárez, y le da órdenes a Medina, que aquí estaba, de apresurar la compra de armas y otros elementos. Sin embargo, Villa no logra triunfar y vuelve al Norte derrotado.

Entre los villistas que llegaron a Juárez se encontraba el doctor Mariano Azuela. Llegó, en octubre de 1915, con sus primeros apuntes para lo que había de ser su gran novela, *Los de abajo*. Nos cuenta Azuela:

> Dos veces viví en Ciudad Juárez. Solía desayunarme en *Delmónico,* restaurante muy bien atendido. En la última ocasión fue cuando el hambre hacía ya estragos en todos los sitios ocupados por las fuerzas armadas. El general Villa pagaba en oro la alimentación de sus jefes principales en dicho restaurante, y naturalmente se les daba absoluta preferencia a los militares. Allí conocí a un mesero profundamente antipático: chaparro, carirrendondo, mofletudo y encendido, sus ojos inyectados a verter sangre. Era sumamente activo, presumía tutearse con los cabecillas más famosos y a los civiles nos trataba con desdén y aun con insolencia. De ese tipo odioso nacía el Güero Margarito... Leí la primera parte [de *Los de abajo*] a mi amigo el licenciado Enrique Luna Román, que a pocos días se trasladó a El Paso. Había terminado ya la segunda parte, cuando me escribió, asegurándome que tenía editor para mi libro. Como mis recursos se estaban agotando salí de Juárez a El Paso con diez dólares en la bolsa. Visitamos a varios agentes de casas editoras y me pedían el original para enviarlo. Pero como yo tenía urgencia inmediata de dinero, tuve que aceptar la proposición de *El Paso del Norte:* mil ejemplares de sobretiro y tres dólares a la semana a cuenta, mientras se hacía la impresión. Al mes de haberlo repartido en puestos de libros y revistas, se habían vendido cinco ejemplares. Entretanto los carrancistas, sin combatir, tomaron Ciudad Juárez. Aproveché la confusión de las primeras horas para pasarme a territorio mexicano, le compré un pase de ferrocarril a un soldado y con José G. Montes de Oca regresé a Guadalajara... Nunca he sabido el fin de los mil ejemplares que de mi novela le dejé al señor Gamiochipi, dueño de *El Paso del Norte,* pero lo que sé muy bien es que le debo doce dólares... El Paso perdura en mi memoria como un paraíso de comilonas. Me río de los que cuentan sus grandes sufrimientos de desterrados con muchos cientos y aun miles de dólares, que yo jámas me atreví a soñar siquiera. Con diez dólares llegué a El Paso y con cincuenta centavos hacía mi gasto diario. (*Obras completas,* III, 1083-1091)

En la novela, Azuela satiriza a esos desterrados: Luis Cervantes se refugia en El Paso y desde allí escribe su famosa y burlesca carta, fechada el 16 de mayo de 1915, a su estimado amigo Venancio.

El período heroico de la Revolución mexicana es el que va de 1910 a 1915. Durante esos años ninguna ciudad de la República jugó un papel más importante en el desarrollo de su historia que Ciudad

Juárez. Es un período de revolución, de planes grandiosos. Es un período durante el cual se forma el México moderno. La nación tiene una deuda de gratitud hacia Ciudad Juárez.

Notas

[1] Roque Estrada, *La Revolución y Francisco I. Madero* (Guadalajara, *s.f.*). Aunque la obra fue suscrita en Guadalajara en 1912, la edición no lleva fecha de publicación. Por el estilo sospechamos que es posterior a 1912.

[2] Martín Luis Guzmán, *Memorias de Pancho Villa,* 4 tomos (México, 1938-1940). Todas las citas se refieren a esta edición.

[3] Teodoro Torres, *Pancho Villa,* 3a ed. (San Antonio, Texas, 1929), p. 90.

[4] José Vasconcelos, *Ulises criollo,* 5a ed. (México, 1936), pp. 429-430.

[5] *Obras completas de Mariano Azuela,* 3 tomos (México, 1958-1960), III, 552-553.

[6] Ramón Puente, *Villa en pie* (México, 1938), pp. 69-70.

[7] Rafael F. Muñoz, *Fuego en el Norte* (México, 1960), p. 164.

— 22 —

EL NORTEAMERICANO EN LA LITERATURA MEXICANA

Al fijarnos en lo que los escritores norteamericanos dicen del pueblo mexicano, y los mexicanos del norteamericano, descubrimos que, desde el punto de vista histórico, existe una marcada diferencia. Las opiniones de los norteamericanos, ampliamente estudiadas por Cecil Robinson en el libro *With the Ears of Strangers,*[1] son—durante las primeras décadas del siglo diecinueve—enteramente antagónicas. Sin embargo, hacia fines del siglo se nota un tono mucho menos negativo, y a partir de la primera Guerra Mundial aparece una actitud benévola hacia México, actitud que se ha de generalizar durante las últimas décadas. Ningún autor norteamericano de nuestros días osaría emplear en su obra frases semejantes a las que encontramos en los escritores del siglo pasado, frases denigrantes que se empleaban con toda naturalidad, sobre todo en las novelas populares, novelas cuyo contenido generalmente era la lucha fronteriza entre angloamericanos y mexicanos o méxico-americanos.[2]

Es un hecho que hasta escritores de reputación internacional como Washington Irving, James Fenimore Cooper, Walt Whitman y Richard Henry Dana, de cuando en cuando, ventilaban su antagonismo hacia México y los mexicanos. No es nuestro propósito aquí repetir el bien documentado estudio del profesor Robinson. Creemos que es suficiente apuntar que un historiador del renombre de William H. Prescott consideraba a los mexicanos de su época como descendientes degenerados de los aztecas. Lo dice con estas palabras:

> Aquellos a quienes sea familiar la historia de los mexicanos modernos, difícilmente concebirán cómo pudo la nación llegar en otro tiempo a tan alto grado de ilustración. Pero que reflexionen que los mexicanos de nuestros días son una raza conquistada, tan diversa de sus antepasados como los egipcios modernos de los que edificaron, no ya las insulsas pirámides, sino los magníficos templos y palacios cuyas ruinas se levantan a las orillas del Nilo, en Luxor y Karnac; tampoco es tan grande la diferencia, como entre los antiguos

> griegos y su degenerado descendiente, que vegeta ociosamente entre aquellas otras muestras del arte, sin tener ni gusto para admirarlas.[3]

Y Walt Whitman, el admirado poeta, en un momento de exaltado patriotismo, llegó a escribir: "¿Qué le incumbe al miserable, ineficiente México, con sus supersticiones, sus payasadas libertarias, la tiranía de los pocos sobre los muchos, qué tiene que ver México, digo, con la misión de poblar el Nuevo Mundo con una raza noble? ¡Que esa misión sea nuestra!".[4]

En cambio, los escritores mexicanos de la misma época demuestran una sorprendente benevolencia al referirse a los Estados Unidos. Cuando Prescott publicó su *Historia* inmediatamente se hicieron traducciones al español y se publicaron a pesar de la actitud del autor hacia los mexicanos. Una de las dos traducciones publicadas en 1844 (el original en inglés es de 1843) va anotada por el historiador José Fernando Ramírez. A pesar de que Ramírez se daba cuenta de los prejuicios del norteamericano, su crítica es moderada. El más severo juicio que encontramos, que nos parece templado frente a los de Prescott, es el siguiente:

> Aunque la antipatía de raza... domine en toda su obra... los mexicanos no tienen derecho para quejarse de una rigurosa denegación de justicia, aunque sí podrían reclamar que no se les hiciera tan completa como a sus competidores... Aquí el desdén de raza se manifiesta sin embozo y sin doblez hasta en despreciables menudencias. El Sr. Prescott ha empuñado la pluma para escribir la historia de *bárbaros;* palabra que, alternada con la de *salvajes,* campea en todo el curso de la historia, escoltada por otras del mismo temple. Siendo un ejército de *bárbaros* el que luchaba contra los invasores, sus gritos de guerra no podían tener la misma denominación que los de un pueblo culto; por consiguiente, los mexicanos lanzaban *ahullidos,* y sus ejércitos por lo común no se *replegaban* ni *retiraban,* sino que *huían.* La fuerza misma del lenguaje técnico exigía que su indomable valor se apellidara *furor rabioso.*... En fin, tampoco es extraño que el grande historiador abaje su majestuoso vuelo hasta el polvo de fútiles reparos, reservados a los dengues y melindres femeninos, para divertirse en medir la melodía o aspereza de ciertas palabras o vocablos mexicanos; punto sobre el cual, dicho sea sin agravio, no puede ser juez muy competente el oído acostumbrado a armonías como las del *Yankee Doodle.*[5]

En oposición a lo que ocurre en la literatura norteamericana, esto es, el pasar de una posición extremadamente subjetiva a una relativamente objetiva, más equilibrada, la actitud de los escritores mexicanos se inicia con una visión elogiosa de los angloamericanos, y gradualmente se transforma en una postura negativa, resultado de los hechos históricos que pasamos a examinar. El primer cambio ocurrió inmediatamente después de 1836, el año que México perdió Texas. Pero aún después de que México sufrió esa humillación encontramos opiniones favorables, como por ejemplo la de José María Tornell, quien se refiere a los Estados Unidos con palabras moderadas.[6] Texas, para la mayor parte de los mexicanos, era una remota provincia, apenas conocida; la necesidad de defenderla, sin embargo, puso a los soldados de Santa Anna en contacto directo con los angloamericanos; pero su número era muy limitado. No ocurrió lo mismo en 1846, cuando México fue invadido y el pueblo tuvo oportunidad de conocer de cerca a sus vecinos. Ese contacto, bajo condiciones bélicas, fue de gran importancia en la formación de una actitud hacia los angloamericanos. Otros acontecimientos históricos posteriores subrayaron la impresión negativa que los yanquis habían dejado en México en 1848. El estereotipo que de ellos se había formado el pueblo mexicano cobró fuerza con la guerra contra España en 1898, lo mismo que con las invasiones de 1914 y de 1916.

Es pertinente subrayar que el interés demostrado por los escritores mexicanos en sus vecinos del Norte no se compara con el que los norteamericanos siempre han tenido por México. Es más difícil encontrar angloamericanos en la literatura mexicana que mexicanos en la norteamericana. Tal vez se deba a que los americanos han tenido mayor contacto con los mexicanos; primero como colonizadores del Suroeste de lo que hoy son los Estados Unidos, después como soldados durante la guerra del 46 y finalmente como turistas o misioneros. Parece que todo norteamericano que visita México se ve obligado a escribir un libro sobre sus experiencias, o sobre algún aspecto de la cultura que le llame la atención. En los Estados Unidos podemos encontrar libros sobre cualquier aspecto, por baladí que sea, de la cultura mexicana. No es difícil encontrar libros sobre el pan dulce mexicano, el tequila, los tamales, los burros y otras imágenes estereotipadas que el norteamericano asocia a México.

Antes de 1821, año de la independencia mexicana, apenas si encontramos referencias a los angloamericanos en las historias, los diarios, las crónicas o la ficción. Antes de que las colonias de la Nueva Inglaterra se declararan independientes de Inglaterra en 1776, los angloamericanos eran identificados como ingleses y por lo tanto es difícil determinar si el término *inglés* se refiere a un inglés o a un angloamericano. La palabra gringo, primero usada para designar a todo aquel extranjero que no fuera de raza latina, y más especialmente, dice García Icazbalceta, "a ingleses i norteamericanos",[7] reduce su significado y ya para 1895, según Ramos i Duarte, se emplea para referirse exclusivamente al "natural de los Estados Unidos del Norte".[8] En 1870, sin embargo, José María Roa Bárcena en su colección de cuentos *Noche al raso* habla todavía de un inglés y se refiere a él con la palabra *gringo*. "Dióme golpe el inglés, y comenzó a dármele el cuadro . . . y hasta la atmósfera de que acababa de hablar el *gringo*".[9]

Otras palabras peyorativas de origen más reciente que se utilizan en la literatura para designar a los americanos son bolillo, gabacho, patón y primo; palabras, por lo demás, casi inofensivas cuando se les compara con las que los escritores norteamericanos usan para referirse a los mexicanos. La palabra *bolillo,* que con una excepción no registran los diccionarios de mexicanismos,[10] se aplica al norteamericano porque en la mentalidad popular el color y la forma de esa pieza de pan, antes también llamada pan francés, tienen algunas semejanzas con el color blanco y la forma robusta del angloamericano. Otra explicación del porqué del nombre *bolillo* para los americanos nos la da Ernesto Galarza, quien en su autobiografía *Barrio Boy* nos dice:

> Para nosotros el superintendente, lo mismo que los otros americanos, eran o ya gringos o ya bolillos. Del significado de gringo nadie estaba seguro; pero el de bolillo era fácil de descifrar. Se debía al hecho de que los americanos preferían, en vez de las tortillas, las pequeñas tortas de pan con un pezón en cada extremo y entre ellos una dura cresta. Lo extraordinario acerca de los bolillos americanos era el modo en que el cuello se les enrojecía con el sol, y las pecas, dos razones muy buenas por las cuales un mexicano nunca podía pasar por americano, ni deseaba hacerlo.[11]

En el Glosario del libro, sin embargo, Galarza nos dice que *bolillo* significa "pequeña pieza de pan francés, o un americano; nombre dado a ambos por la gran semejanza entre ellos, en complexión y dureza" (p. 264; nuestra traducción).

La palabra *gabacho,* común entre los chicanos para referirse a los angloamericanos, se aplicaba en México durante el siglo diecinueve a los otros invasores, los franceses, y nunca a los americanos. En cambio, la palabra *patón* es muy común, sobre todo en la literatura popular. El pie grande se considera como elemento intrínsico en la caracterización estereotipada del americano. Ya en 1847 encontramos una canción en la que se atribuye esa característica a los americanos. "De las Margaritas" es el título de esa canción, en la cual encontramos los siguientes versos, que nos dan una idea clara de los elementos que entraban a componer la caricatura del americano:

Ya los gringos comen
queso y requesón,
y yerbas de burro
en toda ocasión;

. . .

Hay que ver bailar
a gringos patones,
pues suenan correas
como los ratones;
parecen marranos
de la Bella Unión...[12]

Un corrido más reciente (tal vez de 1914, ya que se habla de Tampico y Veracruz) lleva precisamente el título "De los ambiciosos patones" y abre con estas líneas:

Por ahí vienen los patones,
los gringos americanos,
diciendo que han de acabar
con los indios mexicanos.

Más adelante el corridista juega con la imagen:

se me hace que los patones
no nos van a gobernar;

. . .

después que metan la pata
no la han de poder sacar.[13]

Si bien uno de los significados de la palabra *primo* es peyorativo (cándido o tonto; persona sin viveza o malicia), cuando en México se aplica a los americanos denota cierta simpatía. En cambio, la palabra *yanqui* es neutra. Aunque en los Estados Unidos sólo los habitantes de la Nueva Inglaterra son *yanquis,* en México se aplica indistintamente a todo americano, aun a los del Sur, para quienes la palabra es injuriosa.

Todas estas palabras—gringo, bolillo, primo, yanqui—suscitan en la mente del mexicano un personaje que es sobre todo hombre de negocios, alto, rubio, pecoso, a veces esperpéntico (como el Tío Sam), de pies muy grandes, rico, protestante e incapaz de hablar español correctamente. Que todo americano es considerado como experto en los negocios lo observamos en lo que el protagonista de la novela *Los caciques* de Mariano Azuela les dice a un grupo de comerciantes: "Caballeros, el oráculo de ustedes es el yanque [*sic*]; ustedes no saben ni tienen por qué saber otra definición de la palabra negocio que la que el yanque les ha enseñado".[14]

El primer americano que hemos encontrado en la literatura mexicana es un personaje que aparece en una obra de José Joaquín Fernández de Lizardi, el creador de la novela hispanoamericana. En *La Quijotita y su Prima,* novela publicada en 1819, hay un americano, un hombre de negocios, el primero en la literatura mexicana: estereotipo que reaparece con insistencia, como hemos visto en la cita de Azuela. Jacobo Welster, soltero rico de treinta años nativo de la ciudad de Washington va a México, donde se enamora de Carlota, mexicanita de 16 años de edad. Como es anabaptista, para poderse casar con Carlota tiene que convertirse al catolicismo. Lo hace y al mismo tiempo se cambia el nombre: ahora se llama Agustín. A Carlota sus amigas le dicen "la inglesita", por ser la novia de "el inglés", como lo llama Doña Matilde: "—Yo me alegraré—dice—de que piense el inglés en ser cristiano".[15] Aquí Lizardi se ve obligado a explicar en una nota por qué llaman a Jacobo "el inglés". "Aunque no era inglés—explica el autor—lo llamaba así Matilde por su idioma, pues como era anglo-americano hablaba inglés" (p. 250, nota). Jacobo se casa con Carlota a pesar de la oposición del padre. Así vemos cómo en esta novela interna el villano resulta ser un mexicano (el padre de Carlota) y el héroe el angloamericano Welster.

Fernández de Lizardi, producto intelectual del Siglo de las luces, admiraba los movimientos revolucionarios que habían tenido lugar en los Estados Unidos y en Francia, lo mismo que a los hombres que habían creado la primera nación independiente en el continente americano. Su actitud es representativa de los próceres que pelearon por la independencia de México, para quienes Estados Unidos era el modelo a seguir en el establecimiento de un nuevo orden político en México. Sin embargo, esa admiración con que se veía al vecino del norte pronto tuvo su fin. La proclamación de la Doctrina Monroe y especialmente la anexión de Texas fueron golpes gravemente resentidos por México, que entonces trataba de establecer un gobierno viable y sólido. Este cambio de actitud de México hacia los Estados Unidos cobró fuerza años más tarde cuando se perdieron las provincias del norte. Pero una vez más, la historia intervino. Otra invasión del territorio mexicano, esta vez por los franceses, ofreció a los Estados Unidos la oportunidad de recobrar la buena voluntad del gobierno mexicano por medio de la ayuda que se le ofreció a Juárez en su lucha contra Maximiliano. Lincoln, amigo de Juárez y libertador de los esclavos, se convirtió en el nuevo símbolo de los Estados Unidos. Durante los últimos meses de 1869 el Ex Secretario de Estado bajo el gobierno del presidente Andrew Johnson, William H. Seward, que ya entonces tenía 74 años, visitó al presidente Juárez en la ciudad de México. Los editores de la prestigiosa revista *El Renacimiento* (dirigida por Ignacio Manuel Altamirano) escribieron que esperaban que Mr. Seward comprendiera la gran admiración que los mexicanos tenían por su grande y civilizado país, que estaba al servicio del progreso y ayudaba a mantener libre el Continente Americano. Se describía a Mr. Seward como poseedor de una seria expresión facial, característica de todos los norteamericanos, y como típico representante de su país, esto es, firme, positivo, progresista, poderoso. En el banquete que se le ofreció en Chapultepec Juárez le dio las gracias por la ayuda que los Estados Unidos habían prestado a su familia, y el escritor Santacilia brindó por la gran doctrina Monroe, salvadora del Nuevo Mundo.[16]

Para esa fecha, sin embargo, la guerra del 46 no había sido del todo olvidada. En la misma revista el poeta Julián Montiel, para conmemorar el vigésimo segundo aniversario de la batalla de Churubusco, publicó un poema en el cual el águila mexicana—tan denigrada por los escritores norteamericanos—despertaba de su sueño de paz para rechazar la bárbara invasión (II, [36], 16).

En la ficción de esta época, época de la Reforma, encontramos angloamericanos en la novela *Julia* (1868) de Manuel Martínez de Castro, en donde el héroe con facilidad derrota a los americanos que se le enfrentan, y en *El monedero* (1861) de Nicolás Pizarro, novela que se desarrolla durante los años de la guerra del 46 (la de Martínez de Castro tiene lugar durante la época de la guerra de Texas) y en la cual el americano es representado como explotador sin escrúpulos o principios morales, personaje arquetípico que reaparece con frecuencia en la narrativa mexicana posterior. En reciente novela, *Las vueltas del tiempo* (1973), Agustín Yáñez recrea este arquetipo en el personaje Max Goldwyn, quien se ha infiltrado en los altos círculos de la política mexicana y opera desde adentro, con todo conocimiento de causa; habla un pésimo español y él mismo se caracteriza como "gringo metiche".[17]

Las relaciones entre México y los Estados Unidos durante el período presidencial de Porfirio Díaz fueron cordiales, a pesar de la guerra de 1898 contra España, que tanto había exaltado los ánimos en el resto de Hispanoamérica. Los norteamericanos habían ayudado a Díaz a construir los ferrocarriles y el Dictador les había concedido ventajosas preferencias en la explotación de las minas. No estaba de moda bajo la dictadura hablar mal de los americanos. El primer incidente de discordia no ocurre hasta 1906, cuando los mineros que trabajaban para la poderosa compañía norteamericana, The Cananea Consolidated Copper Company, se declararon en huelga, huelga que fue sumariamente suprimida con la ayuda de 275 soldados americanos bajo el mando del coronel Riding. Hay que apuntar, sin embargo, que las tropas norteamericanas habían cruzado la frontera acudiendo al llamado del gobernador de Sonora.[18]

El incidente de Cananea fue el primero en una serie de acontecimientos que culminaron con la toma de Veracruz por los "marinos" norteamericanos en 1914, y la expedición punitiva del general Pershing en busca de Francisco Villa en 1916. Estas incursiones en territorio mexicano, sobre todo en 1914, dieron como resultado una serie de libros, artículos y corridos en los que se criticaba con violencia a los Estados Unidos y a los americanos en general. El historiador norteamericano Robert Quirk, en su estudio sobre la invasión de Veracruz, ha obervado que "los mexicanos, al escribir sus historias, han demostrado menor encono al hablar de la guerra de 1846 que al referirse a la intervención en Veracruz en 1914.[19] Bien recordado es el corrido "Del peligro de la intervención americana" (Mendoza, pp. 433-35), en el cual encontramos un resumen de las quejas del pueblo mexicano. Dice, en parte:

Si fuera una cosa justa
lo que ellos vienen peleando;
pero esto no puede ser
porque nos están robando.

Ya la mitad del terreno
les vendió el traidor Santa Anna,
con lo que se ha hecho muy rica
la Nación Americana.

Qué ¿acaso no se conforman
con el oro de las minas?
Ustedes muy elegantes
y aquí nosotros en ruinas.

En la novela la crítica no es menos severa. Una de las primeras, *Don Pascual* (1920) de Alberto A. Rodríguez, es un detallado recuento de los acontecimientos ocurridos en 1914, y la reacción del pueblo ante el atentado. La crítica de los americanos, como personas, es más que moderada; hasta hay algunos oficiales que protegen a los mexicanos. Pero la crítica de la nación es dura. He aquí un ejemplo:

> Cuando don Pascual volvió al portal del hotel Diligencias se encontró con una novedad que no esperaba, y que pone de manifiesto que una nación como la de Estados Unidos, que no omite ocasión para jactarse de civilización y por ende humanitaria, tiene hombres, en su mejor sociedad, alevosos, cobardes y miserables, que a mansalva disparan sus armas sobre desprevenidos ciudadanos, por

> quienes son respetados, indudablemente porque no pueden sospechar una traición, toda vez que la conducta hipócrita de aquéllos los hace aparecer como gente de principios morales.[20]

En épocas más recientes otros novelistas han tratado el mismo tema; entre ellos, José Mancisidor, quien en *Frontera junto al mar* (1953) hace una crítica no menos vituperable, aunque expresada en mejor estilo y con más arte. También escribió Mancisidor sobre otro tema relacionado a los Estados Unidos, el de la expropiación del petróleo por Lázaro Cárdenas, tema al cual dio expresión en la novela *El alba en las cimas* (1953).[21]

Los novelistas de la Revolución, preocupados con los acontecimientos bélicos, no tenían tiempo de ocuparse de los Estados Unidos. Sin embargo, aquí y allá encontramos algunos americanos, como ocurre en las obras de Martín Luis Guzmán y Rafael Muñoz, entre otros. En *El águila y la serpiente* (1928) del primero aparece una bella espía de origen norteamericano que trabaja por el gobierno de México; un abogado en San Antonio que ayuda a los revolucionarios, lo mismo que algunos aventureros en el ejército de Villa. En general, la actitud de Guzmán ante los Estados Unidos y los norteamericanos la sintetiza con las siguientes palabras: "No es poca fortuna—me decía—que los yanquis, salvo excepciones raras, sean gente a quien se puede hablar con franqueza. ¡Qué gran país el suyo si la nación fuera como los individuos"![22]

Muñoz demuestra menos simpatía por los angloamericanos que Guzmán. En el cuento "Un asalto al tren" satiriza a los principales prototipos americanos, como el cowboy de película, la turista entrada en años, la cazadora de tigres, el estudiante de verano y el corresponsal de periódico. El actor de cine, Tom Six, cuenta sus prodigiosas aventuras a los pasajeros que con él viajan por México en plan de vacaciones; pero cuando el tren es detenido por unos revolucionarios (los turistas los llaman bandidos) el valiente cowboy se paraliza de miedo. La turista en busca de "Mexican curios" habla un español sacado del diccionaro y viste un traje extravagante. Cuando el tren se detiene, esta señora, "de pelo enteramente blanco, vestida de vaporoso traje de organdí color naranja y sweater ligero, color verde perico, dirigiéndose a la vecina: —¿Saber osté qué mexican curiosities vender aquí?".[23] La cazadora, hija de un guía de Teodoro Roosevelt y que ha matado tigres y leones en Africa y la India, se desmaya cuando aparece el rebelde. El periodista no es menos caricaturesco; representa a la GADDA (Gran Alianza de Diarios Americanos), sindicato que tiene diez mil periódicos y ciento cuarenta y dos magazines. Después de entrevistar a los pasajeros sobre el asalto al tren, escribe en su reportaje precisamente lo opuesto de lo que le dicen. A la pregunta "¿Cómo eran los asaltantes?" la estudiante responde: "Un hombre alto, hermoso..." y el corresponsal escribe: "Se ha precipitado en el interior de los carros un torrente de hombres de aspecto cavernario, armados de punta en blanco, con una pistola en cada mano, un puñal entre los dientes, y lanzando gritos espantosos... Sus melenas hirsutas y sus barbas crecidas, les daban un aspecto de fieras..." (p. 47).

Los personajes que aparecen en las obras de Muñoz son verdaderas caricaturas. Lo mismo ocurre con Rodolfo Usigli, el creador de Oliver Bolton, profesor de historia en la Universidad de Harvard que va a México en busca de la verdad acerca de un revolucionario mexicano. El rubio y bien vestido Bolton inmediatamente se gana la simpatía de César, el protagonista del drama *El gesticulador* (1937). Pero Elena, la mujer de César, no es tan confiada. César ha invitado a Bolton a pasar la noche en su casa, ya que no hay hoteles en el pueblo. Elena desconfía del americano y le dice a su marido: "No debiste recibirlo en esa forma. No sabemos quién es". César, después de decir que si no se le invita el americano pensará mal de México, añade: "Parece decente, además". Elena responde: "Con los americanos nunca sabe uno: todos visten bien, todos visten igual, todos tienen autos. Para mí son como chinos; todos iguales".[24]

De esta generación de escritores fue José Vasconcelos quien más criticó a los Estados Unidos, culpándolos de ser la causa de la mayor parte de los males que su país sufría. Fue él quien inventó el neologismo *poinsetismo,* para referirse a la política norteamericana que consiste en considerar a México como un proconsulado de los Estados Unidos; política, según él, iniciada por el embajador Poinsett el siglo pasado y renovada por Morrow durante el presente. Vasconcelos consideraba a Poinsett como la fuente de todo mal y la persona que dividió a la familia mexicana.[25] Hay que subrayar que las opiniones de Vasconcelos en cuanto a los Estados Unidos eran en parte el resultado de sus ideas religiosas. El hecho de ser la mayor parte de los americanos de religión protestante era suficiente para rechazar su cultura.

La crítica de los americanos durante los años de la Segunda Guerra Mundial, guerra en la cual México peleó al lado de los Estados Unidos y en contra de las potencias del Eje, es moderada, pero no desaparece. Poco después se publica una de las más sarcásticas obras, *La hora de todos* (1949), de Juan José Arreola. En ese drama, que se desarrolla en Nueva York y en el cual todos los personajes son americanos, Arreola crea un protagonista, Harrison Fish, que es el epítome del americano antipático.Ese hombre de negocios ha seducido a su secretaria y a otras mujeres, y se le culpa por el linchamiento de un negro del sur, de donde él es también. No deja Arreola de burlarse de la preocupación de los norteamericanos por los seguros, al hacer que uno de los personajes, que colecciona obras de arte, asegure su juicio por medio millón de dólares; si compra un cuadro que resulte ser una imitación y no el original, la compañía de seguros le paga.[26]

Si los personajes de Arreola, en ese drama, nos parecen artificiales y caracterizados según la preconcebida idea que del prototipo del americano se tiene en México, no debemos de pensar que lo mismo ocurre con aquellos americanos que encontramos en sus ya famosos cuentos, en donde satiriza, entre otros, al inventor de artefactos inservibles y máquinas absurdas. En "Baby H.P." descubrimos que las madres pueden comprar una maquinita que puede ser suspendida de las espaldas del niño y con la cual se acumula la energía creada en los juegos y que puede ser utilizada después en la casa. Aparatito de excelente utilidad en nuestros días (si funcionara) cuando las fuentes de energía comienzan a agotarse. A otro inventor se le ocurre fabricar una mujer de plástico, y anunciarla como la mujer perfecta. Y no se le olvida a Arreola burlarse del candidato a doctor en busca de un tema para su tesis; en el cuento "De balística"encontramos a un joven de la Universidad de Minnesota que en España busca materiales para su tesis (de 200 páginas) en torno a la historia de las catapultas. Su informante le da una piedra cualquiera y le hace creer que es proyectil usado por los romanos.[27] Estos personajes de Arreola confirman lo que Octavio Paz dice del norteamericano: que es crédulo, optimista, abierto, activo, que cree en la higiene, el trabajo y la felicidad, y que disfruta de sus inventos.[28]

El Profesor Robinson dice en su libro que "sin duda, la gran simpatía que por México tienen algunos intelectuales americanos no es correspondida por sus congéneres mexicanos" (p. 163; nuestra traducción). Dicha aseveración es válida para toda la América Latina. Desde 1898 ningún intelectual latinoamericano, o grupo de intelectuales, ha elogiado a los Estados Unidos, o los ha considerado como modelo a seguir. Lo que no significa, por supuesto, que los intelectuales latinoamericanos no admiren a ciertos escritores americanos. Pero, como muy bien ha observado el Profesor Robinson, dichos escritores norteamericanos son aquellos que se han desvinculado de su propia cultura y critican a su propia sociedad. Elogian a México no por admiración sino para desvirtuar a los Estados Unidos.

Entre los intelectuales mexicanos que admiran a este grupo de americanos encontramos a Carlos Fuentes, quien con frecuencia cita a escritores norteamericanos, y quien ha dedicado estudios a C. Wright Mills, Ernest Hemingway, Oscar Lewis, William Styron y otros.[29]

Si es verdad que encontramos americanos en las obras de Fuentes, no son, por supuesto, del tipo de persona que él admira. Nos concretaremos a mencionar solamente dos personajes típicos que aparecen en el cuento "A la víbora de la mar".[30] Mrs. Jenkins es una maestra de escuela superior (Fremont High School en Los Angeles) que cada tres años hace un viaje con los ahorros que ha acumulado para ese propósito. Se le caracteriza como "cada vez más parecida a un injerto de elefante con gato" (p. 176). Se le compara a un elefante por ser inmensa; y esa inmensidad la cubre "con un estampado que describía la llegada de los colonizadores puritanos a la roca de Plymouth" (p. 148). El otro personaje estereotipado es Harrison Beatle, quien finge ser un rico corredor de bolsa, educado en Harvard, republicano y dueño de una casa en Filadelfia que tiene catorce habitaciones. Como el personaje de Lizardi, Jacobo Welster, Beatle se casa con una mexicana, Isabel, pero no para vivir feliz y contento con ella para el resto de la vida, sino para robarle los nueve mil dólares que lleva consigo para gastos de viaje.

Estos dos personajes, Jacobo Welster y Harrison Beatle, son los dos polos que simbolizan el cambio ocurrido en el tratamiento del norteamericano en la literatura mexicana. Welster es el héroe en la novelita de Lizardi, mientras que Beatle es el villano sin escrúpulos que engaña y roba a una inocente solterona. Así pasamos de la caracterización del personaje como simpático y amistoso a la del americano casi siempre antipático, a veces repulsivo, y con frecuencia decadente. Si Prescott consideraba a los mexicanos de su tiempo como los degenerados descendientes de los aztecas, los escritores mexicanos contemporáneos consideran al americano como el degenerado descendiente de los puritanos. Las trayectorias se han invertido. En la literatura norteamericana pasamos de una actitud enteramente negativa a una visión más equilibrada del mexicano y su cultura; en cambio, en la literatura mexicana la simpatía hacia el norteamericano se convierte en severo antagonismo.

Notas

[1] Cecil Robinson, *With the Ears of Strangers. The Mexican in American Literature* (Tucson: The University of Arizona Press, 1963). Citamos por la 2a. ed., de 1969.

[2] A estas novelas se les da el nombre de "Dime novels" porque se vendían por diez centavos.

[3] William H. Prescott, *History of the Conquest of Mexico* (Philadelphia: J.B. Lippincott Company, 1873), I, 51. La primera ed. es de 1843. La cita tomada de la traducción de Joaquín Navarro, *Historia de la conquista de México* (México: Impreso por Ignacio Cumplido, 1844), I, 33, con un pequeño cambio, "insulsas pirámides" en vez de "inmensas pirámides", ya que en inglés leemos "tasteless pyramids".

[4] Cita tomada de Robinson, p. 24. Nuestra traducción.

[5] José F. Ramírez, *Notas y aclaraciones a la "Historia de la conquista de México" del Señor W. Prescott* en el tomo II de la traducción de Navarro, p. xv.

[6] Ver Carlos Castañeda, *The Mexican Side of the Texas Revolution* (Dallas, Texas: P.L. Turner Co., 1928), p. 288.

[7] Joaquín García Icazbalceta, *Vocabulario de mexicanismos* (México: Tip. y Lit. "La Europea" de J. Aguilar Vera y Ca., 1899), p. 235.

[8] Félix Ramos i Duarte, *Diccionario de mejicanismos* (México: Imp. de Eduardo Dublán, 1892), *s.v. gringo.*

[9] *Obras de José María Roa Bárcena* (México: Imp. de V. Agüeros, 1897), I, 86.

[10] No se encuentra en el *Diccionario de mejicanismos* de Santamaría, ni en otros diccionarios de mexicanismos. Sin embargo, la registra Miguel Velasco Valdés en su *Vocabulario popular mexicano* (México: Editorial Olimpo, 1957).

[11] Ernesto Galarza, *Barrio Boy* (New York: Ballantine Books, 1972), p. 122. Nuestra traducción.

[12] Vicente T. Mendoza, *El romance español y el corrido mexicano* (México: Imp. Universitaria, 1939), p. 637.

[13] Mendoza, p. 688. Para otros corridos donde se usa la palabra *patones* ver Merle E. Simmons, "Attitudes Towards the United States Revealed in Mexican *Corridos*", *Hispania,* XXXVI, 1 (Feb., 1953), 34-42.

[14] Mariano Azuela, *Los caciques...* (México: Ediciones de "La Razón", 1931), p. 102.

[15] José Joaquín Fernández de Lizardi, *La Quijotita y su Prima* (México: Cámara Mexicana del Libro, 1942), p. 250.

[16] *El Renacimiento,* II (1869), No. 48, pp. 193-94; No. 49, pp. 209-12.

[17] Agustín Yáñez, *Las vueltas del tiempo* (México: Joaquín Mortiz, 1973), p. 95.

[18] Ver Jesús Silva Herzog, *Breve historia de la Revolución mexicana* (México: Fondo de Cultura Económica, 1973), I, 52-55.

[19] Robert E. Quirk, *An Affair of Honor; Woodrow Wilson and the Occupation of Veracruz* (New York: McGraw-Hill Book Co., 1964), p.v. La traducción es nuestra.

[20] Alberto A. Rodríguez, *Don Pascual o la invasión de Veracruz por los americanos en 1914* (París-México: Librería de la Vda. de Ch. Bouret, 1920), p. 133.

[21] Por los mismos años que escribía Mancisidor también publicaron obras en torno a las relaciones entre los dos países los escritores Fernando Robles, cuya novela *Cuando el águila perdió sus alas* (1951) trata de la invasión norteamericana, y Patricia Cox, quien en *Batallón de San Patricio* (1954) desarrolla el tema de los irlandeses que desertaron del ejército de Winfield Scott y se pusieron al lado de los mexicanos; y en *El enemigo está dentro* (1956), en donde trata acontecimientos ocurridos en torno al ejército de Zacarías Taylor.

[22] Martín Luis Guzmán, *El águila y la serpiente,* 4a. ed. (México: Editorial Anáhuac, 1941), p. 5.

[23] Rafael F. Muñoz, "Un asalto al tren", *Fuego en el Norte* (México: Libros Mex, Editores, 1960), p. 40. Este cuento se publicó primero en 1936.

[24] Rodolfo Usigli, *El gesticulador* (México: Editorial Stylo, 1947), pp. 24-25. Este drama fue escrito en 1937.

[25] Ver José Vasconcelos, *El proconsulado* 2a. ed. (México: Ediciones Botas, 1939), pp. 169 y 177.

[26] Juan José Arreola, "La hora de todos", en *Varia invención* (México: Joaquín Mortiz, 1971), pp. 75-142. Obra primero publicada en 1949.

[27] Juan José Arreola, *Confabulario* (México: Fondo de Cultura Económica, 1966). Primero publicado en 1952.

[28] Octavio Paz, *El laberinto de la soledad* (México: Fondo de Cultura Económica, 1959), pp. 21-22.

[29] En *Casa con dos puertas* (México: Joaquín Mortiz, 1970).

[30] Carlos Fuentes, "A la víbora de la mar", *Cantar de ciegos* (México: Joaquín Mortiz, 1964).

— 23 —

TLATELOLCO, TLATELOLCO

In 1968 Mexico was host to the Olympic Games, an event that skyrocketed the nation into the international orbit and gave it the recognition that for so long it had craved, since it could now boast of being a developing country, with a population of nearly fifty million, and a capital city of five million. Under President Gustavo Díaz Ordaz, Mexico had finally achieved the impossible, a six and one half per cent annual growth increase, which marked the transition from an underdeveloped to a developing country, taking its place alongside Brazil and South Korea.

To properly receive its guests Mexico spent billions of pesos building Olympic City and the necessary sports palaces required by the Olympic Committee. Was history repeating itself? In 1910 the old dictator, Porfirio Díaz, had embellished the city to celebrate Mexico's centenary as a free nation. Millions were spent to build El Palacio de Bellas Artes, the Monument to Independence on Reforma Avenue (the famous Angel), and other landmarks that still beautify the city. At the same time, there was restlessness among the people, especially in the countryside, where hunger was prevalent. The doctor and novelist Mariano Azuela, who was to become the Revolution's conscience, said in his novel *Andrés Pérez, maderista* (1911), "The workers subsist on corn and beans. Farmhands make thirty-seven centavos a day.... But the government will spend twenty million to build a National Theatre [Bellas Artes]."[1]

Porfirio Díaz was deposed soon after the celebrations were held. Díaz Ordaz, on the other hand, was able to carry out his plans and finish his term. The Olympic Games were held on time and turned out to be an international success. But at what price? The nation's trend towards an open, more democratic and just society was aborted at Tlatelolco on October 2, 1968.[2]

To the north of the city of Tenochtitlán, the site of the Aztec Empire and now Mexico City, and only separated by the waters of Lake Texcoco, sat the city state of Tlatelolco.[3] Over its old ruins the Spaniards built the first church and the first school. With the advent of 19th century industrialization it became the railroad center of the Republic. Today, Tlatelolco has become a suburb of sprawling Mexico City, famous for its enormous housing project and as the site of the Secretariat of Foreign Affairs and the "Plaza de las Tres Culturas." It was in this Square of the Three Cultures that the government, on the night of October 2, 1968, unleashed its Army, killing over three hundred persons (most of them students or their friends), participants in a meeting to protest political repression, social conditions, and the Olympic Games. The event, like that of 1910, changed the course of Mexico's political, social, and intellectual life. In literature, we can now speak of authors writing before or after Tlatelolco.

Tlatelolco was not, of course, an unexpected eruption. It had its previsional causes, and there were writers who had the wisdom to foresee what was to happen. Among them, Carlos Fuentes, who as early as 1959 in his novel *La región más transparente* dealt with the problems faced by the city, brought to light its underlying causes, and predicted a confrontation. In 1962, in his fourth novel, *La muerte de Artemio Cruz,* he went farther back and traced the nation's problems to the betrayal of the Revolution by pseudo-revolutionaries such as Artemio Cruz, whose only aim in life was personal aggrandizement, regardless of the national consequences. With these two novels Fuentes introduced into Mexican letters a new language, a language to be used in the fight against certain feudalistic aspects of government inherited from the Colonial period that still survived in spite of the Revolution. What he said about other Spanish-American novels can be applied to his own works.

> The new Hispanic-American novel makes its appearance as a new foundation of language against the fossilized survival of our false feudal origins, as well as its equally false and anachronic language. . . . Our literature will be truly revolutionary when it denies to the established order the language that it wants, and instead gives it the language of alarm, renewal, disorder, and humor; the language, in short, of ambiguity.[4]

No less visionary was another young writer, Fernando del Paso, who in 1966 published a laboriously structured novel, *José Trigo,* in which he gives us the history of Tlatelolco since its origins until 1960, as well as the history of the Mexican Railroads, the government-run Ferrocarriles Nacionales. In the chapters entitled "Cronología," as well as through the lives of the characters, we become acquainted with the violent development of that important suburb of Mexico City, the stage where a few years later the most tragic event in postrevolutionary Mexico was to take place. José Trigo, the central figure in the novel, like Ixca Cienfuegos in Fuentes' *La región más transparente,* is a mythical character who can be identified not only with Nonoalco-Tlatelolco, but also with the ancient Aztec gods that demanded sacrifices so that the people could fulfill their destiny, which was to prevent the sun from stopping on its journey, thus ending life on earth. Beyond the mythical element, the novel presents, on another level of meaning, the social, which has to do with the struggle among corrupt labor leaders and goverment officials. The structure of the novel is based on a prehispanic archetype, that of the pyramid, an image that was later to be used by Octavio Paz to explain the events of 1968. Thus, in *José Trigo* we already have the basic elements which give originality to the new Mexican literature; that is, the combination of mythical and social realities expressed in a form rooted in the historical past of the nation. At the same time, Del Paso introduces the new language advocated by Fuentes. This trend in Mexican literature attains maturity in Del Paso's last novel, *Palinuro de México* (1977), in which he takes advantage of the latest techniques in the art of the novel to develop a social theme dealing with contemporary life in Mexico, a life whose many flaws were recently revealed at Tlatelolco.

The novels by Fuentes and Del Paso published before Tlatelolco foreshadow the event. On the other hand, when writing *Palinuro de México* Del Paso was already in possession of extensive materials about what happened. Among them are some that appeared immediately after, mostly of a documentary or denunciatory nature. These documents, however, are extremely important, for they were written by eyewitnesses such as Gilberto Balam, the author of *Tlatelolco, reflexiones de un testigo* (1969); or by newspapermen who were shocked by the realization that such a massacre could take place in the Mexico of the 1960s, in a Mexico that was to host the Olympic Games. These writers were anxious to express their indignation in accusatory books like *Tlatelolco, historia de una infamia* (1969) by Roberto Blanco Moheno. The two elements, the document and the accusation, were skillfully combined by one of Mexico's leading women writers, Elena Poniatowska, who felt the tragedy personally, having lost a brother. In her book *La noche de Tlatelolco, testimonios de historia oral* (1971), translated into English by Helen Lane under the title *Massacre in Mexico* (1971), she collected eyewitness accounts of the happenings, as well as speeches, government statements, and materials published in newspapers, magazines, pamphlets, and broadsides. Being a passionate book, we should not expect an objective, well-reasoned account of what took place. All the documents she collected, however, form an impassioned accusation of the persons responsible. The declarations of the members of the Student Movement, although quite subjective, are still very useful to determine the motives of the protest. It is quite obvious from these accounts that the conflict had other elements besides the political; that is, the clash between the students and the government. The soldiers who attacked the students, although following orders, apparently felt that they were fighting not only a leftist group of young people composed of students, professors, teachers, and their friends, but also a group distinct from their own, since the protesters were mostly members of the middle class. It also appears that the conflict was generational; the youth, representative of the new world trends who felt solidarity with other students in revolt, both in Europe and the United States, versus the representatives of the PRI (Partido Revolucionario Institucional), the party in power since the 20's and made up of older politicians. It was not the intention of Poniatowska in this book to establish the causes of the massacre or to answer the question Why? That task, as we shall see, was reserved for Octavio Paz and Carlos Fuentes. However, she contributed with her book to throw light on the nature of the conflict, and to register the indignation felt by the participants, their relatives, and their friends.

In Poniatowska's book we also find Rosario Castellanos' now famous poem,"Memorial de Tlatelolco," which begins by pointing out that the perpetrators of the assault waited until darkness to avoid being identified:

> That's why October second waited until dark
> so that no one could see the hand
> that wielded the weapon,
> but only its lightning effect.

and she asks,

> . . . Who is the one who kills?
> Who are those that agonize,
> those that die?

And the answer,

> No one, no one. Next day
> the square woke up duly swept.
> The newspapers?
> They talked about the weather;
> and the T.V., the radio, the cinema
> did not change their programs:

not even interrupted them
to flash the news.
Not a moment of silence,
the show must go on.

Rosario interprets the tragedy as a sacrifice to the Aztec deities, as does Paz and other writers:

Don't look for what there is not:
footprints, dead bodies.
All was but an offering
to the goddess,
the Devoradora de Excrementos.

Nor should the inquiring person, she continues, look for information in the archives of the city, for there were no minutes taken. But there is an open wound that remains in the memory. And since it hurts, it must be true.

I remember. Let us remember
until justice takes its place
among us.[5]

At the same time that Rosario's poem appeared, another poet, Jesús Arellano, was also publishing a poem, written in October of 1969, in his book *Clamor* (1970), under the title "Mordaza," in which, in a style reminiscent of Quevedo, he strongly protests the prevailing conditions.

Rosario Castellanos chose poetry to express her grief, although she was already, in 1968, famous as a novelist and short story writer. José Emilio Pacheco, a young writer representing the new generation, the generation that was active during the late 60's, opted for the same medium, although in 1967 he had published his important novel *Morirás lejos,* in which he treats the theme of the destruction of Jerusalem by the Romans and the destruction of the Warsaw ghetto by Hitler's men. In his book of poems, *No me preguntes cómo pasa el tiempo,* published in August of 1969, we find three poems dealing with the theme of Tlatelolco, the most important of them being "Lectura de los 'Cantares mexicanos': manuscrito de Tlatelolco (octubre, 1968)," in which he uses the same technique he had utilized in the novel, the juxtaposition of two actions separated in time which repeat the theme of the assault and slaughter of innocent and defenseless people. He very skillfully makes use of an incident recorded in prehispanic Mexico as a metaphor for a contemporary event occurring in the same place but separated by centuries. As stated in the codex "Manuscript of Tlatelolco," after the people had assembled the armored soldiers closed all the exits and the killing began:

> Then the uproar was heard
> then rose the shouting.
> Many husbands looked for their wives
> some with their children in arms.
> Treacherously they were slain
> without knowing it they died.
>
> And the stench of blood saturated the air.
> And the stench of blood polluted the air.

The similarity between the two events makes the contemporary inhabitants of Mexico feel a strong kinship with their ancestors, and at the same time awakens in them a sense of a common faith:

> I am a Mexican
> I suffer, my heart fills with sorrow,

says the anonymous singer of the past, and the words reflect the poet's feelings also. The meaning of the poem is felt when the reader, conscious of the events of 1968, interprets the faith of the ancient Mexicans in the light of contemporary history.[6]

Castellanos and Pacheco give vent to their emotions in verse, although both are excellent prose writers. On the other hand, Octavio Paz, although a great poet, preferred to express his ideas in prose. His book is the first that thoroughly analyzes the significance of the tragedy of October 2, pointing out the causes and examining its consequences. His *Posdata* (1970), translated into English under the title *The Other Mexico: Critique of the Pyramid* (1972), is a slender volume written in Austin, Texas, in 1969 and consisting of three essays. In the first, "Olimpiada y Tlatelolco," he brings to light the fact that the student revolt in Mexico was not an isolated one, but an aspect of an international protest initiated and carried out by the youth of the world. In Mexico, it represented a manifestation against government repression, its aim being, according to Paz, reform and not revolution. "No one wants a revolution, but reform; to put an end to the system of privilege imposed on the people years ago by the National Party of the Revolution." He points out that the students' meeting at Tlatelolco was just that, a meeting, and not a demonstration; that the killing began after the meeting was over, when the participants were beginning to abandon the square. "How many died?" Paz asks. He gives a figure (325) taken from *The Guardian,* and presupposes that those wounded must have been in the hundreds, as well as those apprehended (over 200), among them students, professors, and writers. The student movement came to an end with that tragedy.[7]

Paz interprets Tlatelolco as a regression to pre-Hispanic ways, to a past that contemporary Mexico considers dead and buried. This thesis is the subject of the third essay, "Crítica de la pirámide," for which it is necessary to interpolate the middle essay, "El desarrollo y otros espejismos," in which he traces the political development of Mexico since the Revolution of 1910-1917. Whether we accept or reject Paz' theory of regression is immaterial. The important thing is that he dared to criticize the government. He is a firm believer in the theory that without criticism there can be no change. And for him, the function of the writer must be precisely that, to be a critic of his contemporary world. Without criticism, says Paz, there can be no liberty, no democracy. "Without liberty to criticize, and without a plurality of opinions there can be no body politic" (p. 39). When Paz wrote his book he was a voluntary political exile, having resigned his post as Ambassador to India to protest his government's actions. After the elections of 1970 he was able to return to Mexico, but has not, since then, accepted any official position in order to feel free to criticize the government. However, even before resigning he dared to criticize. Having been invited to write a poem extolling the spirit of the Olympics, he wrote a letter to the organizers of the Cultural Program from New Delhi, dated October 7, 1968, in which he refused to collaborate and, instead, sent them a short poem entitled "Mexico: The XIX Olympiad," which was translated by Mark Strand and published in the *New York Review of Books* one month later:

. . .

Shame is anger
Turned against oneself.

. . .

(City
Employees wash away blood
In the Plaza de los Sacrificios.)
Look at this,
Stained
Before having said anything
Worthwhile,
Clarity.[8]

The criticism of the government advocated by Paz was continued by Carlos Fuentes who, in 1972, published his collection of essays, *Tiempo mexicano,* in which he brings us up to date as to the political development of Mexico. In the last of the seven essays, "La disyuntiva mexicana," he puts into practice what he preached earlier about the new use of language to lash out at the inept and corrupt government officials. While Paz attributed the events of Tlatelolco to flaws in the character of the Mexican, Fuentes gives emphasis to the economic and social conditions prevalent before 1968, such as the existence of a paternalistic form of government, the mediocre nature of its presidents since 1940 (which he attributes to the method used by the Institutional Revolutionary Party to select the official candidate), the practice by the government of favoring industrial interests and neglecting agriculture, lack of real freedom of expression, and the population explosion (50% of the people were under thirty years of age in 1970). The government, according to Fuentes, is to blame, but the people also, for tolerating it. The *disyuntiva* of the title in this essay refers to the choice of direction that was to be followed during the presidency of Luis Echeverría, either towards more repression, or towards more democracy. Echeverría, Fuentes tells us, opted for the latter; however, the events of Tlatelolco, on a minor scale, were repeated on June 10, 1971, when the paramilitary brigade known as "Los Halcones" attacked a group of students and killed more than 30 of them.

The June 10 incident has received less attention than Tlatelolco. The documents, books, and other sources of information about this conflict are fewer. In 1971 Orlando Ortiz published his *Jueves de Corpus,* a title derived from the fact that June 10 was Corpus Christi Day. In his book Ortiz documents what took place and transcribes tape reports from eyewitnesses, wounded students, and other victims, all illustrated with photographs. Fuentes, on the other hand, does not blame Echeverría for this incident, but the chief of police, whose resignation the President demanded and obtained five days after the event.

In *Tiempo mexicano* Fuentes comes to the conclusion that in order to solve the social problems of Mexico it is essential first to solve the economic problem, a problem that has become definitely worse during the years after the publication of his book, and reached critical proportions with the devaluation of the peso by Echeverría in December of 1976, the last month of his presidency. The boycott of Mexico by American tourists, as a consequence of Echeverría's foreign policies, added fuel to the economic crisis. The new president, José López Portillo, has reversed the trend, aided somewhat by the discovery of large oil deposits in Southern Mexico. But the economic problems have not been solved, as manifested by the large number of working people, most of them campesinos, who migrate to the United States in search of a better living.

The events of October 2 gave rise to what could be called the novel of Tlatelolco. The first writers to fictionalize this subject made use of the documents collected by Balam, Blanco Moheno, Poniatowska, and others. The theme attracted several novelists, among them Luis González de Alba, whose novel *Los días y los años* (1971) is a well documented work which describes the conflict between the student movement and the State, ending with the events of October 2. The narrator tells the story from the point of view of the students who were imprisoned for participating in the meetings and parades to protest social injustice, the Olympic games, and political corruption.

In the same year a young novelist and short story writer, René Avilés Fabila, published the novel *El gran solitario de Palacio,* in which he satirizes the presidency and dictators in general. He ridicules the electoral process by suggesting that the president elected every six years is the same man, only wearing a different mask. The novel is structured by means of interwoven scenes, some satirizing the dictator and others depicting the fate of the students imprisoned by the police. One of the results of October 2, the narrator tells us, is the destruction of the fiction that Mexico is

> a pacific and calm Republic, happy and satisfied, united nationally around its leaders and its fiftyish Revolution, an image that was erased immediately after the violent confrontation between the students and the military and police forces, after the invasion of schools and universities by the army. And the climax, the tip of the pyramid, was the carnage at the Square of Culture and the imprisonment of thousands of persons.[9]

Unlike Avilés Fabila, who makes use of satire to expose the state of repression that prevailed in Mexico in 1968, María Luisa Mendoza and Luis Spota took advantage of the dramatic elements provided by the tragedy to express their indignation. Mendoza utilized two literary forms, the novel and the chronicle, and published a *cronovela* in 1971 entitled *Con él, conmigo, con nosotros* in which she focuses on the event indirectly through what happens to the Albarrán family from Central Mexico now living in Tlatelolco. Making use of the fact that the massacre took place in the Square of the Three Cultures, Mendoza divides her *cronovela* in three parts, representing three wars and three cultures. In the form of a long monologue in which the second person singular is often used, the constant reference to Tlatelolco gives unity to what otherwise would be a simple narrative in the form of a chronicle. Although the author points her finger at the persons responsible for the killings, she never mentions them by name.

Spota, on the other hand, is more explicit and there is no question as to who the responsible person is. As a novelist of long standing, and skillful at presenting as fiction events that touch the public deeply, Spota has forcefully dramatized Tlatelolco's tragedy in the novel *La Plaza* (1972), in which he elaborated a very simple plot, the kidnapping, judging, and execution of the person responsible for Tlatelolco. This act of vengeance is done by persons directly affected by the event, either having lost relatives or having them in prison. Although the name of the person responsible is not revealed, it is assumed by the reader that it is the President himself. Those familiar with the habits of the President can easily identify him in the character created by Spota. Although the plot is very simple, the author gives depth to the novel by interpolating, in the form of interior monologues, the events of Tlatelolco and the consequences. The information was obtained from the books already mentioned, as well as from other sources, since Spota has had long experience as an investigative newspaperman. The author's dependence on information already available is justified in the editor's note which states that a novel on such a monumental subject could not be written by one person alone. The collaboration of many writers, and many voices, is necessary. And the purpose of writing the novel, Spota confesses, was to keep the memory of Tlatelolco alive.

In the same year that Spota published his novel, the dramatist Rodolfo Usigli presented the play *Buenos días, señor Presidente,* in which he presents the student revolt of 1968 by means of a clever technique, the use of a classical Spanish play, *La vida es sueño,* by Calderón de la Barca. Compared with the novels we have mentioned, Usigli's play is rather pale, since the characters come through more like allegorical figures than real persons. The play opens when the students are being attacked at night by the government military police. Harmodes, one of the student leaders, is struck on the head and passes out. When he regains consciousness, he discovers that he is the President of the Nation. He promises to give the people a government of truth, liberty, justice, bread, and hope. However, rivalries among the student organizations (symbolic of the political parties) end in another tragedy, and the former President is returned to power. Is Usigli saying that it is necessary to have a strong, dictatorial government? That even had the students (or the opposition political parties) triumphed in 1968, they could not have governed because of internal strife? Or is this play, in the guise of a dream and a parody of Calderón's masterpiece, just a clever way of bringing to the stage the events of 1968 and avoiding the government's censure? The audience must be the judge.

Not all Mexican literature written after 1968, of course, deals with Tlatelolco. As a matter of fact, most of it does not. There is a vast body of literary works which avoids the subject, not because, we believe, the authors are unconscious of the significance of what happened, but because they are committed to the writing of purely literary compositions. There has always existed a tradition in Mexican literature that is universal in tone and content. Such writers as Juan José Arreola, Salvador Elizondo, Juan García Ponce, José Agustín, Gustavo Sainz, Emilio Carballido, Vicente Leñero, and Agustín Yáñez continued to write about their favorite themes in their well-established styles. This does not mean, however, that they may not tomorrow surprise us with a work about Tlatelolco, or in which Tlatelolco figures prominently. Another group of writers, not living in Mexico City, were of course less affected by Tlatelolco, and are, therefore, less likely to write about it. But we can be sure that all of them, as well as the whole nation, are conscious of its significance.

The most important consequence of Tlatelolco, in literature, is the deep impression it left in the minds of the intellectuals and creative writers. All of them agree that the year 1968 marks a break with the past, a break with the period characterized by the changes brought about by the Revolution of 1910-1917. This break, which extends to other fields including politics, has been acknowledged by the most influential writers, among them Octavio Paz, who wrote in *Posdata,* "October 2 of 1968 saw the ending of the student movement. An epoch in the history of Mexico also ended" (p. 38). The literature of Tlatelolco revealed that the ideals of the Revolution, so strongly defended by the party in power, had become empty. José Emilio Pacheco reflects in his poem *1968 (III):* "Piensa en la tempestad para decirte / que un lapso de historia ha terminado."

Notes

[1]Mariano Azuela, *Obras completas* (México: Fondo de Cultura Económica, 1958), II, 764. Our translation.

[2]Octavio Paz, as we shall see, did not believe that the protesters at Tlatelolco wanted a revolution.

[3]Often spelled Tlaltelolco. However, the above spelling is the one preferred today. It means *mogote* (hillock).

[4]Carlos Fuentes, *La nueva novela hispanoamericana* (México: Joaquín Mortiz, 1969), pp. 31-32. Our translation.

[5]Rosario Castellanos, "Memorial de Tlatelolco," in Elena Poniatowska, *La noche de Tlatelolco. Testimonios de historia oral* (México: Era, 1971), pp. 163-64. Our translation.

[6]José Emilio Pacheco, "Lectura de los 'Cantares mexicanos': manuscrito de Tlatelolco (octubre 1968)," *No me preguntes cómo pasa el tiempo* (México: Joaquín Mortiz, 1969), pp. 21-22. Our translation. At the end of the poem there is a footnote stating that it was composed "With the Nahuatl texts translated by Padre Angel María Garibay."

[7]Octavio Paz, *Posdata* (México: Siglo XXI, 1970), pp. 35, 38. Our translation. The title of this book is appropriate, since Paz reviews the events that took place in Mexico between 1950, the year of his seminal *The Labyrinth of Solitude,* and 1968. *Posdata* has been translated by Lysander Kemp under the title *The Other Mexico: Critique of the Pyramid* (New York: Grove Press, 1972).

[8]Octavio Paz, "The Shame of the Olympics," *New York Review of Books* (November 7, 1968).

[9]René Avilés Fabila, *El gran solitario de Palacio* (Buenos Aires: Compañía General Fabril Editora, 1971), p. 43. Our translation. This novel was not published in Mexico until 1976 by Editorial V Siglos.